आपके हर सवाल का जवाब

सुरेन्द्र वत्स

इन्विन्सिबल पब्लिशर्स

भारत में वर्ष 2020 में सबसे पहली बार प्रकाशित

ISBN: 978-93-89600-28-5

इन्विन्सिबल पब्लिशर्स

201A, SAS Tower, Sector 38, Gurgaon-122003

एडीटेड बाय – शाम्भवी विजय

समर्पण

अविस्मरणीय श्री सतीश पंडित (1965-2005)
डायरेक्ट सेलिंग/नेटवर्क मार्केटिंग इंडस्ट्री को 2002 से 2005 तक, मात्र तीन साल में नई दिशा देने वाले, “ये इंडस्ट्री आपको राष्ट्रपति भवन तक लेकर जाएगी” ऐसा उद्घोष करने वाले, दूरदर्शी, लाखों लोगों के प्रेरणास्त्रोत, आकर्षक व्यक्तित्व, प्रखर वक्ता, बहुमुखी प्रतिभा के धनी, कर्मयोगी, भारत भूमि को गौरवान्वित करने वाले अविस्मरणीय श्री सतीश पंडित जी को सादर समर्पित।

विशेषज्ञों की नज़र में

Hem Pande

(Retired I.A.S., Former Secretary of Consumer Affairs, Food and Public Distribution, Government of India) "Direct selling (DS) is relationship first business later. DS is about dreams that you realise by sheer hard work, struggle and never say die attitude. It needs a mindset that believes in affirmative action. Chat with Surender Vats reminds you that enthusiasm makes the difference. Direct Selling का Module हमारे देश में नए रोज़गार प्रदान करवा सकता है विशेषकर महिलाओं को, ज़रूरत है इसे सही तरीक़े से समझने की और समझाने की, वत्स साहब का प्रयास काफी सहरानीय हैं, मेरी तरफ़ से ढेरों शुभकामनाएँ।"

Deepak Bajaj

(Author- Be a Network Marketing Millionaire) "Surender Ji is a true leader who is working for the betterment of direct selling industry. His contribution towards the industry is invaluable.

सुरेन्द्र जी एक सच्चे लीडर हैं जो डायरेक्ट सेलिंग की बेहतरी के लिए काम कर रहे हैं। उद्योग में उनका योगदान अमूल्य है।"

Zakir Hussain

(Director Ministry of Heavy Industries & Public Relations, Government of India; Ex Director

Department of Internal Trade, Ministry of Consumer Affairs, Government of India)

“8 सितंबर 2016 को "Direct Selling Module Guideline" जारी होने के बाद भी, जो डायरेक्ट सेलर इस गाइडलाइन को सही - सही समझ नहीं पाए, उसके लिए श्री सुरेन्द्र वत्स जी के YouTube चैनल "चैट विद सुरेन्द्र वत्स" के माध्यम से समझाने की कोशिश की है। उन्होंने इन सारे एपिसोड्स को किताब के रूप में भी संकलित किया है, अगर आप चाहें तो इसका सदुपयोग कर सकते हैं।"

Bejon Misra

International Consumer Policy Expert

“Excellent compilation of thoughts from Citizens on Directing Selling Business by Surender Bhai. Great initiative and interesting readingसुरेन्द्र भाई के द्वारा डायरेक्ट सेलिंग बिजनस के लिए विभिन्न सफलतम व्यक्तित्वों के विचारों का उत्कृष्ट संकलन है।

‘आपके हर सवाल का जवाब’ एक रोचक पुस्तक के साथ-साथ महान पहल है।"

TS Madaan

Motivational Speaker, Trainer & Renowned YouTuber

“मैंने सुरेन्द्र वत्स जी के channel ‘Chat With Surender Vats’ पर आने से पहले इनके कुछ Interview देखे, तब से में इनका फ़ैन बन गया हूँ, Direct Selling Industry के लिए वत्स साहब बेहतरीन काम कर रहे हैं, मैं पूरी तरह से इनके साथ हूँ, यह पुस्तक ‘आपके हर सवाल का जवाब’ हर उस व्यक्ति के लिए है, जो इस इंडस्ट्री में Top level पर जाना चाहते हैं।"

आभार

मेरा यकीन है कि ये पुस्तक करोड़ों लोगों की ज़िंदगी पर प्रभाव डालेगी, हमारे यू-ट्यूब चैनल पर प्रसारित साक्षात्कारों को एक पुस्तक के रूप में लाने का परोपकारी विचार श्री सुधेन्दु शेखर जी, लखी सराय, बिहार का था जो मेरे अति प्रिय प्रियांशु वर्मा के माध्यम से मेरे पास पहुँचा। सुधेन्दु शेखर जी व प्रियांशु वर्मा को सादर आभार।

'नेटवर्क मार्केटिंग मिलियनेर' के लेखक दीपक बजाज जी ने मुझे प्रेरित किया कि एक महीने में ये संभव है। दीपक जी बहुत बहुत धन्यवाद।

वायुसेना में कार्यरत श्री तेज राठोर जी, जिनका सपना था कि मैं एक पुस्तक लिखूँ, वो आज पूरा हो रहा है। राठोर जी आपका बहुत बहुत धन्यवाद।

इन्विन्सिबल पब्लिशर्स की पूरी टीम को धन्यवाद; अजय सेतिया, सागर भाई, एडिटर शाम्भवी जी का विशेष आभार जिन्होंने गुड़गाँव में अपना आशियाना ढूंढते हुए, इस काम को प्राथमिकता दी, रविवार को भी काम किया, शाम्भवी बहुत बहुत आभार।

पुस्तक की साज सज्जा के लिए सृष्टि प्रभाकर एवं मोहित सिंह का बहुत आभार।

होम टीम के कप्तान पूज्य पिता श्री जवाहरलाल शर्मा, मेरी ताकत को गुणात्मक रूप से बढ़ाने वाली मेरी पत्नी सुदेश, युवा विशाल व तन्वी, आप सभी के सहयोग से ही यह संभव हो पाया। आप सभी का तहे दिल से धन्यवाद।

अनोखी पुस्तक

मैंने अपने जीवन में सबसे ज़्यादा पुस्तकों से सीखा है। आज के समय में सीखने के जीतने ज़्यादा साधन मौजूद हैं, उतने पहले कभी नहीं रहे। आज एक व्यक्ति का अधिकतम समय सोशल मीडिया पर बीतता है। मैंने महसूस किया है कि जब हम सुन के या देख के सीखने का प्रयास करते हैं तो हमारा ध्यान विभाजित रहता है और हमें प्रापर आउटपुट नहीं मिलता। बहुत सारे लोगों ने हमारे यू-ट्यूब चैनल 'चैट विद सुरेन्द्र वत्स' के विडिओज़ के कमेन्ट में लिखा कि उन्हें बहुत लाभ हो रहा है।

मेरा मानना है कि इंटरव्यू देखने से जितना लाभ हो रहा है उससे कई गुना ज़्यादा लाभ इसे पढ़ने से होगा क्योंकि पढ़ते समय आपका 100% ध्यान किताब पर ही रहता है। पुस्तक की लाइनें आपको सोचने पर मजबूर करती हैं, आप पढ़ना छोड़ कर सोचना शुरू कर देते हैं, कई बार आप 'आत्मचिंतन' करते हैं, अपने अंदर झाँकते हैं, नए सपने बुनने लग जाते हैं। ये केवल पढ़ने से हो सकता है, इसलिए हमारे यू-ट्यूब चैनल 'चैट विद सुरेन्द्र वत्स' के शुरुआती 25 एपिसोड्स पुस्तक के रूप में आपके सम्मुख प्रस्तुत हैं।

आपके लक्ष्य प्राप्ति के लिए आपका सहयोगी

\- **सुरेन्द्र वत्स**

विषय सूची

Deepak Bajaj

- ***Bestselling author,***
- ***Personal Transformation Expert,***
- ***High Performance Coach***
- ***Social Media Influencer***

सुरेन्द्र वत्स विद दीपक बजाज - एपिसोड 1

नए साल के पहले दिन हम सब लोग कुछ ना कुछ अच्छा करने का संकल्प लेते हैं: जो थोड़ा ज़्यादा मोटे है वो कहते हैं कि मुझे वज़न कम करना है, कुछ लोग कुछ नया सीखने का प्रयास करेंगे, कुछ लोग ये कहेंगे कि मुझे अब ज़्यादा गुस्सा नहीं करना है, अच्छे रिश्ते बनाने हैं, कुछ लोग अपना बैंक बैलेंस बढ़ाने का टारगेट लेंगे।

आज 01 जनवरी, 2019 है। ऐसे ही कुछ विचार मेरे अंदर चल रहे हैं, मैंने सोचा कि मैं क्या संकल्प लूँ? मैं पिछले 18 सालों से डायरेक्ट सेलिंग इंडस्ट्री का हिस्सा हूँ और आज मेरे पास जो कुछ भी है, इस इंडस्ट्री की देन है। मैं अक्सर सोचता था कि इस इंडस्ट्री ने मुझे बहुत कुछ दिया है तो मुझे भी इसे बदले में कुछ देना चाहिए। इसीलिए एक प्रयास कर रहा हूँ जिसका नाम है 'चैट विद सुरेन्द्र वत्स'। इसमें हम डायरेक्ट सेलिंग इंडस्ट्री एवं दूसरे क्षेत्रों के भी ऐसे सफल लोगों से बात करेंगे जिन्होंने बहुत अच्छा मुकाम हासिल किया है। उनसे हम मिलेंगे, उनसे सीखेंगे और कोशिश करेंगे कि उस सीख को अपने बिज़नेस और अपने जीवन में उतारें। हमारी ये इंडस्ट्री अमरीका की देन है। वहाँ से ये कान्सेप्ट आया, वहीं से कुछ कंपनियां हमारे देश में पहले आईं और वहीं से लिटरेचर/साहित्य आया। आज ये इंडस्ट्री बहुत बड़ी हो गयी है। करोड़ों लोग इस इंडस्ट्री का हिस्सा हैं और इस इंडस्ट्री में नेटवर्क मार्केटिंग के बारे में जो भी लिखा गया उसे या तो अमेरिकी लेखकों ने लिखा है या फिर यूरोपियों ने। भारत में अगर किसी ने लिखा तो वो ऐसे लोग हैं जिन्होंने इस इंडस्ट्री को बहुत गहराई से नहीं जिया है, कुछ बड़ा अचीव नहीं किया है। इसीलिए हमारी इस इंडस्ट्री को एक ऐसी पुस्तक की आवश्यकता थी जिसे कोई ऐसा व्यक्ति लिखे जो इस इंडस्ट्री को बहुत गहराई से जानता हो, इस इंडस्ट्री में उसने एक बड़ा लेवल अचीव किया हो। क्योंकि ये एक ऐसी इंडस्ट्री है, जहाँ पर एक व्यक्ति पहले किसी लेवल को अचीव करता है और उसके बाद वो अपने साथियों को, अपने कॉलीग्स

को मोटीवेट करता है कि वे भी इस रास्ते पर चल के यहाँ पर पहुँच सकते है। उसी दिशा में एक बहुत शानदार पुस्तक मेरे हाथ में है 'बी अ नेटवर्क मार्केटिंग बिलियनेर'। यह हिंदी में भी उपलब्ध है। इस किताब के लेखक श्री दीपक बजाज जो लेखक होने के साथ-साथ डायरेक्ट सेलिंग इंडस्ट्री का एक जाना-पहचाना चेहरा हैं, बहुत बड़े लीडर हैं और बहुत बड़े अचीवर भी हैं। यह पहला चैप्टर उनके साथ हुए साक्षात्कार पर ही आधारित है।

दीपक बजाज जी की किताब मुझे इतनी अच्छी लगी की मैं इनसे मिलना चाहता था। मैंने रात 2 बजे तक यह किताब पढ़ी। अक्सर हम देखते हैं कि जब लोग नॉवेल पढ़ते हैं तो उसमें इतना इंटरेस्ट लेते हैं कि वो खाना-पीना सब कुछ छोड़ देते हैं। लेकिन मैंने पहली बार ऐसी कोई किताब देखी जिसमें ज्ञान के साथ साथ रस भी है, जो आप को बांधे रखता है।

सुरेन्द्र के सवाल और दीपक के जवाब-

सवाल: हम जानना चाहेंगे कि ये आइडिया आपके दिमाग में कैसे आया कि डायरेक्ट सेलिंग पर एक किताब लिखनी चाहिए?

जवाब: किताब मार्केट में आयी 6 महीने पहले, 10 जून, 2018 को। अभी आज हम 01 जनवरी को बैठे है और आज से करीब 6-7 साल पहले मैं एक ट्रेनिंग प्रोग्राम में शिमला में था और एक पार्टिसिपेंट मुझसे बोले कि "नेटवर्क मार्केटिंग में ट्रेनिंग इतनी सिम्पल और सरल होनी चाहिए की उसे एक पेज में समराइज़ किया जा सकें। क्या आप मुझे कोई एक पेज दे सकते हैं? उस एक पेज पर नेटवर्क मार्केटिंग का सार हो।" तो मैंने उस दिन अपने 11 साल के अनुभव को एक पेज के ऊपर उतार दिया कि अगर एक नए डिस्ट्रीब्यूटर को मैं ये एक पेज दे दूँ, तो उसे उसके अलावा कुछ और ज़रूरत ही ना पड़े। वो एक पेज मैंने बनाया और उस पेज के माध्यम से मैंने नए डिस्ट्रीब्यूटरों को ट्रेन किया तो धीरे-धीरे लोग बोलने लगे कि "सर ये एक पेज नेटवर्क मार्केटिंग पर ग्रंथ जैसा बन सकता है। इस एक पेज को आप थोड़ा समझा करके लिख दीजिए।" इस तरह यह पहला पेज है जो एक ट्रेनिंग प्रोग्राम में किसी पार्टिसिपेंट के प्रोत्साहन से नेटवर्क मार्केटिंग को एक

पेज में समराइज़ करने का प्रयास था वो किताब का टेबल ऑफ कंटेन्ट बना। मैं आप सबसे ज़्यादा प्रभावित हूँ सुरेन्द्र जी, आपने कभी अपने लिए ना सोच कर हमेशा इंडस्ट्री के लिए सोचा और हिंदुस्तान में नेटवर्क मार्केटिंग जिस दिशा में बढ़ रही है और गवर्नमेंट का जो रवैया बदला है, उसमें एक आदमी की जितनी सराहना की जाए उतनी कम है, वो आप हैं।

मैं एक नॉर्मल मिडल क्लास फैमिली से था, नेटवर्क मार्केटिंग में जाने का मेरा कोई प्लान नहीं था। मैंने एमबीए किया और अपनी जॉब में व्यस्त था। फिर ये नेटवर्क मार्केटिंग बिज़नेस आया। आज दीपक बजाज को दीपक बजाज डायरेक्ट सेलिंग इंडस्ट्री ने ही बनाया है और मेरी ये हमेशा से इच्छा थी कि अगर इंडस्ट्री ने मुझे नाम दिया है, तो क्यों ना इस इंडस्ट्री के अंदर हिंदुस्तान के लाखों, करोड़ों डिस्ट्रीब्यूटरों को कुछ वापस दिया जाए ताकि वे भटकें ना, उन्हें एक रे ऑफ लाइट दें। ऐसी जानकारी जो उनके हाथ में पहुँच जाए। मुझे मेरी नानी सिखाती थी ''जैसी नियत, वैसी बरकत'' तो एक अच्छी नियत के साथ मैंने इस किताब को लिखा जिसकी वजह से आज ये बेस्ट सेलर है और जैसा आपने बताया नेटवर्क मार्केटिंग में लाखों लोगों की मदद कर रही है।

सवाल: जब मैं किताब को पढ़ रहा था तो इसमें जो आपका इंट्रोडक्शन दिया है। उसमें मैंने पाया कि हरियाणा के एक छोटे से गांव में आपकी परवरिश हुई और सरकारी स्कूल में आपकी पढ़ाई हुई। वहाँ से फिर कैट (CAT) के बाद आपने एमबीए किया। एक अच्छी कंपनी में आप जॉब में थे, एक अच्छा पैकेज था, सारी चीजें आपके पास में ठीक-ठाक थी। इन सब के बावजूद ये डिसिज़न लेना कि नहीं अब ये सब छोड़ के डायरेक्ट सेलिंग में उतरना है, तो डर नहीं लगा?

जवाब: सच बताऊं तो डर लगा था और साल भर तक मैं इस दुविधा में था कि इस बिज़नेस में आऊं या नहीं आऊं।

जब मैं छोटा था तब से मैंने फैमिली में थोड़ी पैसे की तंगी, थोड़ी अडजस्मेंट और कोम्प्रोमाईज़ देखे थे। मैं अपनी माँ को बचपन से बोलता था कि एक

दिन मैं बड़ा आदमी बनूंगा। हिंदुस्तान के 16वें सबसे अच्छे कॉलेज से एमबीए कर लिया। मैं 25 साल का था तब अपनी कंपनी में रीजनल मैनेजर बन गया। सबसे अच्छे कॉलेजों में से एक कॉलेज से एमबीए करके एक मल्टी नैशनल कंपनी में सबसे तेज ग्रोथ लेकर भी, वो जो बचपन का सपना था, बड़ा आदमी बनने का, वो पूरा होता नहीं दिख रहा था।

फिर जब एक पहला प्रोग्राम देखा नेटवर्क मार्केटिंग का, ऐसा लगा कि जहाँ पर इंसान 30 से 40 साल में शायद रिटायरमेंट तक नहीं पहुंच सकता वहाँ डायरेक्ट सेलिंग 3 से 5 साल में पहुंच सकता है। इस बिज़नेस में मुझे जितना डर लगता था उससे कहीं ज़्यादा स्टैटस, ईगो और डिग्री की वजह से मुझे लगता था कि ये काम मेरे लायक नहीं है। वो सब चीजें मेंटल ब्लॉकस थे जो मुझे रोकते थे। एक प्रोग्राम देखा जिसमें कई कामयाब लोग स्टेज पर थे, तो एहसास हुआ कि काम मुझे मेरी जॉब में भी करना है, काम मुझे यहाँ भी करना है तो अगर मेरे इस काम के बदले यहाँ ज़्यादा रिटर्न मिलता है तो क्यों ना ईमानदारी से मेहनत करके यहाँ प्रयास किया जाए। 3 महीने मेरे अप्लाइअन्स ने जैसा बोला, आँख बंद करके, पूरे समर्पण के साथ मैंने उनके हिसाब से काम किया। 3 महीने में काम जब जमने लगा तो मैंने जॉब रिजाइन करके इसे फुल टाइम करिअर बनाने का डिसिज़न ले लिया।

सवालः बहुत खुबसूरत! अक्सर ऐसा होता है कि जब कोई भी डायरेक्ट सेलर कोई प्रोग्राम देखता है तो वो प्रोग्राम उसके अंदर उथल-पुथल पैदा कर देता है। वो स्टेज पर खड़े हुए व्यक्ति के साथ में अपने आप को रीलेट करने लग जाता है। वो डायरेक्ट सेलिंग के साथ जुडने का डिसिज़न ले लेता है लेकिन जब वो परिवार के साथ बातचीत करता है या परिवार से बगैर पूछे शुरू कर देता है तो ज्यादातर ऐसा देखा जाता है कि परिवार के लोग विरोध करते हैं या उतना ज़्यादा सपोर्ट नहीं करते हैं। तो आपके साथ ऐसा कुछ रहा कि जब आप कूद पड़े वो सब कुछ छोड़ के तो घर वालों ने

ये कहा कि पढ़ाई-लिखाई इसीलिये करवाई थी कि आप ये प्रोडक्ट उठा के लोगों को बेचोगे?

जवाबः घरवालों ने बहुत कुछ कहा और इवन जब मैं इस बिजनेज को सीरिअसली करने लगा और नौकरी छोड़ने की बात करने लगा तो घर पर एक छोटी पंचायत जैसी हुई। वो-वो रिश्तेदार आये जो मेरी शादी पर भी शायद नहीं आये थे और कुछ बातें ऐसी भी कहीं जो बता भी नहीं पाऊंगा। मेरी एक मौसी तो यहाँ तक बोलीं कि ये कुछ चुड़ैल-वुड़ैल या ऊपरी बला का साया है, इसका झाड़ा-वाड़ा कराओ तो ये ठीक हो जायेगा।

सवालः सर, आप खुलके बताइए क्योंकि हमारे जो पाठक हैं और जो डायरेक्ट सेलर्स हैं वो कई बार उन चीज़ों से हताश-निराश होकर छोड़ देते हैं। उनको प्रेरणा मिले इसलिए आप बोल दीजिए जो बोलना है।

जवाबः पहले तो मुझे भी यकीन नहीं था इसलिए पूरी बातें तो मैंने भी घर पर नहीं बतायी और काम करना शुरू कर दिया। थोड़ा-थोड़ा प्रयास शुरू किया और अपनी पहली मीटिंग में मैंने अपने 40 दोस्तों को बुलाया और ये जो 40 दोस्त थे ये वो थे जो मेरे लिए, कॉलेज में झगड़ा होने पर चेन-वेन, हॉकी-वॉकी लेकर आ जाते थे और मेरे लिए जान दे भी सकते थे और ले भी सकते थे। उस मीटिंग में मैंने 40 लोगों को 4 बजे आमंत्रित किया था, 6:15 पर उसमें से केवल 2 लोग आये। सिरसा में होटल जय विलास में मैंने ये मीटिंग की थी और जो दो लोग आये, वो भी मुझसे ये पूछते हैं आकर कि अगर तुम्हारा कार्यक्रम खत्म हो गया हो तो अपने शाम के कार्यक्रम पर चलें। ये मेरी पहली मीटिंग थी। दूसरी मीटिंग इससे भी खतरनाक रही। उसमें मैंने 70-80 लोगों को गुड़गांव में, सेक्टर-14 के कैसल बेकरी शॉप के बेसमेंट में बुलाया था और वहां भी ये ही आलम था। पहली दो मीटिंग के बाद तो मैं भी हताश हो गया कि मुझे अब ये काम छोड़ देना चाहिए। लेकिन चूंकि एक प्रोग्राम देख चुका था और दो दिन अप्लाइअन्स के साथ में रह चुका था तो अंदर से एक आवाज आती थी कि काम तो यहाँ से बन सकता है। पहले कुछ महीने तो लाइफ ऐसी हो गयी

थी कि 9 से 6 तक एक लाइफ है जिसमें मैं 4 स्टेट्स का एक रीजनल मैनेजर हूँ, लोग अपॉइंटमेंट लेकर मुझसे मिलने आते हैं। और 6 बजे के बाद एक अलग तरह की लाइफ है जिसमें जो मुझे अपॉइंटमेंट देता है वो घर से ही भाग जाता है। मेरी वाइफ जो की भारत सरकार में साइंटिस्ट थीं वो और मैं शाम को सात-साढ़े सात बजे अपने-अपने ऑफिस से वापस आकार लोगों को प्लान समझाने चले जाते थे। जब चार-चार, छह-छह लोग एकसाथ लगातार आपको मना करते है तो बहुत दुख होता है। लेकिन एक चीज़ थी जिसने मुझे और मेरी वाइफ को रोक के रखा था। हम बचपन से कुछ चीज़ें हासिल करना चाहते थे और हमें लगता था कि हम वे सब चीज़ें यहाँ से पा सकते हैं।

मेरे एक मामा मुझे बोलते है कि तुझे शायद पैसे की कदर नहीं है, तेरे मम्मी-पापा को रिटायरमेंट पर जितनी तनख्वाह मिलेगी, उससे ज़्यादा पैसे तू आज लेता है, तुझे इस दिन के लिए बड़ा किया था कि तू घर-घर जाकर साबुन, शैम्पू, सामान सब बेचा करेगा तो ये चीज़ें मुझे और मेरी वाइफ को बुरी लगती थीं। हमें लगता था कि अगर हम ये छोड़ देंगे तो फिर हम करेंगे क्या? इस बिज़नेस को छोड़ देने का मतलब था, अपने सपनों को छोड़ देना और हम अपने सपनों को किसी भी कीमत पर छोड़ने के लिए तैयार नहीं थे। इसके लिए हमने अपना स्टेटस, डिग्री, ईगो, क्वालिफिकेशन, सबको एक साइड में रख दिया।

सिर्फ मेरे साथ नहीं है ये रामायण, महाभारत के समय से होता आया है। रामायण में दशरथ जी का राज्य बहुत अच्छा था, तीनों रानियाँ बहुत अच्छे से रह रही थीं, चारों भाई अच्छे से रहते थे। फिर मंथरा नाम का एक कैरेक्टर आया, उसने कैकई को कुछ कह दिया, केकई ने एक गलत आदमी की सलाह मान ली और सारा रामराज्य बिखर गया। ऐसे ही महाभारत में सब कौरव पांडव साथ में खेलते थे, शकुनी बोल के एक कैरेक्टर आये, उन्होंने कुछ दुर्योधन को कहा और उन्होंने सुन लिया। देखिए जिंदगी में सब के साथ ये पड़ाव आयेगा जब आपको चुनना पड़ेगा की आप किस की सुनें?

और 100 में से 99 लोग जो इस बिज़नेस से बाहर हो जाते है, उनके पीछे वजह ये रहती है कि वो गलत सलाहकार चुन लेते है।

सवालः मतलब आप ये कह रहे है कि हर व्यक्ति की जिंदगी में शकुनी भी है, मंथरा भी है, हमें उन से थोड़ा पहचानना पड़ेगा, बच के रहना पड़ेगा।

जवाबः और एक अप्लाइअन्स है। अब आपको चुनना है कि किसको चुनें और किसकी सुनें? मुझे मेरे अप्लाइअन्स ने उस समय दो चीजें बतायी, जो शायद हमारे दर्शकों के काम आ सकें कि जिंदगी में दो चीजें है जिस पर लोग निर्णय लेते हैं। एक है फैक्ट एण्ड फिगर, तथ्य और सच्चाई और दूसरे है ओपीनिअन जिसको बोलते हैं राय। राय दी जाती है घर पर, सोफे पर बैठकर, टीवी के सामने, कुरकुरे पॉपकौर्न खाते हुए, लोग बोलते है सचिन को ये बॉल ऐसे नहीं खेलनी चाहिए थी, मोदी जी को ये काम नहीं करना चाहिए था, विराट कोहली अगर ये ना करता तो बहुत अच्छा खेल लेता। उन्होंने जिंदगी में कभी बल्ला पकड़ा या नहीं पकड़ा, मुझे नहीं मालूम लेकिन राय दे दी। रायचंदों से सावधान रहें और जब भी हमारे अपलाइंस ये बोलते है कि ये काम चलेंगे तो ये उनकी राय नहीं है, उनके पास इस बात का प्रमाण है और वे काफी सालों से इस काम को कर रहे हैं। जब ये लोग राय, रायचंदों और सलाहकारों के हिसाब से निर्णय लेते हैं, वहाँ पर गलती हो जाती है। तो सही सलाहकारों को चुनें और तथ्यों और सच्चाई के हिसाब से डिसिज़न लें। मेरी समझ के हिसाब से इस बिज़नेस से अच्छा बिज़नेस दुनिया में दूसरा नहीं है ।

सवालः आपकी बात से ये निकल के आ रहा है कि जिन्होंने बड़े विज़न के साथ में इसको शुरू कर दिया है तो उन्होंने कोई गलत निर्णय नहीं लिया है और उनके अड़ोसी-पड़ोसी, रायचंद मना कर रहे है तो बिल्कुल घबराने की जरूरत नहीं है, वो चलते रहेंगे तो यहाँ पर सक्सेस हो जायेंगे।

जवाबः वो यहाँ पर भी सक्सेस होंगे और उसके अलावा आगे करियर में भी सक्सेस होंगे क्योंकि आपने ये बात छेड़ दी तो मैं आपको दो महान लोगों का रेफ्रन्स देना चाहूंगा। एक है डोनाल्ड ट्रम्प साहब जो अमेरिका के करंट

प्रेसीडेंट है दूसरे है रॉबर्ट टी कियोसकी साहब जो एक बहुत बड़े जाने-माने इंवेसटर है, ऑथर है, एज्यूकैटर है और इन दोनों ने किताब लिखी है 'मिडस टच'। आप अगर ये किताब पढ़े तो दोनों ही लेखक ये बोलते है कि जिंदगी में हर इंसान को कुछ साल नेटवर्क मार्केटिंग ज़रूर करनी चाहिए चाहे आप स्टूडेंट हों, हाउस वाइफ हों, जॉब करते हों या अपना बिज़नेस करते हों। दो से तीन साल का ये नेटवर्क मार्केटिंग करना आपको एक बेहतर और कमाल का इंसान बना देगा।

सवाल: एक व्यक्ति डायरेक्ट सेलिंग करना चाहता है, उसे डायरेक्ट सेलिंग कंपनी को चुनते समय किन चीजों का ध्यान रखना चाहिए?

जवाब: सबसे पहले तो एक यूनवर्सल फ्रेमवर्क तैयार करना चाहिए जिसमें आकलन किया जा सके की कौन सी कंपनी अच्छी है, किसमें भविष्य उज्ज्वल है। चार चीजें, जिसे मैं डायरेक्ट सेलिंग के चार स्तम्भ मानता हूँ, किसी कंपनी में हैं तो वो कंपनी पीढ़ी दर पीढ़ी चलेगी और एक डिस्ट्रीब्यूटर के रूप में आप अपने वो सारे सपने पूरे कर पाएंगे जिन्हें देख कर आप इस इंडस्ट्री में आए हैं।

पहला है क्रेडिबिलिटी यानि विश्वसनीयता और ट्रैक रिकार्ड। इसके अंदर ये देखना की कंपनी के डायरेक्टर कौन हैं, कंपनी कितनी पुरानी है, रजिस्ट्रेशन पूरे हैं की नहीं। और इन सब की जानकारी आपको एफडीएसए और आईडीएसए से आसानी से मिल सकती है।

दूसरी चीज़ ये की कंपनी के पास अच्छे प्रोडक्टस और सर्विसेज़ हों, यानि ऐसे प्रोडक्टस और सर्विसेज़ जिन्हें बिना नेटवर्क मार्केटिंग का प्लान बताए भी बेचा जा सके। ऐसे प्रोडक्टस जो आम आदमी के बजट में भी उपलब्ध हों।

सुरेन्द्र: केंद्र सरकार ने जो गाइडलाइन जारी की हैं उनमें भी पॉइंट है की कंपनी जो प्रोडक्ट या सर्विस अवैलबल करवा रही है वो वैल्यू फॉर मनी होना चाहिए और अगर ऐसा नहीं है तो इसका मतलब ये कंपनी गाइडलाइन को फॉलो नहीं कर रही है।

दीपक: तीसरी चीज़ ये की कंपनी का इनकम प्लान बहुत ही बेहतरीन होना चाहिए। अगर कोई आपसे ये कह रहा है की आप इतना पैसा लगाइए और आपको इतना रिटर्न मिलेगा, बिना कुछ किए तो ऐसे लोगों से दूर रहें और हो सके तो ऐसे लोगों की शिकायत भी कर दें। कंपनी का इनकम प्लान सस्टेनेबल यानि की लंबे समय तक चलने वाला होना चाहिए। आपको पता होना चाहिए की कंपनी जो आपको पैसे दे रही है वो कहाँ से आ रहा है, यानि की रेविन्यू जेनरैट कहाँ से हो रहा है? अगर आपको ऐसा कहीं दिखे की आपको बेचना कुछ नहीं है बस आप आइए और जुड़ जाइए कंपनी से, तो समझ जाइए की कुछ तो गड़बड़ है। ऐसे किसी भी कंपनी से बच के रहें।

चौथी और आखिरी चीज़ ये की कंपनी के पास एक अच्छा एजुकेशन सिस्टम हो मतलब आप जिन लोगों के साथ जुड़ रहे हैं उनके पास एक प्रूवन तरीका हो की काम कैसे किया जाए और काम को आगे कैसे बढ़ाया जाए।

अगर ये सब चीजें एक कंपनी के पास हैं तो आप आँख मूँद कर इस कंपनी से जुड़ सकते हैं।

सवाल: माना किसी व्यक्ति ने इन गाइड्लाइन के अनुसार कोई कंपनी ज्वाइन कर ली, उसने सोचा था इतने समय में उसे ये सब चीजें हासिल हो जाएंगी, कार आ जाएगी, बांग्ला हो जाएगा, ये सब नहीं होता तो वो हतोत्साहित हो जाता है तो इस स्थिति को कैसे फेस करें?

जवाब: जब लोग ट्रेडिशनल बिज़नेस शुरू करते हैं तो लाखों इन्वेस्ट करते हैं, स्टाफ रखते हैं, स्टॉक रखते हैं और जब वो उसी बिज़नेस में 2-3 साल में कामयाब होते हैं तो लोग उन्हें नॉर्मल कहते हैं। लोगों को लगता है की पहले 6-8 महीने तो सीखने में ही लगेंगे, फिर धीरे धीरे नो प्रॉफ़िट नो लॉस का दौर भी आएगा उसके बाद प्रॉफ़िट होना शुरू होगा। ऐसे ट्रेडिशनल बिज़नेस में 2-3 साल में सेटल होने को लोग नॉर्मल मानते हैं लेकिन जब डायरेक्ट सेलिंग में आते हैं तो उन्हें ऐसा लगता है की कुछ हफ्तों में, 3 मीटिंग में, 2 दिन में, आधा प्रोग्राम अटेन्ड कर के उन्हें कामयाबी मिल

जानी चाहिए। ये स्टार्टिंग बिज़नेस विद अनरियलिस्टिक एक्स्पेक्टैशन (अयथार्थवादी उम्मीदों के साथ बिज़नेस शुरू करना) है। ये बिल्कुल गलत उम्मीदें हैं। ये कोई लोटरी नहीं है, या कोई स्कीम नहीं है जिससे आप रातों रात अमीर हो जाएंगे, ये एक ट्रडिशनल बिज़नेस जैसा ही ठोस बिज़नेस है जो आप अपनी अगली पीढ़ी को भी देंगे। तो अगर आपको एक शानदार इमारत खड़ी करनी है तो उसकी बुनियाद तो आप ही को रखनी पड़ेगी और उसमें समय तो लगेगा ही।

सवाल: लेकिन अगर एक व्यक्ति सब्र रखता है, सही से काम करता है और इसके बावजूद उसको रिजल्ट नहीं मिलते तो इस स्थिति से वो कैसे बाहर निकले?

जवाब: ऐसा तो किसी भी बिज़नेस में हो सकता है। हर बिज़नेस में उतार चढ़ाव आते हैं। आज से 10 साल पहले कंप्युटर हार्डवेयर ट्रेंड के जो मार्जिन थे, अगर आप उस मार्जिन को आज के मार्जिन से तुलना करें तो पता चलेगा की इनका कोई कम्पैरिसन ही नहीं है। तो हर इंडस्ट्री में कठिन समय आता है लेकिन ये कठिन समय हमेशा नहीं रहता लेकिन कठिन लोग हमेशा रहते हैं। मतलब ये परीक्षा का समय है और हर कामयाब इंसान परीक्षा के दौर से गुज़रता है। लेकिन जब आप उस कठिन समय से निकलेंगे तो देखेंगे की भगवान ने आपके लिए बहुत ही शानदार फ्यूचर प्लान तैयार रखा है। मैं भी ऐसे कठिन समय से गुज़रा हूँ और जब कई दिनों तक मुझे कुछ नहीं मिलता था और जब मैं रात को घर लौटता था तो वाइफ पूछती थी की कैसा रहा आज का दिन तो मैं उससे बोलता था की आज चरित्र निर्माण का दिन था और वो सब समझ जाती थीं।

हमारी इंडस्ट्री का एक बहुत बड़ा नाम जो अब इस दुनिया में नहीं हैं लेट श्री सतीश पंडित जी का एक विडिओ मैंने सुना जिसमें उन्होंने कहा की जिन लोगों को दूसरों से ज़्यादा टाइम लग रहा है कुछ अचीव करने में तो जिस दिन उनका सम्मान होगा, और वो स्टेज से सबको बताएंगे की उनको इतना टाइम लगा यहाँ पहुँचने में, उनकी फाइनेंशियल सिचुएशन कैसी थी

और घर वालों ने कितना विरोध किया लेकिन उन्होंने हिम्मत नहीं हारी तो सबसे ज़्यादा तालियाँ उन्हीं के लिए बजेंगी, सबसे ज़्यादा ऑटोग्राफ उन्हीं से लिए जाएंगे। मतलब ये मान के चलिए की अगर संघर्ष ज़्यादा है तो सम्मान भी बड़ा होगा।

सुरेन्द्र: रतन टाटा जी ने एक बार एक इंटरव्यू में कहा था कि हमारी लाइफ में चैलेंजेस आएंगे लेकिन हमें ये विश्वास रखना चाहिए की सफलता देर से ही सही लेकिन आएगी ज़रूर और एक दिन ये गालियों का शोर तालियों की गूंज में बदलेगा और उस एक दिन का हमें इंतजार करना है और उसके लिए तपस्या जारी रखनी है।

सवाल: आपने अपनी किताब के दूसरे चैप्टर, "प्रिन्सपल्स टू गिव फाउंडेशन टू योर बिज़नेस" में आपने 20 पॉइंट्स बताए हैं। तो क्या आप उनमें से 3 ऐसे पॉइंट्स बता सकते हैं जो उनमें से सबसे ज़्यादा इम्पोर्टेन्ट हैं?

जवाब: वैसे तो सभी 20 ज़रूरी हैं लेकिन अगर मुझे सिर्फ 3 ही बताने हैं तो पहला पॉइंट होगा सिस्टम से काम करना, मतलब 100% सिस्टम के लिए समर्पित हो जाएं क्योंकि सिस्टम सबसे बड़ा है। उदाहरण के लिए, एक होता है थर्मामीटर और दूसरा होता है थर्मोस्टेड। थर्मामीटर तापमान को सिर्फ नाप सकता है, बदल नहीं सकता जबकि थर्मोस्टेड तापमान बदल सकता है। क्योंकि थर्मोस्टेड एक सिस्टम है। ठीक वैसे ही नेटवर्क मार्केटिंग एक सिस्टम है और आप चाहे किसी भी बैकग्राउंड से आए हों आपको इस सिस्टम के लिए पूरी तरह से सरेन्डर करना होगा और उसी हिसाब से करना होगा।

दूसरा पॉइंट ये है की प्रोग्राम्स और इवेंट्स इस बिज़नेस के आक्सिजन हैं। ये बिज़नेस सिर्फ प्रोग्राम टू प्रोग्राम चलता है तो आप ज़िंदगी में कभी भी प्रोग्राम्स मिस ना करें। मीटिंग्स, फ़ंक्शंस, सेमिनार्स, ट्रेनिंग्स ये सब इस बिज़नेस की लाइफलाइंस हैं। सीधे शब्दों में अगर बोलें तो आप कितनी भी अच्छी ट्यूशन पढ़ लें, आप स्कूल नहीं छोड़ सकते।

तीसरी पॉइंट ये की इस बिज़नेस में एक शख्स ऐसा होगा जो हमेशा आपका भला चाहेगा जिसे हम अपलाइन कहते हैं। वो आपसे उम्र में छोटा भी हो सकता है और बड़ा भी, उसका फाइनेंशियल पोजिशन आपसे छोटा हो सकता है, तजुर्बे में आपसे छोटा हो सकता है लेकिन आप उसकी बात ज़रूर मानें।

तो इन 3 चीजों को अगर आप मानेंगे बिना किसी शर्त के, तो आप एक मज़बूत बुनियाद के साथ मज़बूत बिज़नेस बना सकते हैं।

सवाल: इस इंडस्ट्री में जब लोग बहुत मुकाम हासिल कर लेते हैं, उन्हें लोगों का प्यार मिलता है, लोग लाइन में लग कर उनसे ऑटोग्राफ लेते हैं तो अक्सर ऐसा देखने को मिलता है की उनका एटीट्यूड चेंज हो जाता है। तो उसको कैसे कंट्रोल किया जाए?

जवाब: मैंने इस बिज़नेस के कुछ टॉप लीडर्स को देखा है, उन सभी में 2-3 चीजें खास हैं। एक तो ये की ये किसी भी लेवल पर पहुँच जाएं, बेसिक्स नहीं छोड़ते।

जब आप बेसिक्स करते हैं तो एक डिस्ट्रीब्यूटर की रीऐलिटी को दोबारा जीते हैं, दोबारा उस वक़्त को जीते हैं जब एक री-पर्चेज़ का ऑर्डर बड़ी कठिनाई से आता था। ये कहना आसान है की अपने अतीत को ना भूलें, लेकिन अगर आप ऐसे प्रैक्टिस रखेंगे तो अतीत को भूलना और कठिन होगा। और ऐसा करने से आप हर एक सेल की रीस्पेक्ट करेंगे।

सवाल: फनी मोमेंट ऑफ योर लाइफ कोई ऐसी दिलचस्प घटना जिसे याद कर के आज भी आपके चेहरे पर मुस्कुराहट आ जाती है?

जवाब: जितना भी समय मैंने ग्राउन्ड लेवल पर काम किया है, लगभग हर रोज़ ही कोई ना कोई मज़ेदार किस्सा मैं घर लाता था और बीवी को सुनाता था। उनमें से एक मैं आपसे शेयर करता हूँ। बहुत सारे लोगों की तरह मुझे भी स्टेज पर जाने से बड़ा डर लगता था। मेरा पूरा शरीर कांप जाता था तो मुझे किसी ने समझाया की आईने के सामने खड़े हो कर खुद से बातें करो। जैसे किसी होटल में प्रोग्राम है आप बाथरूम में जा कर आईने के सामने

खड़े हो कर बोलो की आज तो मैं कमाल करूंगा, मैं तैयार हूँ इसके लिए और आज का प्रोग्राम कमाल का जाएगा।

मेरा वो पहला प्रोग्राम था। मैं बाथरूम में गया और पूरे जोश से बोलना शुरू किया- दीपक बजाज तुम कमाल हो, तुम आज जो भी करोगे वो बेशुमार होगा और लाजवाब होगा और लोग तुम्हारी तारीफ करेंगे, कई लोगों की जिंदगी में परिवर्तन आएगा। तभी पीछे से एक महिला आई और उसने कहा- दीपक बजाज तुम आज कमाल करोगे, तुम कॉन्फिडेंट हो, सब कुछ बहुत शानदार है, लेकिन ये लेडिज़ टॉइलेट है। तो मैं इतना नर्वस था की मुझे पता ही नहीं चला। आज भी मैं जब होटल के बाथरूम में जाता हूँ तो एक बार चेक कर लेता हूँ की सही जगह पर हूँ की नहीं।

सुरेन्द्र: ये बिज़नेस एक कम्प्लीट पैकेज है जिसमें नॉलेज है, फन है, मस्ती है। मैंने आपके बारे में पढ़ा है कि आपने इस बिज़नेस में आने के बाद लगभग आधी दुनिया घूम ली है।

दीपक: जी हाँ हम घूमते रहते हैं, मस्ती करते रहते हैं।

सुरेन्द्र: दीपक जी अपने कीमती समय में से समय निकालने के लिए बहुत बहुत आभार ।

मेरा ये मानना है की दीपक जी द्वारा लिखी गई ये पुस्तक 'बनिए नेटवर्क मार्केटिंग मिलियनेयर' एक बेहतरीन दस्तावेज है और मुझे ऐसा लगता है की अगर ये पुस्तक मुझे 18 साल पहले मिली होती तो जो कुछ मैंने 10 साल में अचीव किया है वो शायद 2-3 साल में ही कर लेता।

पूरा इंटरव्यू देखने के लिए हमारे यू-ट्यूब चैनल 'चैट विद सुरेन्द्र वत्स' के एपिसोड नंबर 1 'बनिए नेटवर्क मार्केटिंग मिलियनेयर' दीपक बजाज देखिए।

Rajesh Aggarwal

- ***Influencer***
- ***Best Trainer Awardee***
- ***Motivational Speaker***

सुरेन्द्र वत्स विद राजेश अग्रवाल - एपिसोड 2

दोस्तों पिछले चैप्टर में हमने दीपक बजाज से नेटवर्क मार्केटिंग के बारे में बहुत कुछ सीखा, इस चैप्टर में हम ऐसी पर्सनैलिटी से जुड़ेंगे जो ना केवल हिंदुस्तान में प्रसिद्ध हैं अपितु पूरी दुनिया में लोग उनको जानते है, यू-ट्यूब पर एक लाख से ज्यादा जिनके सबस्क्राइर्बस हैं, 7 मिलियन से ज्यादा लोगों ने इनके वीडियोज को देखा है, इन्होंने कई सारी किताबें लिखी हैं, हिंदुस्तान के 80 से ज्यादा शहरों में उनके ट्रेनिंग हुए हैं और इन्होंने नेपाल, बांग्लादेश, थाइलैंड से होते हुए अमेरिका तक अपने ट्रेनिंग वर्कशाप के माध्यम से हज़ारों लोगों को लाभान्वित किया है, राजेश अग्रवाल जी जिनसे मैं भी पर्सनली बहुत इन्स्पाइअर्ड हूँ।

सवाल: राजेश जी मैंने आपके बारे में पढ़ा कि कलकत्ता के एक मध्यम वर्गीय परिवार से आपने अपना सफर शुरू किया और ये जो आपकी यात्रा है फर्श से अर्श तक की, क्या ये आसान थी ?

जवाब: जी हाँ मैं एक मिडल क्लास फैमिली से आता हूँ, मेरे फादर यूपी से हैं। 1967 में वे कोलकाता चले गये थे जहां मेरी पैदाइश, परवरिश, पढ़ाई लिखाई सब हुई। 1991 में जब मेरी उम्र 20 साल के आस-पास थी, मेरे फादर का बिजनेस कोलैप्स कर गया, वो बैंकरप्ट हो गए तो हमें रातों रात कोलकाता छोड़ के भागना पड़ा, क्योंकि पिताजी की लाइफ सुरक्षित नहीं थी और दिल्ली आते ही 6 महीने में उनकी डैथ हो गयी। मुझे याद है पालिका बाज़ार में हैंगर लगा कर मैंने अपना करियर शुरू किया था। मैं टी-शर्टस के हैंगर लगाता था और मेरा एक जुनून था लोगों से मिलना और उनसे बात करना। तो इस तरह धीरे-धीरे मेरी यात्रा आगे बढ़ी। घर की ज़िम्मेदारी आयी और उसके बाद मैंने 2-4 नौकरियां बदलीं। मैंने 1993 में एक बहुत बड़ी कंपनी एम.एन.सी. में नौकरी ज्वाइन की। वहाँ मैंने बात करने के तरीके-सलीके सीखें। वहाँ मुझे पर्सनैलिटी डेवलपमेंट की ट्रेनिंग मिली, मैंने ट्रेनिंग अटैन्ड की और जिस उस्ताद से मैंने ट्रेनिंग ली फिर उन्हीं

को ज्वाइन कर लिया क्योंकि ट्रेनिंग मेरा जुनून था। 1993 से मैं ट्रेनिंग फील्ड में आ गया और 1997 में मैं ट्रेनर बन गया।

सवाल: आज डायरेक्ट सेलिंग इंडस्ट्री को लेकर लोगों में बड़ा उत्साह है। फीकी (FICCI) की रिपोर्ट में के.पी.एम.जी. ने जो आंकड़े दिए है, उनको देखते हैं तो हम ये पाते हैं कि ये इंडस्ट्री हिंदुस्तान में बहुत तेजी के साथ में बढ़ने वाली है। आज यंगस्टर्स नौकरी ज्वाइन नहीं करना चाहते हैं, बहुत सारे तो ऐसे हैं कि जो स्टडी पूरी करते हैं या स्टडी के साथ-साथ डायरेक्ट सेलिंग इंडस्ट्री में आ रहे हैं। तो क्या वो सही कर रहे है, आपको क्या लगता है कि हिंदुस्तान में डायरेक्ट सेलिंग इंडस्ट्री का भविष्य क्या होने वाला है?

जवाब: मेरी डायरेक्ट सेलिंग इंडस्ट्री से इंटरैक्शन 1993-1994 के आस-पास ही हुई थी जब मैं नौकरी के साथ-साथ कोई पार्ट टाइम बिज़नेस खोज रहा था और पहली बार मुझे पता चला कि 9 से 5 आप पेड, यानी पेट के लिए काम कीजिए और 5 से 9 अपने सपनों के लिए काम कीजिए।

सुरेन्द्र: मतलब पार्ट टाइम कीजिए।

राजेश: क्योंकि इसकी शुरूआत पार्ट टाइम ही होती है। फिर एक समय ऐसा आएगा कि वो पार्ट टाइम फुल टाइम बन जाएगा और फुल टाइम को फिर रखना या नहीं रखना ये आपके ऊपर है।

सवाल: 1993-94 मतलब ये वो टाइम था जब शायद इंडिया में डायरेक्ट सेलिंग की शुरूआत ही थी।

राजेश: जो भी बड़े नाम हैं मैंने उन्हीं के साथ सीखा, समझा, इन्टरैक्ट किया, उनके लीडर से इन्टरैक्ट किया और मेरा मेन फोकस सीखने में ज्यादा रहा, पैसे कितने कमाए उस बारे मैं ज़्यादा नहीं सोचता था। मुझे लगता है कि अगर लर्निंग ठीक है तो अर्निंग ठीक हो ही जाएगी। एक बड़ा ही मजेदार कान्सेप्ट था कि एक दिन ऐसा आएगा कि पार्ट टाइम की इनकम फुल टाइम की नौकरी से ज़्यादा हो जाएगी। इस लाइन ने मुझे सबसे ज्यादा अपील किया।

पार्ट टाइम बिजनेस या नेटवर्क मार्केटिंग बिज़नेस ऐसा बिज़नेस है जिसमें धीरे-धीरे आप अपना नेटवर्क बढ़ाते हैं, अपनी टीम बढ़ाते हैं और धीरे-धीरे आपकी इनकम बढ़नी शुरू हो जाती है। मैं इस इंडस्ट्री से बहुत करीब से जुड़ा रहा। अब 2017-18 से मैंने ये मिशन लिया है कि मैं इस इंडस्ट्री के साथ हजारों, लाखों, करोड़ों लोगों को जोड़ूँ। जिन लोगों को गलतफहमियां हैं उन्हें दूर कर पाऊँ क्योंकि मार्केट में कुछ ऐसे लोग आए, ऐसे प्लेयर्स आए जिन्होंने इस अच्छी इंडस्ट्री को खराब किया है। तो हमारे जैसे लोगों का फर्ज बनता है कि इसकी सच्चाई और इसकी गहराई को दिखाएं।

जानकार ये कहते हैं कि 2025 तक ये इंडस्ट्री डेढ़ लाख करोड़ रूपये का व्यापार करने वाली है, तो यकीन माने मेरा 90 प्रतिशत फोकस अब डायरेक्ट सेलिंग इंडस्ट्री पर ही है ताकि मैं लोगों को ट्रेन कर पाऊँ और उन्हें ज़ीरो से हीरो बना पाऊँ।

सवाल: ये जो लगभग 25 साल का आपका अनुभव रहा इस इंडस्ट्री में तो ऐसी कौन सी चीज़ है जो आपके अनुसार इस इंडस्ट्री का खूबसूरत पहलू है?

जवाब: वैसे तो 4, 5 चीजें है, मैं एक-एक करके इन्हें गिनाऊँगा।

पहली तो बात ये है कि इसमें आप ऑर्गेनाइज़ेशनल स्किल सीखते है क्योंकि आपको ऑर्गेनाइज़ेशन बनानी पड़ती है। हर व्यक्ति का अलग मूड है, बिहेवियर है, तरीका है तो आपको हजारों लाखों लोगों को मैनेज करना पड़ता है, तो उनके मूड को मैनेज करते करते आप एक स्टेबल पर्सनैलिटी बन जाते हैं। इस तरह पहला ग्रोथ तो आपका होता है। किसी ने कहा है कि अमीर बनना ज़्यादा जरूरी नहीं है पर अमीर बनने की यात्रा में आप कैसे इंसान बने, ये ज़्यादा ज़रूरी है। आपका पेशन्स लेवल बढ़ जाता है, आपके अंदर धैर्य आ जाता है, स्टेबिलिटी आ जाती है।

दूसरी बात ये कि जब आप किसी बड़ी कंपनी की फ्रेंचाइजी लेते हैं तो आपको लाखों करोड़ो रूपये देने पड़ते हैं, अपना ऑफिस रखना पड़ता है, स्टाफ रखना पड़ता है, इन्वेंट्री रखनी पड़ती है। और नेटवर्क मार्केटिंग में

लगती है एक छोटी सी इन्वेसमेंट - कमिटमेंट की इन्वेसमेंट, टाइम की इन्वेसमेंट और जो आप प्रोडक्ट लेते है उसकी इन्वेसमेंट और धीरे-धीरे टीम के द्वारा आप अपने बिजनेस को ग्रो करते हैं। इसमें ना आपको कोई अकाउंटेंट रखने की जरूरत है, ना कोई स्टौक रखने की जरूरत है, ना कोई ऑफिस खोलने की जरूरत है और इतनी मीनिमम इन्वेसमेंट में जमीन से आसमान तक की यात्रा तय करते हैं। ये मुझे सबसे ज्यादा अटरैक्टिव प्वाइन्ट लगा इसका।

तीसरी चीज़ को मैं एक उदाहरण के द्वारा समझाऊँगा। अगर एक आदमी अपनी जिंदगी में 40 साल काम करता है, तो अगर वो ऐव्रिज साल का 6 लाख रूपये भी कमाता है तो जानकार कहते हैं 40 साल में 2 करोड़ 40 लाख रूपये कमाता है लेकिन वहीं अगर उसकी टीम बन जाती है तो वो 50 हजार रूपये रोज का इंसान बन जाता है क्योंकि उसके उसी टाइम में लाखों लोग काम कर रहे हैं। जानकार कहते हैं कि अगर पैसे कमाने हैं तो समय को मल्टीप्लाई करना पड़ेगा। ये टाइम मल्टीप्लीकेशन का कान्सेप्ट इसी इंडस्ट्री में है। तो ये तीन चीजें हैं जिसने मुझे सबसे ज्यादा अटरैक्ट किया है।

सवाल: आज बहुत सारे लोग हैं जो बिल्कुल कमिटेड हैं इस इंडस्ट्री को लेकर। लेकिन जब वो यात्रा शुरू करते हैं, नेटवर्क बनाते हैं, जैसा आपने कहा अलग अलग लोगों से मिलना होता है तो सक्सेस उनको उतनी जल्दी नहीं मिलती जितनी उन्होंने उम्मीद की होती है। जब ऐसी स्थिति से हम गुजरते हैं तो उस समय क्या करें कि हम लोग हिम्मत ना हारें और धैर्य के साथ आगे बढ़ते रहें?

जवाब: सबसे पहले तो ओवर नाइट सक्सेस किसी काम की नहीं है। जब कोई अन्ट्रेंड व्यक्ति आ जाता है, उसके दिमाग में रहता है की आज रात से ही मेरे पास पैसे आ जाएं और सभी जानते हैं कि एक रात में पैसे नहीं आते है। सबसे बड़ी भूल जो लोग करते हैं वो है लर्निंग के मामले में, ट्रेनिंग के मामले में। वे पहले ही सिखाने में लग जाते हैं। उन्हें ये नहीं पता होता कि

किससे क्या बोलना है, क्या बात करनी है, कैसे बैठना है, कैसे शुरूआत करनी है? वो सीधा बोल देते हैं की- ये कंपनी है, ये प्लान है, तुम मेरे साथ आ जाओ- ऐसे कोई आने वाला नहीं है। हमने सालों किसी से मुलाकात नहीं की और अचानक एक दिन उन्हें बिज़नेस का प्रपोजल दे देते हैं तो वो कभी नहीं आएगा। पहले तो उससे रिश्ता बनाओ। 90 प्रतिशत पहले रिश्ता बनता है, बाद में बिज़नेस होता है, आज हमारे और आपके रिश्ते सालों पुराने हैं और मुझे जहाँ तक याद है हमने कभी बिज़नेस नहीं किया है, हमारा रिश्ता ही हम दोनों को यहाँ लेकर आया है। एक रिसर्च ये बताती है कि चार बार अगर किसी ने ना बोल दिया तो ऐसे आदमी इस बिजनेस को छोड़ देते हैं। हम मानते हैं कि पहले 20-21 ना तो आने ही चाहिए क्योंकि जितने ना आयेंगे उतना आप हाँ के लिए तैयार होंगे। मैं एक उदाहरण देता हूँ आपने देखा होगा टैली कॉलर सुबह फोन करती है लोन चाहिए? और हम उनको उल्टी-सीधी बात बोल देते हैं। आप हैरान होंगे ये जान कर कि आपकी ना पर उसको तालियां मिलती हैं। वहाँ पर नियम होता है कि अगर दस लोगों से तुमने ना सुन लिया तो लंच फ्री मिलेगा। 9 तक तो ना मिलता है 10वें में हाँ हो जाता है। उसने अपने ना को एक खेल में कन्वर्ट कर लिया है। ना बड़ा नैचुरल प्रोसेस है, वो ना आपको नहीं कर रहा है, किसी ने उसको धोखा दिया होगा वो ना उसको कर रहा है तो पहले रिश्ता मजबूत करो, बिज़नेस हम धीरे-धीरे कर लेंगे।

सवाल: एक सफल इंसान होने के लिए व्यक्ति ने अपना लक्ष्य निर्धारित कर लिया है कि मुझे जिंदगी में ये प्राप्त करना है, उसमें क्लेरिटी आ गयी है। लेकिन ऐसा क्या करें कि वो सफल, जल्दी से ना हो कोई बात नहीं है लेकिन ये तय हो कि उस रास्ते पर चलकर उसे निश्चित रूप से सफलता मिले?

जवाब: मैंने बाथरूम में एक गाना गाया और गाना गाके मैं कहूं कि मैं बहुत सफल हूँ। मैं सफल नहीं हूँ, ये मेरी सिर्फ उपलब्धि है, सफलता नहीं है। जब मेरी उपलब्धि लोगों के द्वारा अप्रीशीएट होती है, जब मैं डिमांड में आ

जाता हूँ अपने किसी हुनर के लिए तब मैं सफल हुआ, ये पार्ट है सफलता का।

दूसरा अंधेरे में तीर चलाने से काम नहीं चलेगा। मोटिवेट एक गधे को भी किया जा सकता है लेकिन मोटिवेशन के साथ अगर एजुकेशन नहीं है तो डिसास्टर हो जाएगा। मैं अगर किसी को मोटिवेट कर रहा हूँ तो पहले तो मुझे निखारना पड़ेगा उसकी स्ट्रेंथ क्या है, उसकी वीकनेस क्या है, वो किस दिशा में जा सकता है, कितना उसमें दम है, कितना दम भरना पड़ेगा? तो पहले तो एजुकेशन और दूसरा उसकी दिशा। अगर मैं मोटिवेटेड भी हो गया और मेरी दिशा ठीक नहीं है तो मैं पश्चिम में जाकर पूरब से सूरज कैसे उगा दूंगा?

मतलब पहले उसको सही डायरेक्शन में सही रास्ते पर लाना है और उसके बाद उसको मोटिवेट करना है ताकि वो स्टार्ट हो तो सही दिशा में आगे बढ़े।

और नेटवर्क मार्केटिंग की बात करें तो उसमें दिक्कत ये ही है कि जब हम किसी को चैक दिखाते हैं, इंस्पायर करते हैं या मोटिवेट करते हैं, तो ये भी हमारा फर्ज बनता है की अगर कोई मेरे भरोसे आया है तो उसकी स्ट्रैन्थ को देखते हुए ये भी सोचें कि कैसे मैं इसको और आगे ले जाऊँ? एक अप्लाइन/कोच या मैन्टर का सबसे बड़ा स्ट्रेंथ है, प्रौपर चार्ट देना, सक्सेस का प्रॉपर स्टैप देना तब वो अच्छे से सही दिशा में जा पाएगा। तो सक्सेस को अगर हम समराइज करें तो सक्सेस में दो चीजें हैं- सही सोच और सही दिशा इज इक्वल टू सक्सेस।

सवाल: आपको ऐसे कौन सी 3 चीजें लगती हैं जो एक व्यक्ति को सफल होने के लिए, अपनी कंपनी में हाइयेस्ट लेवल तक पहुँचने के लिए नैटवर्कर के रूप में ज़रूरी हैं?

जवाब: सबसे पहले तो जबरदस्त पैशन होना चाहिए और किसी भी तरीके की नकारात्मक आवाजें नहीं सुननी चाहिए। नकारात्मक लोगों के साथ बैठना ही नहीं है, जिस व्यक्ति ने ये इंडस्ट्री देखी ही नहीं, जो सफल हुआ

नहीं, वो आपको क्या गाइड करेगा? 90 प्रतिशत पैशन काम करता है, उसके बाद दूसरा आता है प्रोडक्ट की जानकारी, मार्केटिंग प्लान की जानकारी, प्रोसेस की जानकारी। सारे पी'ज़ (P's) आ जाते हैं, प्रोडक्ट, प्लान, प्रोसेस और प्रोसिडिंग।

तीसरा आपको अपने जैसे डूप्लिकेट्स तैयार करने हैं जो सबसे बड़ा काम है। यानि अपनी ज़िरौक्स कॉपी और वो कितनी जल्दी हो ये आपके हुनर पर डिपेंड करता है और लेने वाले पर डिपेंड करता है क्योंकि ये सारा बिजनेस डुप्लिकेशन का है। हमारा एक तीन वर्ड का फार्मूला है, लर्न, टीच एण्ड डुप्लिकेट। ये दुनिया भर में पोपुलर फार्मूला है, एल०टी०डी०, लर्न, टीच एण्ड डुप्लिकेट। मैं ये मानता हूँ की आप कितने भी बड़े लीडर क्यों ना बन जाएं, हमेशा धरातल पर रहना चाहिए। आपको खुद फोन रिसीव करना पड़ेगा, आपको डाउनलाइन से बात करना पड़ेगा, आप कितने भी अमीर क्यों ना हो जाएं, जमीन से कटेंगे तो फेल हो जायेंगे और ये मेरा व्यक्तिगत अनुभव है।

सुरेन्द्र: मैंने एक कोटेशन कहीं सुनी कि कीप इट सिंपल, कीप इट डुप्लीकेबल यानि आपका हर काम इतना सिंपल, इतना साधारण और इतना आसान होना चाहिए कि हर आदमी को ये लगे कि ये तो मैं भी कर सकता हूँ और वो करने लग गया तो फिर वो बड़ी आसानी से आपका डुप्लिकेट हो जाएगा।

सवाल: हर इंसान की ज़िंदगी में कुछ ना कुछ ऐसे पल ज़रूर होते हैं जो इतने मजेदार होते हैं की वो उन्हें कभी भूल नहीं पाता। निश्चित रूप से आपकी भी जिंदगी में कुछ ऐसी घटनाएं रहीं होंगी। क्या आप उन्हें हमारे साथ बाटेंगे?

जवाब: वैसे तो बहुत हैं लेकिन जो अभी मेरे जहन में जो घटना आ रही है वो है 1992 की। मैं 1992 में एक बहुत बड़ी एम०एन०सी० कंपनी में नौकरी करता था और चूंकि उस समय आर्थिक यानि फाइनैंशल प्रेशर इतना ज़्यादा हुआ करता था कि मैं कभी-कभी चीजें भूल जाता था। तो मेरी एक

सीनियर थीं जो मुझसे कहती थीं- राजेश मैं लिख के दे रही हूँ, इस जन्म में तुम कुछ नहीं कर पाओगे। अब मैं उस बात का बुरा नहीं मानता हूँ। तो जब मैं उस कंपनी से निकल गया, ट्रेनिंग में आ गया और मैं 1997 में ट्रेनर बन गया तो 2011 में मुझे एक बहुत बड़े प्रोग्राम के लिए बुलाया गया, दिल्ली में, जहाँ सारी एम0एन0सी0 कंपनीज की सेक्रेटरीज़ आयी और कॉर्नर में वो भी बैठी हुई थीं। वो अपनी किसी दोस्त से कह रही थीं कि शायद मैंने इस इंसान को कहीं देखा है। मैं तो पहचान गया, वो नहीं पहचान पाईं। तो मैंने सोचा की इनकी दुविधा मैं जरा सॉल्व कर देता हूँ। प्रोग्राम की शुरूआत के साथ ही मैंने कहा मैडम थैंक यू आने के लिए। आज मैं जो कुछ भी हूँ आपकी वजह से हूँ। उन्होंने कहा, शायद मैंने तुम्हें कहीं देखा है। मैंने कहा जी आप मेरी बॉस हुआ करती थीं और आपकी गाइडलाइन से ही आज यहाँ पहुँचा हूँ। यकीन मानिए उनकी आँखों में आँसू थे। उन्होंने मुझे हग किया, सबके सामने बोला कि ये मेरे लिए मिरैकल है कि जिस इंसान को मैंने अपने सामने देखा, ग्रूम किया, हो सकता है कि इसको मैंने झाड़ा भी हो और आज वो मुझे ट्रेनिंग देगा।

ये मेरी जिंदगी की तमाम फनी घटनाओं में से एक यूनिक घटना है।

हमें अगर कोई ऐसा व्यक्ति मिलता है जो हमें थोड़ा सा चैलेंज करता है या अंडर एस्टीमेट करता है तो उसे हम एक पाज़िटिव सेन्स में ले। उसे कारण बना लें कि अब मुझे इसलिए कामयाब होना है क्योंकि जो इन्होंने बोला है मुझे उसके विपरीत कुछ बड़ा करके दिखाना है।

इसी बात पर मेरी कविता के दो लाइन हैं:

शुक्रिया जिंदगी मेरे ऊपर नफरत के अंगार बरसाने का,
यही मौका है मुझे तुम्हारे ऊपर प्यार दिखाने का।

मेरे उस्ताद कहते थे कि अगर आपको कोई किक करता है तो आपकी स्पीड को बढ़ा देता है तो उन्होंने तो मेरी स्पीड बढ़ाई। आज मैं जहाँ भी हूँ उन लोगों की वजह से हूँ जिन्होंने मुझे किक किया, जिन्होंने मुझे ह्यूमिलियेट किया। नेटवर्क मार्किटिंग में भी मैं इसीलिए आया क्योंकि लोगों ने कहा

कि राजेश जी मोटिवेशन देना बड़ी अलग बात है लेकिन नीचे उतर कर काम करना अलग बात है। मैंने कहा उतर के देखते है। मैं शुक्रिया अदा करता हूँ उस इंसान का जिसने मुझे चैलेंज किया।

सवाल: आपकी कविता की ये दो लाइनें ही बहुत खूब हैं। मैंने आपके वीडियोज़ देखे हैं और मुझे पता है की आप कविताएं बहुत ही बढ़िया लिखते हैं। हमारे पाठकों के लिए कुछ और कविताएं भी पेश कीजिए।

जवाब: ये सबसे करीब है मेरे, जो हमारी इंडस्ट्री के लिए भी बिल्कुल फीट बैठती है कि -

मेरे हालात पर हँसने वाले, ये ना सोच कि मैं कमजोर हूँ,
मेरे हालात पर हँसने वाले, ये ना सोच कि मैं कमजोर हूँ,
ये तो बस वक्त की बात है कि कभी दिन है तो कभी रात है।
भई जब आपको रिस्पौन्स नहीं मिलता है तो कमजोर ना पड़े,
ये तो बस वक्त की बात है कि कभी दिन है तो कभी रात है,
अभी सूरज निकलना बाकी है, चिड़ियो का चहकना बाकी है
और मुर्गे का बांग देना अभी बाकी है
और इस काली रात के पीछे उजाले की किरण मुझे दिखायी दे रही है,
जो धीरे से मुस्कुराते हुए मुझसे कह रही है,
हिम्मत ना हारना मैं आ रही हूँ, बस थोड़ा तुम्हें आजमा रही हूँ।
यही तो खेल है ना कि जब आपको ना मिले,
उस रात को जब आप सोये तो आप याद रखें कि सुबह सूरज निकलने वाला है।
हिम्मत ना हारना मैं आ रही हूँ,
बस थोड़ा तुम्हें आजमा रही हूँ।
और ये लाइनें मेरे अपने तमाम नेटवर्क मार्किटिंग के एसोसिएट्स के लिए, चाहे वो पूरे दुनिया में कहीं भी हो-
याद रखना रास्ता कितना भी कठिन हो पर सच्चाई का साथ ना छोड़ना,
और तूफान कितने भी आ जाए पर अपने सिद्धांतों को ना छोड़ना,

मेरे हालात पर हँसने वाले, ये ना सोच लें कि मैं कमजोर हूँ,
ये तो बस वक्त की बात है कि कभी दिन है तो कभी रात है।

तो इस अध्याय में राजेश अग्रवाल से बातचीत के अंश थे जिन्होंने नेटवर्क मार्केटिंग इंडस्ट्री के बारे में और उनकी बारीकियों के बारे में अपने पाठकों को बहुत ही विस्तार से समझाया। आशा है की नेटवर्क मार्केटिंग और डायरेक्ट सेलिंग से जुड़े आपके सवालों के जवाब आपको मिल गए होंगे, अगर नहीं मिले तो आगे आने आने वाले चैप्टर्स में ज़रूर मिल जाएंगे।

पूरा इंटरव्यू देखने के लिए हमारे यू-ट्यूब चैनल 'चैट विद सुरेन्द्र वत्स' का एपिसोड नंबर 2 "पार्ट टाइम करते हुए नेटवर्क कैसे बनाएं?" राजेश अग्रवाल देखिए।

Mukesh Kothari

- *Powerful Motivational Speaker*
- *An Achiever*
- *Hotelier*
- *Inspiring Leader*
- *Best Mentor*

सुरेन्द्र वत्स विथ मुकेश कोठारी - एपिसोड 3

मुकेश कोठारी एक मिडल क्लास फैमिली से हैं और पढ़ाई-लिखाई के बाद इन्होंने प्राइवेट जॉब ज्वाइन कर लिया। और फिर ये डायरेक्ट सेलिंग में आए, पहले पार्ट टाइम किया, बाद में इन्होंने इसे फुल टाइम करना शुरू कर दिया, आज इनके पास गाड़ी है, बंगला है, शौहरत है, नाम है, कई सारे होटल्स हैं, जब मुकेश कोठारी मीटिंग्स में जाते है तो बाहर एक लंबी लाइन लगी रहती है ऑटोग्राफ लेने वाले लोगों की।

सवाल: सर आज आप एक सेलिब्रिटी हैं कैसा महसूस होता है?

जवाब: सच्चाई तो ये है की मैंने जीवन में ऐसा कभी सोचा भी नहीं था। मैं एक मिडल क्लास फैमिली में था और 6 भाई बहनों के परिवार में मैं सबसे छोटा था। जब मैं मात्र 9 साल का था तभी मेरे फादर गवर्नमेंट सर्विस से रिटायर हो गए थे, वे डिफेन्स में थे। उनका स्वास्थ्य उनका साथ नहीं देता था इसलिए समय से पहले उनको कंपलसरी रिटायरमेंट लेना पड़ा। उसके बाद परिवार का पालन-पोषण बड़ी कठिनाईयों से हुआ। लेकिन कठिन परिस्थितियों में भी हमारे माँ-बाप ने हम बच्चों की एजुकेशन कराई। उनका सपना था कि किसी तरह ये लास्ट वाला भी पढ़ ले और उनका ये सपना मुझे हमेशा टेंशन देता था क्योंकि मुझे पता था कि मेरी एजुकेशन कम्प्लीट होने के बाद मुझे ज़िम्मेदारी निभानी पड़ेगी और ऐसा ही हुआ। जब भी घर में कोई तनाव दिखता था तो तनाव की एकमात्र वजह होती थी पैसा। तो साढ़े उन्नीस बीस साल की उम्र में जब मैंने बी-कॉम किया तो उसके बाद मन में एक ही बात थी कि मैं ढेर सारा पैसा कमाऊं लेकिन बी-कॉम करने के बाद जब मैंने पहली नौकरी शुरू की तो मुझे 750 रूपये की सैलरी मिली। उस दिन पता चल गया कि सपने देखना अलग बात है और उनको पूरा करना बिल्कुल अलग है। 7-8 साल तक मैंने नौकरी की, उस दौरान अपने बड़े-बड़े सपने तो मैं कॉम्प्रोमाइज कर चुका था। अब मुझे लगता था कि किसी तरह मैं एक अच्छी खासी सैलरी वाला

आदमी बन जाऊं, गाड़ी हो जाए, मकान हो जाए और छोटा मोटा टू-वीलर या छोटी-मोटी कार हो जाये, इससे ज़्यादा बड़े सपने मैंने नहीं देखे।

जब मैं डायरेक्ट सेलिंग में आया था तब मुझे ये पता भी नहीं था कि डायरेक्ट सेलिंग क्या होती है? मुझे जब पहली बार डायरेक्ट सेलिंग के प्लान के बारे में बताया गया था तो इतना ज़्यादा दिमाग मैंने नहीं लगाया। मैं सिर्फ इतना सोचता था कि आज़ाद होना है तो बिज़नेस करना पड़ेगा और बिज़नेस करने के लिए तो पैसा चाहिए, दुकान लगानी पड़ेगी, टाइम देना पड़ेगा और रिस्क लेना पड़ेगा लेकिन जब डायरेक्ट सेलिंग के प्लान को देखा तो पहली बार एहसास हुआ कि शायद यही बिज़नेस मेरे लिए बना है। मैं जब 25 साल का था तब इस बिज़नेस में आया और आज मुझे 18 साल हो गए। शुरुआत में कोई मेरी बात नहीं मानता था, मैं जब किसी बड़े आदमी के पास या ज़्यादा उम्र के व्यक्ति के पास जाता था तो लोग मुझे पूछा करते थे कि तुम क्या जानते हो बिज़नेस के बारे में? जो परंपरा दुनिया में हजारों सालों से चली आ रही है, तुम एकदम उसके विपरीत बात कर रहे हो, ऐसा संभव नहीं है। लेकिन जब भी वो बोलते थे कि ऐसा संभव नहीं है मेरे अंदर एक चैलेंज आता था और मैं उस बात को करने के लिए दौड़ पड़ता था। मुझे वो दिन याद है जब नौकरी से छुट्टी मिलती नहीं थी। सैटरडे, सनडे जब कभी मुझे छुट्टी मिलती थी तो मैं अपने स्कूटर पर 200 से 250 किमी का सफर तय कर लेता था जब मुझसे कोई बोलता था कि मुझे प्लान समझना है, ज्वाइन नहीं करना है सिर्फ समझना है। आज ऐसा लगता है कि जीवन के सारे सपने पूरे हो गए।

सवाल: आप जब इस डायरेक्ट सेलिंग में आए तो आपका कोई बहुत बड़ा विज़न नहीं था? क्या आपको मालूम था कि इंडस्ट्री क्या है?

जवाब: इनीशियल स्टेज की अगर बात करें तो मुझे सिर्फ इतना था कि जो मैं काम कर रहा हूँ उससे कुछ एक्स्ट्रा ही होने वाला है और एक्स्ट्रा होने में अगर मेरे स्कूटर के पेट्रोल का खर्चा भी निकल जाए तो मुझे इस बिज़नेस को कर लेना चाहिए। तो मैंने ज़्यादा दिमाग नहीं लगाया क्योंकि पहली बार

प्लान देखकर एक बात मैंने बहुत अच्छी तरह से समझ ली थी इस बिज़नेस में खोने के लिए कुछ भी नहीं है, करेंगे तो पाएंगे और नहीं करेंगे तो नहीं पाएंगे। ये कान्सेप्ट मुझे बिल्कुल क्लियर था और इसीलिए मैंने 12 घंटे की नौकरी होने के बाद भी पार्ट टाइम में इस बिज़नेस को करना चालू कर दिया।

सवाल: मतलब पार्ट टाइम इसे करके एक अच्छे मुकाम में जाया जा सकता है?

जवाब: बिल्कुल, बल्कि मैं सभी लोगों को राय भी देता हूँ कि आप जब तक किसी स्टेज पर ना पहुँच जायें, अपने किसी भी परमानेंट काम या जॉब को छोड़िए मत। आपको फुल टाइम करने का डिसिज़न लेने की ज़रूरत नहीं है, ये बिज़नेस ऑटोमैटिक आपसे डिसिज़न करवायेगा, आपको एक ऐसी सिचुएशन में पहुँचायेगा, तब आप खुद डिसीज़न लेंगे और वही डिसीज़न आपके लिए सही होंगे।

सवाल: ये बिज़नेस सब कुछ देता है, नेम, फेम, गाड़ी, बंग्ला, शौहरत और सैलिब्रिटी जैसी लाइफस्टाइल सब कुछ। अब तो सरकार का रवैया भी बदला है, गाइडलाइन आ गयी है, कन्स्यूमर प्रोटेक्शन एक्ट में इसे शामिल करने की बात की जा रही है लेकिन आज भी समाज में डायरेक्ट सेलिंग को वो सम्मान नहीं मिलता जिसकी शायद ये इंडस्ट्री हकदार है। क्या आपको लगता है कि ये स्थिति बदलेगी ?

जवाब: हकदार, बहुत सारी चीज़ें होती है लेकिन एक सामाजिक प्रोसेस होता है, नेचर का एक नियम होता है, उस नेचर के नियम के हिसाब से हर किसी को हक मिलता है। मैं आपको एक छोटा सा उदाहरण देना चाहता हूँ - आज से 80-90 साल पहले फिल्मों को भी सामाजिक मान्यता नहीं थी। हमारे परिवार की कोई जो महिला फिल्मों में डांस नहीं कर सकती थी और हमारे बुजुर्ग इसको एकदम निकृष्ट काम मानते थे और कहते थे की ये सभ्य समाज का काम नहीं है और उस जमाने में जिन भी कलाकारों ने इस इंडस्ट्री में कदम रखा, उस व्यक्ति को कठिनाइयों का सामना करना

पड़ा लेकिन धीरे-धीरे ये बात लोगों को समझ में आयी। जिन फिल्मों को लोग छुप-छुप कर देखते थे आज उन्हीं फिल्मों को इतनी बड़ी सामाजिक मान्यता मिल गयी है। ये एक प्रोसेस है इसमें समय लगेगा। आज हम जिन भी लोगों को बड़े पदों पर देखते हैं चाहे वो प्रशासनिक सेवा में हो चाहे राजनीतिक में, उन लोगों ने अपने जीवन में डायरेक्ट सेलिंग का नाम नहीं सुना तो अगर उनसे आशा की जाए कि वो सीधा एक ही बार में समझ जायेंगे तो ऐसा नहीं होगा।

थोड़ा समय लगेगा लेकिन मुझे 100% लगता है कि समय के साथ जैसे फिल्मों की परिस्थितियां बदली हैं उसी तरह डायरेक्ट सेलिंग की भी बदलेगी और आने वाले समय में आप देखेंगे कि इस फील्ड का नाम नंबर 1 पर होगा। मैं चैलेंज कर सकता हूँ कि वो दिन दूर नहीं है जब आने वाले समय में लड़की वाले लड़के वाले को देखने जायेंगे तो क्राइटेरिया ही बदल जायेगा। अभी क्राइटेरिया है कि आपका लड़का क्या करता है, आई0ए0एस0 है, आई0पी0एस0 है, डॉक्टर है, इंजीनियर है, चार्टर्ड अकाउन्टन्ट है लेकिन आने वाले समय में एक बाप अपनी लड़की के लिए सिर्फ एक ही चीज़ ढूंढेगा कि ऐसा कौन से प्रोफेशन में लड़का काम करता है जिसके पास पैसा भी है, समय भी है, इज्जत भी है, शौहरत भी है, सर्कल भी है, टाइम भी है और वो डायरेक्ट सेलिंग के अलावा और कोई बिज़नेस नहीं हो सकता।

सवाल: हमारे यंगस्टर्स जो अभी शादी के बारे में सोच रहे हैं उनके लिए बड़ी अपॉर्च्युनिटी है लेकिन कितना टाइम लगेगा ये सब आने में?

जवाब: ये तो डिपेंड करता है कि हम कितनी तेज गति से आगे बढ़ते हैं। 20 साल का जो इतिहास है हिंदुस्तान में डायरेक्ट सेलिंग इंडस्ट्री के अंदर बहुत परिवर्तन आ गया है। सरकार पहले ये बात मानने तक के लिए तैयार नहीं थी कि ऐसा भी कोई बिज़नेस होता है लेकिन आज सरकार इनिशियेटिव लेती है और गवर्नमेंट ऑफ इंडिया डायरेक्ट सेलिंग पर गाइडलाइन जारी करती है।

सवाल: एक व्यक्ति पूरी जानकारी ले कर एक कंपनी में काम करने लग जाता है। वो कुछ उम्मीदें करता है कि मैं 6 महीने में यहाँ तक पहुँच जाऊँगा, 1 साल में यहाँ पहुँच जाऊँगा, 2 साल में यहाँ तक पहुँच जाऊँगा लेकिन वो वहाँ तक नहीं पहुँच पाता है, फील्ड में ही रहता है। फिर दूसरी कंपनी वाले लोग आते हैं जो उसकी हालत को देख रहे हैं और कहते हैं कि यहाँ पर कुछ होने वाला नहीं है तू यहाँ पर आजा। ऐसे बहुत सारे लोग हैं हमारी इंडस्ट्री में तो उनके लिए आप क्या सलाह देते है, उन्हें क्या करना चाहिए ?

जवाब: मैंने डायरेक्ट सेलिंग में जो पहली कंपनी ज्वाइन की थी आज तक मैं उसी कंपनी में हूँ और 18 साल हो गए मुझे इस बिज़नेस में। किसी भी बिज़नेस में सफलता का क्राइटेरिया कंपनी बदलना नहीं होता, हर बिज़नेस में फेलियर भी होते है और नम्बर 1 वाले भी होते हैं। किसी भी सर्विस में देखोगे तो पाओगे की फेलियर भी होते हैं और विनर भी होते हैं, इसका मतलब ये नहीं होता कि वो फील्ड खराब है। कुछ लोग रास्ते बदल लेते हैं जब थोड़ी सी नाकामयाबी मिलती है। आपने बचपन में वो कविता सुनी या पढ़ी होगी- लहरों से डरकर नौका पार नहीं होती, कोशिश करने वालों की कभी हार नहीं होती, उसके अंदर एक पंक्ति थी-

असफलता एक चुनौती है स्वीकार करो,
असफलता एक चुनौती है स्वीकार करो,
क्या कमी रह गयी देखो और सुधार करो,
जब तक ना हो सफल तुम, नींद चैन को त्यागो तुम,
संघर्षों का मैदान छोड़ मत भागो तुम
क्योंकि कुछ किए बगैर जय जयकार नहीं होती,
कोशिश करने वालों की कभी हार नहीं होती,
असफलता एक चुनौती है स्वीकार करो।

अगर कोई व्यक्ति आज किसी भी फील्ड में नम्बर 1 है तो क्या वो कभी असफल नहीं हुआ? वो कई बार असफल हुआ। लेकिन उसने हर चुनौती

को स्वीकार किया और अपने अंदर बदलाव किए। आज राइट ब्रदर्स ने प्लेन बना दिया तो हमें क्या लगता है कि एक बार में प्लेन बन गया था? नहीं, वे सैकड़ो बार असफल हुए लेकिन हर चीज़ से उन्होंने सीखा। डायरेक्ट सेलिंग में भी यही है। आप लोगों की कमियां ढूंढने के बजाय, सिस्टम में कमियां ढूंढने के बजाय अगर अपनी कमियां ढूंढे तो निश्चित रूप से धीरे-धीरे हमें बल मिलेगा। अगर किसी व्यक्ति को सफलता मिल रही है और किसी व्यक्ति को नहीं मिल रही है तो सिर्फ नॉलेज का अंतर है और नॉलेज मिलेगा वक्त के साथ, लगातार सीखते रहने से, लेबर अंडर करैक्ट नॉलेज इज़ इक्वल टू लक, जितनी आप करैक्ट नॉलेज के साथ काम करोगे उतना ही आपका लक चलने वाला है।

आप सबसे पहले सोचिए डायरेक्ट सेलिंग क्या है? इसकी स्टडी कीजिए और परफैक्ट डायरेक्ट सेलिंग आपको चूज करनी है। डायरेक्ट सेलिंग चूज़ करते वक्त आप ये देखें कि आपके समय, आपके स्थान और आपकी परिस्थिति के हिसाब से कौन सी कंपनी सूट करती है यानि उसके प्रोडक्ट की रेट क्या है, प्रोडक्ट की क्वालिटी क्या है और उसका एजुकेशन सिस्टम क्या है? इसका चयन आपको करना है।

आपको ये भी ध्यान रखना है कि डायरेक्ट सेलिंग की कंपनियां प्रोडक्ट बेस्ड होती हैं और प्रोडक्ट हमेशा उसी रेट में होना चाहिए जो मार्केट रेट में उपलब्ध है। अक्सर हमने देखा है कि डायरेक्ट सेलिंग कंपनियां बहुत महंगे-महंगे प्रोडक्टस लेकर आती हैं, सिर्फ इस बात पर की हो सकता है कि उनकी क्वालिटी अच्छी हो। मैं ये भी मानता हूँ कि वो प्रोडक्टस मार्केट से डबल अच्छे होते हैं लेकिन वो मार्केट से 10 गुना ज़्यादा रेट पर मिलते हैं। इसलिए कंपनी सेलेक्शन इज़ मस्ट। सबसे पहले आपको कंपनी सैलेक्ट करनी है और उसके बाद ध्यान भंग नहीं करना है। एक कंपनी के साथ आप लगातार लगे रहें क्योंकि सफलता वहीं मिलेगी लगातार नॉलेज लेने से। तब तक लगे रहो जब तक पाताल तोड़ कर कुआं ना बन जाए।

सवाल: मैं आपके बारे में पढ़ रहा था तो मैंने ये पाया कि जैसे इस बिज़नेस का नेचर है कि ये कभी ऊपर जाता है कभी नीचे जाता है। आपने स्टार्टिंग में स्ट्रगल किया और आपका बिज़नेस वॉल्यूम 1 करोड़ से ज़्यादा पहुँचा और फिर वहाँ से वो डाउन हुआ और डाउन होते होते 2 लाख पर आ गया। तो ऐसी स्थिति में पाज़िटिव कैसे रहा जाए?

जवाब: वो मेरे लिए बहुत मुश्किल समय था और मैंने कभी बोला नहीं कि मैं उन दिनों डिप्रेशन में भी आ गया था क्योंकि जब हम तेज गति से आगे बढ़ते है तो सबसे पहले सीखना बंद करते है। आदमी सक्सेस को पचा नहीं पाता। जब वो तेज गति से आगे बढ़ता है तो उसके कान बंद हो जाते है, उसे थोड़ी गलतफहमी हो जाती है कि जो मैं सोच रहा हूँ, जो मैं कर रहा हूँ वही सही है, तभी तो मैं सक्सेसफुल हूँ और यही चीज़ एक व्यक्ति को खत्म कर देती है। अंग्रेज़ी की एक कहावत आपने सुनी होगी- परफैक्शन इज़ पैरालिसिस, अगर आप सोचते हैं कि आप परफैक्ट हैं तो समझ लीजिए आपको लकवा लग गया है और मेरे साथ भी यही था कि जब मैं तेज़ गति से आगे बढ़ा तो मैंने सीखना बंद कर दिया। मुझे लगा कि मैं ही सबसे परफैक्ट हूँ और उसकी वजह से मेरी टीम में बहुत प्रॉब्लेम आयी, इतनी प्रॉब्लेम आयी कि मैं उसको एक समय के बाद हैन्डल ही नहीं कर पाया, बिज़नेस धड़ाधड़ गिर गया और मैं डिप्रेशन का शिकार हो गया। मेरे पास दो ही तरीके थे या तो मैं वापस नौकरी शुरू कर दूँ, आम आदमी की तरह रहूँ या फिर मैं एनालिसिस करूँ। ये जो अभी मैंने कविता आपको बतायी, उस कविता में एक लाइन थी कि- असफलता एक चुनौती है स्वीकार करो और मैंने सबसे पहले उंगली को सामने वाले की तरफ रखने के बजाय अपनी तरफ रखी। हम उंगली उठाकर लोगों की कमियाँ ढूंढने के बजाय, अपनी कमियां ढूंढे और जिस दिन अपनी कमियाँ ढूंढ लेंगे उस दिन 100% सफल होंगे।

सवाल: अगर हमें बिज़नेस में आगे बढ़ना है तो लोगों के साथ संबंध अच्छे होने चाहिए और मैंने सतीश पंडित को सुना जो एक बहुत बड़ा नाम है

इंडस्ट्री में वो कहते हैं की इस बिज़नेस में जो 90% रोल आपके अपलाइन का है और 10% रोल आपकी डाउन लाईन का है। तो अब चूंकि 90% रोल अपलाइन का है तो मैं चाहता हूँ कि मेरे अपलाइन का फोकस, उनकी कृपादृष्टि मुझ पर बनी रहे, उनकी प्रॉपर डायरेक्शन मुझे मिले। तो एक अच्छी डाउन लाईन बनने के लिए मुझे क्या करना पड़ेगा ?

जवाब: हर अपलाइन के पास लीडरशिप के चयन का एक क्राइटेरिया होता है। यूँ समझ लीजिए कि वो एक मोबाईल का टावर होता है जो रेन्ज को ढूँढता रहता है कि कब उसकी टीम में एक शानदार डिस्ट्रीब्यूटर आए जिसको वो अपना डुप्लीकेट बना सके।

अगर आप रिस्पॉन्सिबिलिटी लेते हैं, बतायी हुई बातों को सही तरह से बताते हैं, रिपोर्टिंग करते हैं और बार-बार मीटिंग में आते हैं तो अपलाइन का फोकस आप अपर आएगा। आपके अपलाइन का आपके ऊपर कर्तव्य बढ़ जाएगा, उसकी रिस्पॉन्सिबिलिटी बढ़ जाएगी और इसी रिस्पॉन्सिबिलिटी की वजह से ही आप आने वाले समय में अपलाइन की नजरों में आयेंगे, अपलाइन से सीखेंगे और बाकी लोगों से ज़्यादा सीखेंगे क्योंकि अपलाइन की नजर में आप आ चुके होंगे।

मतलब अगर एक अपलाइन की डाउन लाईन में हजारों लाखों लोग है तो हमें आगे होकर रिस्पॉन्सिबिलिटी लेनी पड़ेगी, कुछ ऐसा करना पड़ेगा जिससे उनको लगे कि ये मेरा आने वाले समय का डायमन्ड है।

सवाल: मैं एक अच्छी डाउन लाईन तो बनना चाहता हूँ लेकिन साथ में मैं एक अच्छा अपलाइन भी बनना चाहता हूँ। तो इसके लिए क्या करेंगे?

जवाब: बी रिस्पॉन्सिबल। दोनों का एक ही जवाब है। अगर डाउन लाईन के प्रति आप रिस्पॉन्सिबल है तो आपकी डाउन लाईन आपके बच्चे हैं। तो हर बच्चे की अलग-अलग क्वालिटी होती है, अलग स्ट्रेंथ होती है। बीइंग ए टीम लीडर, बीइंग ए कैप्टन, आपको अपने बच्चों की स्ट्रेंथ को समझना पड़ेगा। जैसे आप क्रिकेट का मैच खेलते हैं, तो क्रिकेट का मैच केवल बॉलर या केवल बैट्समैन या केवल फील्डर नहीं जिताते, पूरी टीम होती है। तो

जैसे टीम का कैप्टन अपने साथियों की ताकत को समझता है उसी तरह अपनी टीम की ताकत आपको समझनी पड़ेगी और जिस दिन आप अपनी टीम की ताकत समझने में कामयाब हो गए, आपकी टीम को आगे बढ़ने से कोई रोक नहीं सकता क्योंकि आप अब सही जगह पर सही व्यक्ति का इस्तेमाल करेंगे। कोई आदमी बोलने में बहुत अच्छा है, कोई आदमी प्लान बताने में बहुत अच्छा है, कोई आदमी फील्ड वर्क में बहुत अच्छा है तो आपको हर व्यक्ति की स्ट्रेंथ के हिसाब से उसकी क्वालिटी को उभारना पड़ेगा, ये हमेशा अपलाइन की ड्यूटी रहती है।

सवाल: सर मैं एक चीज़ और पूछना चाहता हूँ की जैसे हमारी इंडस्ट्री एक ड्रीम से शूरू होती है। हम पहले दिन किसी व्यक्ति को ज्वाइन करते है तो उसकी ड्रीम लिखवाते है कि क्या-क्या आप जीवन में प्राप्त करना चाहते है, वो ड्रीमर बन जाता है। अब उसको 10-20 हजार रूपये आना स्टार्ट होता है तो वो खर्चे 40-50 हजार रूपये के करना शुरू कर देता है तो आगे का प्लान करता है और अक्सर हम देखते हैं कि एक डायरेक्ट सैलर का जो फाइनैन्स होता है वो बिगड़ा रहता है। वो बहुत सालों से काम कर रहा है उसके बावजूद भी उसके पास में कोई बहुत ज़्यादा बैंक बैलेंस नहीं होता। आपकी फाइनैन्शल बैकग्राउन्ड ज़्यादा अच्छी नहीं थी लेकिन बाद में आपने कई सारे होटल्स खोल लिए, आप रियल स्टेट्ह में भी हैं और एक बहुत बड़ी सम्पत्ति के आप मालिक हैं तो एक डायरेक्ट सैलर को फाइनेन्शियल मैनेजमेंट कैसे करना चाहिए ?

जवाब: मैंने अभी बताया कि जब मेरा बिज़नेस डाउन हुआ तो मैंने अपनी गलतियां लिखीं और गलतियों में मनी मैनेजमेंट भी एक बहुत बड़ा सब्जैक्ट था। 90% जो आम लोग होते हैं वो पैसा कमाते हैं और हर आदमी के जीवन में एक ऐसा दौर आता है जब उसके पास बहुत पैसा होता है लेकिन पैसा कमाने से ज़्यादा ज़रूरी है पैसा संभालना। अगर पैसे का मैनेजमेंट आपका सही नहीं है तो कई बार लोग करोड़ो कमाते है फिर भी उनके पास कुछ नहीं बचता और जिनका मैनेजमेंट अच्छा है वो धीरे-धीरे छोटी-छोटी

बचत करके भी करोड़पति या बहुत पैसे वाले बन जाते है। इसी बात को आपको समझना पड़ेगा कि ये मैनेजमेंट हमारा बिगड़ता क्यों है? क्योंकि हमारी प्रायोरिटी लिस्ट नहीं है। पैसा खर्च करने और मैनेजमेंट करने का सबसे पहला नियम ये है कि आप अपने खर्चों की प्रायोरिटी लिस्ट बनाइये। आप जीवन में किस चीज़ को क्या प्रायोरिटी देते है, उसके आधार पर आप खर्च करेंगे, आपका मैनेजमेंट कभी नहीं बिगड़ेगा। जैसे मेरे लिए मेरी पहली प्रायोरिटी है फैमिली यानि फैमिली के लिए जो भी मेरी रिस्पॉन्सिबिलिटी है, उनकी एजुकेशन को लेकर, उनके स्वास्थ्य को लेकर, उनके खान-पान, उनके कपड़ों को लेकर, जो मेरी इकोनोमैनिकल पावर है उसके अनुपात में जो मेरी ड्यूटी है उसका काम मैं पहले करूँगा।

मेरी दूसरी प्रायोरिटी है बिज़नेस। लेकिन बिज़नेस भी मेरी पहली प्रायोरिटी से कम नहीं है क्योंकि मेरी पहली प्रायोरिटी पूरी होती है दूसरी प्रायोरिटी से। उसके बाद लाइफस्टाइल और लग्शरी मेरी तीसरी प्रायोरिटी है। समाज है मेरी चौथी प्रायोरिटी, क्योंकि जब तक हम खुद ही मजबूत नहीं होंगे तो समाज का क्या काम करेंगे। मैंने उस प्रायोरिटी के हिसाब से खर्चा करना चालू किया 2002 के बाद। अक्सर लोग ऐसा करते हैं की मार्केट में देखा की अच्छा वाला मोबाइल आया हुआ है तो सोचते हैं कि इस बार मेरा चेक आएगा तो मैं बढ़िया वाला मोबाइल लूंगा। जो लोग प्रायोरिटी के हिसाब से निर्णय नहीं लेते, वो आने वाले समय में इकोनॉमिकल संघर्ष में फंस जाते है।

सवाल: मतलब की दिखावे में ज़्यादा नहीं जाना है।

जवाब: बिल्कुल, दिखावा करने की ज़रूरत नहीं है। कई लोग दिखावा करते है। कार लेने के पैसे नहीं हैं उनके पास, तो वो उधार से कार लेकर आते हैं। ऐसे लोगों की कार बिकते भी टाइम नहीं लगता। मेरा ऐसा मानना है कि कार दिखाने से ज़्यादा ज़रूरी चीज़ है, अपने चेहरे पर अपना कॉन्फिडेंस दिखाना।

सवाल: आपके पास आज बड़े-बड़े होटल्स है, रेस्टोरेंट हैं, तो क्या ये प्रॉपर्टी संभव है डायरेक्ट सेलिंग में?

जवाब: आज जो कुछ भी मेरे पास है वो सब इसी बिज़नेस की वजह से है अगर ये बिज़नेस नहीं होता तो मुझे नहीं लगता कि मेरे पास इस तरह की कोई अपॉर्च्युनिटी थी। आने वाले समय में ये इंडस्ट्री ग्रो करने वाली है क्योंकि इसके सही पत्ते तो अब खुलने वाले हैं। जैसे-जैसे समाज के लोग इसको मान्यता देंगे, आने वाले समय में लोग फस्ट प्रिफरेंस से इस बिज़नेस को करेंगे, ऐसा मेरा विज़न है।

सवाल: आप एक प्रभावशाली वक्ता हैं, इस इंडस्ट्री में एक अच्छा वक्ता बनने के लिए क्या करना चाहिए ?

जवाब: सबसे पहले दिल से बोलना चाहिए। जो कुछ भी आप बोल रहे हैं उससे आप कन्विन्स होने चाहिए। जब तक आप कन्विन्स नहीं है तब तक आपकी बात का असर नहीं होगा। किसी भी प्रोडक्ट के बारे में तब तक नहीं बोलना जब तक आप उसके बारे में कन्विन्स ना हों और अगर आप कन्विन्स हैं, तो अंदर से आवाज़ निकलेगी और आपको आश्चर्य होगा कि लोग ऑटोमैटिक उस बात को समझ जायेंगे और मैं अक्सर ये ही करता हूँ। ऐसी कोई बात मैंने आज तक बोली ही नहीं जो किसी किताब में लिखी हो। मैं तो लोगों को पढ़ता हूँ, लोगों से अगर कन्विन्स होता हूँ तो उस बात को अलग-अलग जगह से लेकर एक जगह डिलीवर कर देता हूँ, लोग प्रभावित हो जाते हैं और जब भी आप कॉन्फिडन्स से बोलते हैं तो सामने वाला प्रभावित होता ही है।

सवाल: मतलब इंडस्ट्री को अगर जीयेंगे, दिल से ये मानेंगे कि मैं जिस कंपनी के साथ में काम कर रहा हूँ वो मेरा सब कुछ है तो फिर अपने आप अंदर से निकलेंगी चीजें।

जवाब: जब मैंने इस बिज़नेस की शुरुआत की तो मैं ऐसा सोचता था कि 15 साल इस बिज़नेस को करना है फिर रिटायरमेंट लेना है फिर जीवन को आज़ादी से जीना है। 15 साल काम करने के बाद अब मुझे एक बात समझ

में आयी कि मैं आजाद किससे होऊँगा? जो मेरी जिंदगी है, जो मैं लोगों से बात करता हूँ क्या ये काम है? काम क्या है और आराम क्या है, ये केवल दिमागी गेम है इससे ज़्यादा कुछ भी नहीं। अगर कोई आपसे बोले कि यहाँ पर 10 ईटें पड़ी हैं, इनको इधर से उधर रखो तो वो आपको काम लगेगा लेकिन जब आप जिम ज्वाइन कर लेते हैं तो उतना ही वज़न उठाते हैं, पैसे देकर आते हैं और इन्ज्वाय भी करते हैं, ये पूरा दिमागी गेम है। अगर आप किसी काम को इन्ज्वाय कर रहे है तो फिर वो आपको काम नहीं लगेगा और जब आप भी इस बिज़नेस में आनंद लेने लग जाओगे आप अच्छे प्लेयर बन जाओगे।

सवाल: हर सफल व्यक्ति के जीवन में कुछ ऐसे पल होते हैं जिनको जब वो उसको याद करता है तो उसके चेहरे पर खुशी आ जाती है तो क्या आपके भी जीवन में कुछ ऐसे किस्से हैं जो आपको आज भी याद हैं?

जवाब: ऐसे तो बहुत सारे किस्से हैं मुझे वो दिन याद है कि जब मैं एक ट्रेनिंग में गया था। अपलाइन ने कहा कि इस बिज़नेस को करना है, आप ड्रीम लिखो और अपनी फैमिली को इन्वॉल्व करो और फैमिली इन्वॉल्व हो इसीलिए फैमिली से भी कहो कि तुम्हारे सपने बताएं। तो मैंने अपनी बीवी से सपने लिखवाना शुरू किया। मुझे भी पता नहीं था कि ये सपने पूरे होंगे कि नहीं या फिर ये किस तरह से पूरे होंगे? लेकिन बस अपलाइन ने कहा था इसीलिए फॉलो करना था। मैंने अपनी बीवी से पूछा कि कौन सी कार चाहिए तो उन्होंने कार का नाम बताया कि सैन्ट्रो चाहिए, फिर मैंने पूछा कि कौन से कलर की चाहिए, कौन सा मॉडेल चाहिए, उन्होंने लिख दिया, फिर मैंने पूछा कौन सा मकान चाहिए तो उन्होंने कहा कि अपने पड़ोस में जो सामने वाला मकान है, इतना बड़ा बंग्ला मुझे चाहिए। तो मैंने हँसते हुए मजाक-मजाक में बोल दिया कि बस इतना सा घर? इतना तो अपना केवल बाथरूम होगा। अब मैंने बोल तो दिया लेकिन फिर मैं खुद ही बहुत देर तक सोचने लग गया कि क्या ऐसा संभव है? लेकिन आज सुकून मिलता

है ये सोचकर कि वो मकान हमारे लिए कोई भी बड़ी बात नहीं है, आज ये सब कुछ बहुत आसान है मेरे लिए।

पूरा इंटरव्यू देखने के लिए हमारे यू-ट्यूब चैनल 'चैट विद सुरेन्द्र वत्स' के एपिसोड नंबर 3 "एक नेटवर्कर कम पैसे में अपना नेटवर्क कैसे बढाएं?" मुकेश कोठारी देखिए।

Prof. Bejon Mishra

- *International Consumer Policy Expert*
- *Adviser/Consultant, Institute of Medical Sciences (IMS) BHU, Varanasi*

सुरेन्द्र वत्स विद बिजोन मिश्रा - एपिसोड 4

चैट विद सुरेन्द्र वत्स के नए चैप्टर में आपका स्वागत है। इस चैप्टर में आप सुरेन्द्र वत्स के साथ बिजोन मिश्रा का इंटरव्यू पढ़ेंगे जिन्होंने ना केवल इंडिया में अपितु इंटरनेशनल लेवल पर बहुत बड़ा काम किया है। 2016 में कंज्यूमर अफेयर मिनिस्ट्री ने जो गाइडलाइन दी उसमें भी इनका बहुत बड़ा सहयोग रहा। कंज्यूमर प्रोटेक्शन बिल, 2018 लोकसभा में पास हो गया है और इसके पीछे भी बिजोन जी का ही हाथ है।

सुरेन्द्र वत्स के सवाल बिजोन मिश्रा के जवाब:

सवाल: आपका जन्म कहाँ हुआ और एजुकेशन कहाँ से हुई? यहाँ तक कि जो आपकी यात्रा है उसके बारे में थोड़ा सा आप हमारे पाठकों को बताइए।

जवाब: एक शहर है जिसका नाम है जमशेदपुर, जहाँ पर इंडिया का पहला स्टील प्लान्ट बना था और वो 100 साल से भी ज़्यादा पुराना शहर है। हमारी पैदाइश जमशेदपुर में हुई क्योंकि बाबूजी टाटा स्टील में नौकरी करते थे। हमारा सारा एजुकेशन वहीं पर हुआ, लोयला स्कूल, जमशेदपुर जिसे कैथलिक मिशनरीज़ चलाते थे। उसके बाद हम गए काशी हिंदू विश्वविद्यालय, बनारस हिंदी यूनिर्वसिटी। मालवीय जी से मैं बहुत इंस्पायर्ड हुआ और वहाँ जो भी व्यक्ति पढ़ाई करता है वो मालवीय जी से ज़रूर इंस्पायरड होता है। उसके बाद मैं प्रोफेशनल लाइफ में आ गया जमशेदपुर वापस, टाटा स्टील में बहुत थोड़े ही टाइम के लिए ही था। और उसके बाद मैं आन्ट्रप्रनर बन गया।

मैंने एक छोटा से ट्रैवल बिज़नेस से शुरूआत किया और 1994 तक जमशेदपुर में ही रहा। फिर 1994 में मैं दिल्ली शिफ्ट हो गया। लेकिन 1983 से ही मैं कंज्यूमर मूवमेंट में जुड़ गया था।

सवाल: कन्स्यूमर एक्टीविस्म का ये फील्ड थोड़ा अलग सा फील्ड है, जनरली लोग इसमें आते नहीं हैं। तो क्या कभी किसी कंपनी ने आपको

कोई गलत प्रोडक्ट दे दिया था जिसको सबक सिखाने के लिए आप कन्स्यूमर एक्टीविस्ट बन गए?

जवाबः हर व्यक्ति के अंदर एक गुस्सा पैदा होता है जब आपके साथ कोई अत्याचार करता है कि इसके लिए कुछ करना चाहिए, एक सबक के रूप में नहीं बल्कि एक बदलाव के रूप में।

उदाहरण के लिए, हम सर्विस प्रोवाइडर जैसे टेलीफोन या एल0पी0जी गैस कनेक्शन को पूरे पैसे दे देते थे लेकिन हमको इंतज़ार करना पड़ता था 10-15 साल एक टेलीफोन कनेक्शन के लिए। फिर घर में टेलीफोन जब लग जाता था, उसको एक्टीवेट करने के लिए 2-3 महीने और लग जाते थे, लेकिन कोई आपको सुनने वाला नहीं था जबकि सारे लोग जो इस तंत्र में है वो हमारे पैसों से जी रहे हैं। हम एक कन्स्यूमर के तौर पर उनको पैसे एडवांस में दे रहे हैं लेकिन फिर भी वो हमको सुनने के लिए तैयार नहीं हैं, हमारे दुख सुनने के लिए तैयार नहीं हैं तो वहाँ से शुरू हुआ था ये सफर। 1983 से शुरू किया था और 1986 में जो पहली विक्ट्री हम लोगों को मिली वो थी कन्स्यूमर प्रोटैक्शन एक्ट ऑफ 1986।

सवालः उसमें आपका बहुत बड़ा योगदान रहा और क्या आसान था वो एक्ट लेकर आना, सरकार को बाध्य करना?

जवाबः उस समय सरकार के अंदर भी एक सोच आ गया था कि अब हम लोगों को रिफौमर्स में जाना है, बदलाव लाना है, मार्केट में और पब्लिक सैक्टर को कम हावी होना है मतलब प्राइवेट पब्लिक सबको लेकर अब चलना है। ओपन मार्केट पॉलिसी जो 1991 में आई उसकी शुरुआत 1986 के कन्स्यूमर प्रोटैक्शन एक्ट से हो चुकी थी। क्योंकि कन्स्यूमर को एक मान्यता दी गई, एक कानूनी हक दिया गया। कई लॉस थे जैसे वेट्ह एण्ड मैजर्स एक्ट, सेल ऑफ गुड्स एक्ट, पैकेजिंग एण्ड कमोडिटिज़ एक्ट, एम0आर0टी0पी0 एक्ट, कई कानून थे जिसमें कन्स्यूमर की बात करते थे, कन्स्यूमर का रक्षा के बारे में भी बात करते थे लेकिन वो इंस्पेक्टर राज जैसा चलता था, ड्रिवन बाय इंस्पेक्टर्स। वहाँ पर कन्स्यूमर का कोई रोल ही नहीं

होता था, हम लोगों की कोई सुनवाई ही नहीं होती थी, प्रोवाइडर्स की कोई सुनवाई ही नहीं होती थी। सभी चीजें एक इंस्पेक्टर राज से चलती थीं।

सवाल: तो उस एक्ट के आने के बाद किन चीजों में सुधार आया?

जवाब: उस एक्ट आने के बाद कई बहसें हुईं और अभी तक तीन अमेंडमेंट्स हो चुके हैं। एक नया एक्ट आने वाला है जो लोकसभा में पारित हो गया है, अब राज्यसभा का अप्रूवल चाहिए, उसके बाद यह लॉ बन जाएगा हमारे देश में। अब लोग कन्स्यूमर को सुनने लगे हैं, पहले कोई सुनवाई नहीं थी। बहुत बदलाव आया है।

सवाल: कन्स्यूमर एक्टीविस्म एक बहुत बड़ा क्षेत्र है तो इस क्षेत्र में एक छोटा सा पार्ट आता है डायरेक्ट सेलिंग। तो डायरेक्ट सेलिंग को लेके आपको क्या व्यू है? कुछ लोग मानते है कि ये सही नहीं है। क्या आप मानते हैं कि डायरेक्ट सेलिंग एक सही बिज़नेस है, एक लिगल बिज़नेस है और इसको आगे बढ़ाना चाहिए गर्वनमेंट को?

जवाब: ग्लोबली और जो कल्चरल व्यापार का फार्मेट है, उसमें भी डायरेक्ट सेलिंग हमेशा से रहा है, रहेगा और बढ़ेगा भी क्योंकि डायरैक्ट सेलिंग एक ऐसा फार्मेट है जो वर्ड ऑफ माउथ पर टिका है। 1996 में जब मैं दिल्ली आया तो फस्ट टाइम डायरेक्ट सेलिंग बॉडी का गठन हुआ था। उन लोगों ने मुझे बुलाया था उस मीटिंग में। उस मीटिंग में जब मैं गया तो मुझे ये समझ में आया कि डेवलप्ड कंट्रीज़, जैसे यू0एस0ए0 में डायरैक्ट सेलिंग एक बहुत ही पॉपुलर फार्मेट है, जैसे आज हम लोगों के लिए ई-कार्मस है। जैसे हमने कोई प्रोडक्ट लिया और खुद पहले कन्ज्यूम किया प्रोडक्ट को। यदि हम वो पसंद आया तो हम केवल उसको फिर से पर्चेस ना करें बल्कि दूसरों को भी कन्विन्स करें कि वे भी ये प्रोडक्ट खरीदें। डायरैक्ट सेलिंग का एक कोड ऑफ कंडक्ट है कि हम कभी अपने प्रोडक्टस को लेकर एडवरटाइज नहीं करेंगे। ये कोई लॉ नहीं है लेकिन इसे एक ऐसा फार्मेट दिया गया कि एडवरटाइज नहीं करेंगे बल्कि उस पैसे को लेकर हम प्रोडक्ट को और अच्छी क्वालिटी देंगे और उसको लोगों तक पहुंचाने का कोशिश

करेंगे। जो आपके डिस्ट्रीब्यूटर्स हैं वही आपके कन्स्यूमर्स हैं, वे केवल व्यापार के लिए नहीं आए हैं, वे पहले कन्ज्यूम करेंगे फिर उसके बाद वो खुद ही आपके व्यापार जुड़ जाएंगे।

सवाल: डायरैक्ट सेलिंग का जो कन्स्यूमर है वो थोड़ा सा हट के है क्योंकि वो किसी मॉल से प्रोडक्ट नहीं लेता है। उसका एक अलग पैटर्न है तो डायरैक्ट सैलर के कन्स्यूमर के राइड्स क्या-क्या हैं? क्या एक नॉर्मल कन्स्यूमर से वो अलग है या वही राइड्स उसके पास भी हैं?

जवाब: नहीं। डायरैक्ट सेलर्स के जो कन्ज्यूमर्स हैं उसको आप लोग अक्सर डिस्ट्रीब्यूटर कहते हैं वो सारे लोग कन्ज्यूमर्स ही हैं। हालांकि उनके पास भी उतने ही राइड्स हैं जितना एक नॉर्मल कन्स्यूमर के पास होते हैं। सारे कन्ज्यूमर्स सेम हैं क्योंकि कन्स्यूमर प्रोटैक्शन एक्ट में बहुत क्लीयर डेफ़िनिशन है कि एक व्यक्ति जब कोई भी कीमत देकर कोई भी वस्तु या सेवा खरीदता है तो वो कन्स्यूमर घोषित हो जाता है। इसमें एक जो मोस्ट इम्पोर्टेन्ट चीज़ है वो ये है कन्स्यूमर प्रोटैक्शन एक्ट के तहत अगर आप सैल्फ इम्प्लायमेंट के लिए यह कर रहे हैं तो भी आप कन्स्यूमर ही हैं लेकिन यदि आप व्यापार करने की कोशिश कर रहे हैं और आप डिस्ट्रीब्यूटर या मैन्युफैक्चरर से खरीदकर रिटेलर को बेच रहे हैं तब आप कन्स्यूमर प्रोटैक्शन एक्ट के तहत नहीं आते हैं। तो इसका मतलब डायरैक्ट सैलर जितने डिस्ट्रब्यूटर्स हैं ये वही कन्ज्यूमर्स है जिनके पास वो 6 राइड्स हैं जो कन्स्यूमर प्रोटैक्शन एक्ट में दिया हुआ है।

सवाल: अगर कोई डायरैक्ट सैलर कोई प्रोडक्ट खरीदता है किसी कंपनी से और उसे उसके बारे में बताया गया है कि इसके ये-ये बेनिफिड्स है। लेकिन उसे इस्तेमाल करने के बाद उसको लगता है कि नहीं, जो बताया गया था ये वैसा नहीं है, क्या वो उसे वापस कर सकता है और अगर कंपनी उसे वापस नहीं ले रही है तो उसे क्या करना चाहिए?

जवाब: हम लोग अभी इसी पर काम कर रहे हैं कि कैसे इस देश में हम लोग सही ढंग का एक्स्चेंज और रिफंड पॉलिसी लाएं जो आज नहीं है और

इसी के चलते ये नया कन्स्यूमर प्रौटैक्शन एक्ट हम लोग ला रहे है जो लोकसभा से पारित हो गया है। हम लोग ये भी कोशिश कर रहे हैं कि किसी व्यक्ति, चाहे डिस्ट्रब्यूटर हो या रिटेलर, के नज़रिए में कोई ऐसा प्रोडक्ट na आए जो असुरक्षित है या जो सब्सटेंडर्ड है या जिसका गुणवत्ता सही नहीं है तो मैन्युफैक्चरर है खिलाफ़ एक अनिवार्य कानून होना चाहिए कि वो या तो प्रोडक्ट को वापस करे या एक्सचेंज कर ले सही प्रोडक्ट के साथ या पूरा पैसा वापस करे।

सवाल: चूंकि ये एक थोड़ा नया कॉन्सेप्ट है, अभी क्लैरिटी उतनी नहीं आयी है जितनी आनी चाहिए थी। जो हमारे डायरैक्ट सेलर्स हैं, जो फील्ड में काम करते हैं, वो संघर्ष करते हैं, मेहनत करते हैं, कभी-कभी उनको फैमिली का सपोर्ट नहीं रहता, वो लोगों के पास जाते हैं और इस बिज़नेस के बारे में समझाते हैं। तो लोग मानते नहीं है कि ये कोई बिज़नेस थोड़ी होता है, बिज़नेस का मतलब आपने 20, 30, 50 लाख रूपये लगाया, कोई फैक्ट्री खोली, कोई दुकान खोली तभी तो बिज़नेस होता है? उनको उतना सपोर्ट नहीं मिलता, तो वो निराश हो जाते हैं। अगर एक व्यक्ति को सक्सेसफुल होना है तो उसके लिए क्या रैसिपी है, क्या वो चीज़ है जिसको वो फौलो करता रहे और आगे बढ़ता रहे?

जवाब: मैंने जब अपना व्यापार शुरू किया था तब केवल एक टेबल, चेयर और एक टेलीफोन से शुरू किया था। तो व्यापार कभी भी ऐसे शुरू नहीं होता है कि आपको बहुत सारे कैपिटल चाहिए, बहुत सारे पैसे चाहिए तभी आप व्यापार कर सकते हैं। आपके पास एक आइडिया चाहिए, क्या करना चाहते हैं? एक कॉन्सेप्ट, एक प्रोडक्ट चाहिए कि क्या बेचना चाहते हैं और उसको सही लोगों तक पहुँचाना चाहिए जिनको उस प्रोडक्ट का ज़रूरत है तो मार्केट को समझना बहुत ही ज़रूरी है।

सवाल: हमारे पास जो प्रोडक्ट है उसका जो पार्टीकुलर मार्केट है पहले उसको समझना पड़ेगा कि उसको कहाँ पर लेकर जाना है ?

जवाबः बिल्कुल। जब तक हम अपने मार्केट को नहीं समझेंगे हम प्रोडक्ट कभी बेच नहीं सकते और क्वालिटी पर कभी कॉम्प्रोमाइज नहीं करना चाहिए। उदाहरण के लिए, जैसे कोई ट्रेवल कि सेवा दे रहा है तो हम उनसे बेटर क्या कर सकते हैं? जैसे हमने जब ट्रेवल बिज़नेस शुरू किया तो हमने ये सेवा शुरू की कि आपको हमारे पास आना नहीं पड़ेगा, हम आपके घर तक सभी सर्विस पहुँचायेंगे।

सवालः मतलब अगर आपका प्रोडक्ट सही है, उसमें क्वालिटी है और आपने चूज़ कर लिया है कि किन लोगों तक ये जायेगा तो फिर एकदम उत्साह के साथ लग जाएं, सक्सेस मिलेगी?

जवाबः और सबसे इम्पोर्टेंट चीज़ ये है कि जो कस्टमर आपके पास सबसे पहले आया वो आपके लिए सबसे इम्पोर्टेंट कस्टमर है। उसी से आपको रिफरेंस मिलनी चाहिए और उस को बराबर खुश रखना चाहिए। और किसी भी कीमत पर आपका वो कस्टमर आपसे हटना नहीं चाहिए क्योंकि कहा जाता है कि एक नए कस्टमर को लाने में दस गुना ज़्यादा खर्चा करना पड़ता है कस्टमर को वापस लाने में। तो आप क्यों ज़्यादा पैसा खर्चा करके नया कस्टूमर ढूंढ रहे हो जबकि जो आपका पूराना कस्टमर है, उसको यदि आप उसकी ही अच्छे से सेवा करो तो वो ही आपका स्पोक्सपर्सन बनकर आपके प्रोडक्ट को मार्केट करेगा।

सवालः मतलब जो हमारे कस्टमर हैं उनको सिर्फ प्रोडक्ट ना दें बल्कि उसको सर्विसेज दें ताकि वो हमारी एडवोकेसी करें, प्रोडक्ट के बारे में तीसरी पार्टी का काम करें और उसी से हमें बहुत सारा वॉल्यूम मिल सकता है।

जवाबः इस तरह आप कम से कम पैसा खर्चा करें नया कस्टूमर लाने में। लेकिन हमारे देश में उल्टा है। हम लोग ढेर सारे पैसे एडवरटाइजमेंट में खर्चा कर देते हैं जबकि जो पुराने कस्टमर हैं उनके ऊपर कोई ध्यान नहीं देता है और इसीलिए हम लोगों का बिज़नेस ग्रो नहीं कर रहा है। चाइना ग्रो कर रहा है, यू0एस0ए0 ग्रो कर रहे है, जो आंकड़े बता रहे हैं। हमारे देश में इसीलिए नहीं ग्रो हो रहा है क्योंकि हमारे देश में कस्टमर जो पहले

से पैसे दे चुके हैं, जो आपका सामान खरीद चुके हैं, उसके पास दोबारा जाकर, पूछकर, उनको साथ में लेकर चलने कि कोई मानसिकता ही नहीं रखते है लोग।

सवालः हमारे यहाँ पर मनी सरकुलेशन बैनिंग एक्ट 1978 है जो एक बहुत बड़ी प्रॉब्लेम क्रियेट करता है क्योंकि उसमें जो डेफिनेशन है तो वो बहुत मिसलीडिंग है, गलतफहमी पैदा करने वाली है। तो जो नया बिल आ रहा है कन्स्यूमर प्रोटैक्शन बिल 2018 उसमें डायरैक्ट सेलिंग को कवर किया गया है काफी हद तक। क्या उसके आने से इंडस्ट्री पर कुछ पाज़िटिव प्रभाव पड़ेगा?

जवाबः बिल्कुल। सबसे बड़ा जो आपका दुश्मन है वो है डेफिनेशन ऑफ मल्टीलेवल मार्किटिंग और मल्टीलेवल मार्किटिंग का मैक्सिमम मिसयूज़ फाइनेंशियल प्रोडक्टस पर हो रहा है। जैसे चिट फंड हमारे देश में लीगल है, आप एक चिट फण्ड कंपनी खोल सकते हैं और उसे लीगली चला सकते हैं लेकिन हमारी कंट्री में ये गैर-कानूनी है कि आप मनी सरकुलेशन करें। कई डायरेक्ट सेलर्स पर हम लोगों ने अध्ययन किया है कि कई लोग अपने आप को डायरेक्ट सैलर कहकर पिरामिड स्कीम्स को प्रमोट कर रहे हैं।
पिरामिड स्कीम्स लेकर आते हैं और प्रोडक्ट बहुत हाई प्राइस पर रख देते है और उसी से मनी सरकुलेशन करते हैं। वो प्रोडक्ट सिर्फ दिखावा है लेकिन असल में कोई प्रोडक्ट नहीं है, वो केवल फाइनेंशियल ट्रांज़ेक्शन कर रहे हैं।

सवालः तो ऐसा अगर किसी को लग रहा है कि जो प्रोडक्ट मुझे दिया जा रहा है वो हाइली प्राइस्ड है, वैल्यू फॉर मनी नहीं है, वो गाइडलाइन की भी अवहेलना कर रहा है तो उसके लिए हम कहाँ पर शिकायत कर सकते हैं?

जवाबः सबूत के साथ तुरन्त समीपी पुलिस स्टेशन पर जाकर शिकायत करनी चाहिए। सरकार का ध्यान इस ओर लाना चाहिए और जो लोग लीडरस है डायरेक्ट सेलिंग में उन्हें तुरंत बताना चाहिए।

सवालः मतलब गंदगी जो है उसे हमें ही साफ करना पड़ेगा, कोई दूसरा नहीं आयेगा ?

जवाबः नहीं। जो लॉ एनफोर्सेज है, उन लोगों कि भी एक प्रायोरिटी होती है। वो भी ऐसे-ऐसे उलझन में फंसे हुए हैं कि कभी-कभी उनकी नज़र से ये सब निकल जाता है तो हम लोग उनको ब्लेम नहीं कर सकते। चूंकि हम लोग उस बिज़नेस में है, हमारे पास वो जानकारी है, तो उस जानकारी को शेयर करना चाहिए, ये बहुत ज़रूरी है।

सवालः हर किसी कि लाइफ के कुछ फनी इंसीडेंट्स होते हैं जिन्हें याद कर के हमारे चेहरे पर मुस्कान आ जाती है। क्या आपकी भी लाइफ में ऐसे कुछ किस्से हैं? क्या आप उसे हमारे पाठकों के साथ साझा करेंगे?

जवाबः एक फनी इंसीडेंटस याद आता है। एक बार जब हम फुटबॉल खेल रहे थे तो यह समस्या खड़ी हुई कि गोलकीपर कौन बनेगा? तो गोलकीपर उसको बनाया जाता था कि जो ऐसे ही वेल्ला है, मतलब जिसको कुछ नहीं खेलना, वो खाली बॉल पकड़ेगा और हम लोगों का काम होता था कि बॉल उन तक ना पहुँचे। मेरे एक दोस्त थे जो अब नहीं है, डॉ रतीश मेनन, तो उन्हें हम लोगों ने बोला कि रतीश तुक गोलकीपर बन जाओ। वो मान गया और गोलकीपर बन गया। तो जब बॉल ड्रिपल होकर हमारे प्लेयर्स के पास आया हमारी टीम ने बॉल को बचाने के लिए गोलकीपर को दे दिया क्योंकि अपोनेंट अटैक कर रहे थे। हम लोगों ने बॉल गोलकीपर को दे दी और वो बॉल ले कर गोल के पीछे चला गया। तो अम्पायर ने वीसल मार दिया कि हम लोगों का गोल हो गया। हम लोग इतने हंसे, इतने हंसे क्योंकि उसको हम लोग ज़िम्मेदारी तो दे दिए लेकिन ये नहीं समझाए कि कभी भी बॉल लेकर गोलपोस्ट के अंदर नहीं जा सकते हो, आपको बाहर ही पकड़ना होगा और बाहर ही रखना होगा।

तो इस चैप्टर में आपने बिजोन मिश्रा से जाना कि एक कन्सूमर के रूप में आपके क्या क्या राइट्स हैं और कन्सूमर प्रोटेक्शन लॉ किस तरह से डायरेक्ट सेलिंग में सहायक है।

पूरा इंटरव्यू देखने के लिए हमारे यू-ट्यूब चैनल 'चैट विद सुरेन्द्र वत्स' के एपिसोड नंबर 4 "एक नौकरी निर्माता बने ना की एक नौकरी तलाशने वाला" बिजोन मिश्रा देखिए।

Puneet Jindal

- *CMO-AAFT University & Marwah Studio*
- *Award Winning Motivational and Sales Trainer*
- *YouTuber - Zorba The Zen*

सुरेन्द्र वत्स विद पुनीत जिंदल - एपिसोड 6

नए चैप्टर में आपका स्वागत है और इस चैप्टर में हम ऐसे मोटिवेशनल स्पीकर के बारे में जानेंगे जो ए0एफ0टी0 यूनिवर्सटी, न्यूज चैनलस, रेडियो स्टेशनस, मारवा स्टूडिया, इन सबके सी0एम0ओ0 और सी0ई0ई0ओ0 हैं।

सुरेन्द्र वत्स के सवाल पुनीत जिंदल के जवाब:

सवाल: आप मोटिवेशनल स्पीकर हैं सेल्स के बारे में आपकी बहुत सारी वीडियोज़ हैं। आप ट्रेनिंग देते हैं, बड़े-बड़े कॉरपोरेट्स को आपने सिखाया है कि कैसे सेल को बढ़ाया जाए तो, हमारा डायरेक्ट सेलिंग का बिज़नेस है जो प्योरली सेल्स का बिजनेस है। तो आप हमारे पाठकों को कुछ ऐसी चीजें बताइये ताकि उनके परिणाम बढ़ जाए।

जवाब: मेरा ऐसा मानना है डायरेक्ट सेलिंग के अंदर जो सबसे ज़रूरी कला, किसी भी आदमी को जीतने के लिए या सक्सेसफुल होने के लिए चाहिए वो है बातचीत करने कि कला यानी कम्युनिकेशन स्किल्स। हम जब भी बात करते हैं तो सामने वाले से डिमांड करते हैं और डिमांड के सिर्फ तीन ही जवाब होते हैं, येस, नो या मेबी। डायरेक्ट सेलिंग में क्या होता है हमें लोगों को इन्वाइट करना होता है सेमिनार में। हम चाहते हैं कि सामने वाला हमें येस बोल दे, हमारा प्रोडक्ट ले लें या हमारे प्लान को एक्सैप्ट कर ले, उसके लिए आपको येस लेना आना चाहिए। हम किसी को सेमिनार्स में बुलाना चाहते हैं, ट्रेनिंग्स के लिए बुलाना चाहते हैं, तो हमें हर समय येस की ज़रूरत महसूस होती है। तो मेरा ऐसा मानना है डायरेक्ट सेलिंग के अंदर अगर आपको ये कला आ जाए कि सामने वाले से बात कैसे करें। हमारा सबसे बड़ा इशू ये ही है कि येस नहीं मिलती। येस मिलना सबसे बड़ी उपलब्धि है।

हम लोगों के लिए सक्सेस दो दिशा में होती है। हम लोग दो तरीके की दुनिया में जीते हैं। एक होता है आउटर वर्ल्ड और एक होता है इनर वर्ल्ड।

आउटर वल्र्ड होता है, जैसे पैसा, गाड़ी, घर, जिस-जिस चीज़ की वीडियो रिकॉर्डिंग हो सकती है वो आउटर वर्ल्ड में है। तो हम ये चाहते है कि हमें आउटर वर्ल्ड में सक्सेस मिल जाए, ज़्यादा से ज़्यादा लोग हमारे बिजनेस से जुड़ें।

इनर वर्ल्ड, जिसकी हम वीडियो रिकॉर्डिंग नहीं कर सकते, जैसे अंदर की फीलिंग्स, अंदर के इमोशन्स, अंदर के थॉट्ष, जो भी आपके अंदर चल रहा है उसकी रिकॉर्डिंग नहीं हो सकती है। अगर आपको आउटर वर्ल्ड और इनर वर्ल्ड में फर्क समझ में आ गया तो आप सक्सेसफुल होना सीख जायेंगे।

जैसे कि आप बहुत पैसा कमाना चाहते है तो पहले यहाँ (दिमाग में) बनेगा फिर वहाँ (आउटर वर्ल्ड) बनेगा, आप बहुत अच्छी गाड़ी चाहते है पहले यहाँ (दिमाग में) बनेगी फिर वहाँ (आउटर वर्ल्ड) बनेगी, आप चाहते है आपकी टीम में लाखों लोग हो जाएं तो पहले यहाँ (दिमाग में) बनेगा फिर वहाँ (आउटर वर्ल्ड) बनेगा। कहने का मतलब है कि पहले इनर वर्ल्ड में आपको बनाना पड़ेगा। जैसा इनर वर्ल्ड होगा वैसा आउटर वर्ल्ड होगा। पहले अपने इनर वर्ल्ड में विजुअलाइज करना शुरू कर दीजिए, फील करना शुरू कर दीजिए। जो भी चीज़ आप लाइफ में चाहते हैं उसे आप विजुअलाइज करना शुरू कर दीजिए, फील करना शुरू कर दीजिए। ये इनर वर्ल्ड में आ गया तो बेशक वो आपके आउटर वर्ल्ड में भी आ जाएगा।

मान लीजिए हम किसी के पास जाकर उसको अपनी मीटिंग में इन्वाइट करते है या अपने बिज़नेस का प्लान दिखाते हैं, तो सामने वाला नो बोल देता है तो आप फ्रस्ट्रेटेड हो जाते हैं, स्ट्रेस्ड हो जाते हैं, निराश हो जाते हैं, हमें लगता है ये बिजनेस तो चलेगा नहीं, ये बिजनेस तो फेल हो गया। तो आउटर वर्ल्ड में क्या निकला है सिर्फ नो। उसके बाद जो इंटरप्रेटेशन निकाली है ये इनर वर्ल्ड की है, ये आपने निकाली है कि ये बिज़नेस नहीं चलेगा। आउटर वर्ल्ड में सामने वाले ने सिर्फ नो बोला लेकिन इतना सुनते ही हम होपलैस हो जाते हैं। नो क्या है? नो सिर्फ एक साउण्ड है। पहला

काम तो ये है कि नो को सुनकर घबराने की जरूरत नहीं है। अब दूसरा काम आता है कि सामने वाले से येस कैसे लिया जाए।

मेरी टीम का एक लड़का मेरे पास आया उसने बोला, "सर मैं नो से बहुत परेशान हूँ। जिसके पास जाता हूँ बिजनेस प्रपोज़ल देता हूँ वो मुझे मना कर देता है, मैं बड़ा डिमोटिवेटेड हूँ, अब मुझसे काम नहीं होगा।" तो मैंने उससे पूछा, "अगर मैं तेरा टार्गेट ही चेंज कर दूं कि सामने वाले से येस नहीं लेना है, सामने वाले से नो लेना है, 20 लोगों से नो लेना है, तो तू कर लेगा?" उसने कहा, "ये काम तो बड़ा आसान है।" अब जब वो किसी के पास प्रपोजल ले कर गया, और उसने नो बोला तो वो दुखी नहीं हुआ बल्कि वो खुश हो गया। इसी तरह वो दस के पास गया नो सुना, बारह के पास गया नो सुना, पन्द्रह के पास गया फिर से नो, वो बहुत खुश हुआ कि मेरा टार्गेट अचीव होने वाला है। फिर वो जब सोलहवें व्यक्ति के पास गया उसने बोला येस, तो वो दुखी हो गया कि आज तो मेरा टार्गेट फेल हो गया। नो जो है वो गेम ऑफ नंबर्स है। एक दो तीन नहीं आप टार्गेट 20 करके देख लीजिए। आप जब 20 लोगों को अपना प्लान दिखाएंगे तो 20 में से एक तो येस बोल ही देगा, आप कितना ही गंदा प्रेसेन्टेशन क्यों न दीजिए, हिंदुस्तान में एक आदमी आपको येस बोल ही देगा।

सवाल: ऐसा क्यों होता है कि एक आदमी 10 लोगों से बातचीत कर रहा है उसको आठ लोग येस कर रहे हैं और दूसरा व्यक्ति उसी प्रोडक्ट को लेकर 10 लोगों से बातचीत कर रहा है उसको नौ मिल रहे हैं?

जवाब: अगर अब आप चाहते हो कि ज़्यादा से ज़्यादा लोग आपको येस बोलें उसका फॉर्मूला सिखाता हूँ। इमैजिन कीजिए आप एक खूबसूरत लड़की के पास गए। आपने उसे प्रपोज किया कि क्या तुम मुझसे शादी करोगी? उसने मना कर दिया। अब आप दोबारा गए, आपने बोला कि मेरे पास बैंक में पचास करोड़ रूपये हैं, मेरे पास ऑडी ए-6 कार है और मैं आपको पूरी दुनिया की सैर कराऊँगा, आपकी लाइफ में खुशियां ही खुशियां होंगी, मैं आपकी बहुत केयर करूंगा। पहली सिचुएशन में उसने नो बोल

दिया लेकिन सैकण्ड सिचुएशन में चांसेस येस के हो गए। लोग हमें नो नहीं बोलते है लोग हमारे प्रपोजल को नो बोलते है। पहले वाले प्रपोजल में कोई बैनिफिट नहीं था, अट्रैक्शन नहीं था, आपकी वैल्यू डिलीवर नहीं हो रही थी। सैकण्ड वाले प्रपोजल में वैल्यू डिलीवर हो रही थी, बैनिफिट नजर आ रहा था, तो चांसेस येस के ज़्यादा हो गए।

सवाल: प्रोडक्ट सामने वाले व्यक्ति को कैसे बेनिफिशियल होगा उसको कैसे उससे लाभ मिलने वाले है, उसको हाइलाइट करना है हमें?

जवाब: येस। मैं आपसे एक सिंपल सा प्रश्न पूछ रहा हूँ क्या किसी गंजे को कंघी लेनी चाहिए? बिल्कुल नहीं। अब जरा अपना माइन्ड यूज़ कीजिए और सोचना शुरू कीजिए कि गंजे को कंघी क्यों लेनी चाहिए।

सुरेन्द्र: गंजे को कंघी खुद के यूज़ के लिए तो नहीं चाहिए होगी लेकिन वो उसको सेल कर सकता है।

पुनीत: हाँ। गंजा, कंघा सेल्स के लिए यूज़ कर सकता है, कंघे का बिजनेस कर सकता है, हो सकता है मसाज के लिए यूज कर लें ब्लड सर्कुलेशन बढ़ेगा, वो उसे फ्रेम में डाल के रख लें कि ये मोटिवेशन है कि एक दिन मुझे इस कंघे को यूज करना है और वो उसे दाढ़ी में भी यूज़ कर सकता है, या कहीं भी यूस कर सकता है और गंजे के घर में वाइफ, मदर फादर हैं। तो क्या गंजे को कंघी लेनी चाहिए? बिल्कुल लेनी चाहिए। तो आपको क्या करना है? why(क्यों) बिल्डअप करना है। सामने वाला आपका प्रोडक्ट क्यों लेगा? सामने वाला आपकी ट्रेनिंग में क्यों आएगा? सामने वाला आपके सेमिनार में क्यों आएगा? आपको बहुत सारे वाई रेडी रखने पड़ेंगे कि उसे क्या फायदा होगा। जितना ज़्यादा वाई होगा उतने चांसेस सामने वाले से येस के ज्यादा होंगे।

सुरेन्द्र: मतलब प्रोडक्ट को सिंपली बैग में डाल कर निकल नहीं जाना है, उसका प्रॉपर होमवर्क करना है। क्यों बताने पड़ेंगे, रिज़न बताने पड़ेंगे कि उससे लाइफ में क्या फायदा होने वाला है, प्रोडक्ट की पूरी जानकारी होनी चाहिए। कैसे-कैसे उसके इफैक्ट होंगे, प्रोडक्ट के क्या फायदे होंगे उसकी

लाइफ में, इस कंपनी को ज्वाइन करने से क्या फायदा होगा, सेमिनार में आने से क्या फायदा होगा। वो फायदे की लिस्ट एक पेपर पर लिख डालिए। जितने ज्यादा क्यों होंगे उनमें से कम से कम एक तो सामने वाले को क्लिक ज़रूर करेगा और उसी क्लिक पर वो हाँ बोल देगा।

जवाब: किसी भी प्रोडक्ट के अंदर, दो चीजें होती हैं एक होता है फीचर, एक होता है बेनिफिट। मान लीजिए आपकी कोई गर्लफ्रेंड अमेरिका में नहीं रहती है और मेरी कंपनी ने एक फीचर लॉन्च किया है कि एस0एम0एस0 की जो कॉस्ट है अभी वो 10 रूपये पर एस0एम0एस0 है अमेरिका की। मैं आपके पास आया और बोला कि मेरी कंपनी ने एक फीचर लॉन्च किया है कि आप 10 रुपए की जगह 5 रूपये में अमेरिका में एस0एम0एस0 कर पाएंगे। तो भी आप इस फीचर को नहीं लेंगे क्योंकि आप वो आपके यूज़ का नहीं है।

अब मान लीजिए कि आपकी कोई गर्लफ्रेंड अमेरिका में रहती है। आप अमेरिका में कम्यूनिकेट कर रहे हैं और आपका खर्चा 1000 रूपये का आता है। अब मैं आया आपके पास और मैंने कहा एक फीचर लॉन्च हुआ है और अब आप दस की जगह पाँच रूपये में एस0एम0एस0 कर पाओगे अमेरिका। आपके दिमाग में चलेगा कि ये मेरे लिए यूसफुल है। क्योंकि अभी आपका 1000 रू0 का खर्चा है हो सकता है वो 500 रूपये का हो जाए या आप बोलोगे कि 1000 रूपये में मैं डबल कम्यूनिकेट करूंगा, मैं गर्लफ्रेंड से डबल बात करूंगा। मतलब अब जो मैं फीचर आपको बता रहा हूँ वो आपकी नीड से आपकी प्रॉब्लम से रिलेट हो गयी है।

सवाल: मतलब हर व्यक्ति की नीड्स क्या-क्या है, वो हमें पकड़ना पड़ेगा, समझना पड़ेगा।

जवाब: येस। लेकिन सबसे पहले आपको सामने वाले को जाकर समझना है, सामने वाले को सुनना है, उसकी लाइफ में क्या प्रॉब्लम चल रही है, क्या वो फाइनेन्स ढूंढ रहा है, क्या वो नाम, इज्जत, शौहरत ढूंढ रहा है, क्या वो ट्रेनिंग ढूंढ रहा है, क्या वो लड़की की शादी करना चाहता है। अगर वो

लड़की की शादी करना चाहता है तो आप उसको बताइए कि ये है मेरा बिज़नेस प्लान इसमें मैं तुम्हें हैल्प करूंगा।

सवाल: ज्यादातर जो सेल्स पर्सन हैं वो सिर्फ बोलते रहते है सुनते नहीं हैं, ये टैक्नीक सही है क्या?

जवाब: पहले आपको 5 या 10 मिनट सामने वाले की सिचुएशन, उसकी नीड, उसकी प्रॉब्लम सुननी है, फिर उसके हिसाब से आप पिच करेंगे। तो जो भी आप पिच करेंगे वो बेनिफिट बन जायेगा और हमेशा ध्यान रखिए कि सेल्स में बेनिफिट बिकता है फीचर्स नहीं। नीड के हिसाब से लिंक करके पिच कर दीजिए आपका प्रोडक्ट बिक जाएगा।

सवाल: हम लोग डायरेक्ट सेलिंग में नेटवर्क बनाते हैं लोगों को लेकर आते हैं और लोग हमारे साथ में काम करते हैं। पैसा ज़्यादा नहीं आता तो रिलेशनशिप कैसे बिल्ड किया जाए ताकि जो पैसा नहीं आ रहा है उस रिलेशनशिप की वजह से वो टिका रहे?

जवाब: सबसे पहले सेल्स बिजनेस में या डायरेक्ट सेलिंग के बिज़नेस में आपको सामने वाले से रिलेशनशिप बिल्डअप करना आना बहुत जरूरी है। सामने वाले से अगर आपने रैपो बिल्ड कर लिया तो 90% काम हो गया। आप इमैजिन कीजिए मैंने आपसे पूछा आपका क्या नाम है आपने बोला मेरा नाम सुरेन्द्र वत्स है, अरे मैं भी वत्स हूँ यार क्या बात है। इसको बोलते है मैचिंग। आप कहीं जा रहे है आपने बोला मैं सुरेन्द्र वत्स उसने बोला भाई मेरा नाम अमित वत्स है जैसे ही बोला वत्स वत्स, एकदम से रैपो बिल्डअप हो गया कि ये तो अपना ही आदमी है। या आप कहीं पंजाब के लोग हैं गोआ में मिल गए तो उसने बात की अरे तू भी पंजाबी मैं भी पंजाबी। मैचिंग भी एक कला है। आप ट्रेन की बोगी में बैठ जाइये, आपने देखा होगा कि कोई डिस्कशन शुरू हो गया बी0जे0पी0 बी0जे0पी0 वाले एक तरफ कॉंग्रेस कॉंग्रेस वाले एक तरफ क्योंकि उनकी विचारधारा मैच कर गयी और जहाँ मिसमैच खा रही है वहाँ झगड़ा होगा।

तो आपको अगर किसी भी इंसान के साथ रिलेशनशिप बिल्ड करना है, रैपो बिल्ड करना है, तो जितनी चीजें मैच करा सकते हो करा लो। जैसे मैंने कास्ट मैच कराया, रिलीजन मैच कराया, विचारधारा मैच कराई, जैसे आपने कुछ बोला मैं भी उसपर गर्दन हिला रहा हूँ, मैं उसको सुन रहा हूँ और मैंचिंग करा रहा हूँ बॉडी लैंग्वेज मैच करानी है। जितनी चीज़ें मैच करा दोगे सामने वाले से उतनी जल्दी रैपो बिल्ड होगा, उतनी जल्दी ट्रस्ट गेन होगा और अब आप जो बात बोलोगे वो उसको एक्सैप्ट करेगा और उसके लिए हाँ बोलेगा।

सवाल: हमारे बिज़नेस में एक डायरेक्ट सेलर काम करता है बहुत उत्साह के साथ लगा रहता है लेकिन उतनी जल्दी परिणाम नहीं मिलते क्योंकि एक दिन में तो यहाँ पर परिणाम मिलते नहीं हैं। आपको नेटवर्क बनाना है, लोगों को एजुकेट करना है उनके साथ रिलेशनशिप बिल्डअप करनी है, तो वो निराश हो जाते हैं। तो एक डायरेक्ट सेलर को सक्सेसफुल होने के लिए कौन सी क्वालिटी उसके अंदर में होनी चाहिए ?

जवाब: मैं एक एक्जाम्पल देकर आपको समझाता हूँ। एक शूज कंपनी डिसाइड करती कि हमें अपने शूज़ अफ्रीका में लॉन्च करने हैं तो कंपनी अपना टॉप मैनेजमेंट का आदमी चूज़ करती है। वो जाता है ऐरोप्लेन में, उसकी फ्लाइट लैन्ड करती है वो एयरपोर्ट से बाहर निकलता है और जैसे ही एयरपोर्ट से बाहर निकलता है वो भागा भागा वापिस आ जाता है। कहता है बॉस यहाँ पे कोई शूज नहीं बिक पाएगा क्योंकि यहाँ पर किसी ने जूते ही नहीं पहने हुए हैं। उसी कंपनी में एक यंग लड़का है जो बड़ा एंथूज़ियास्टिक, बड़ा पाज़िटिव है। वो जा कर बॉस से कहता है कि सर मुझे एक चान्स दीजिए। बॉस बोलता है कि इतना टॉप लेवल का आदमी जब कुछ नहीं कर पाया तो आप क्या करोगे? वो यंग पाज़िटिव लड़का कहता है कि सर एक चान्स दीजिए ना। बॉस कहता है कि चलो ट्राय करते हैं। वो भी फ्लाइट में बैठता है, उसकी फ्लाइट भी लैंड करती है, जैसे ही एयरपोर्ट का दरवाजा खोलता है, कहता है, “ओह माय गॉड।” भाग के

जाता है और बॉस से कहता है "बॉस सारे के सारे शूज भेज दो क्योंकि यहाँ पर किसी ने शूज ही नहीं पहने हुए हैं।" मतलब सिचुएशन तो वही है, कंपनी भी वही है, अफ्रीका के लोग भी वही है, शूज भी वही है। एक आदमी को इस सिचुएशन में प्रॉब्लम नजर आ रही है दूसरे आदमी को उसी सिचुएशन में आपर्टूनिटी नजर आ रही है। सो अगर आपके देखने का नजरिया है तो सारी प्रॉब्लम्स के अंदर से आपको कुछ ना कुछ बिजनेस आपर्टूनिटी नजर आ ही जाएगी और अगर आप नेगेटिव सोच रहे हैं तो आपको अपने बिजनेस में प्रॉब्लम नज़र आएगी, दिक्कतें नज़र आएंगी, स्ट्रेस नज़र आएगी। मतलब हर चीज़ में पाज़िटिव एंग्ल दिखना बड़ा जरूरी है।

पूरा इंटरव्यू देखने के लिए हमारे यू-ट्यूब चैनल 'चैट विद सुरेन्द्र वत्स' का एपिसोड नंबर 6 "हाउ टू कन्वर्ट नो टू एस" विद पुनीत जिंदल देखिए।

Dinesh Chaudhary

- ***Motivational Speaker***
- ***Successful Network Leader***
- ***Mentor***
- ***Traveller***

सुरेन्द्र वत्स विद दिनेश चौधरी - एपिसोड 7

डायरेक्ट सेलिंग इंडस्ट्री की जानी मानी हस्ती दिनेश चौधरी एक बहुत हैं कामयाब लीडर हैं जिन्हें यूट्यूब पर लोग बहुत प्यार करते हैं।

सुरेन्द्र वत्स के सवाल दिनेश चौधरी के जवाब:

सवाल: दिनेश जी सबसे पहले हमारे पाठकों को परिवार और बैकग्राउंड के बारे में बताइए।

जवाब: मैं यूपी के मुरादाबाद जिले से हूँ और मैं एक किसान परिवार से हूँ। किसान परिवार में होने की वजह से परिवार ज़्यादा मजबूत नहीं था इसलिए एजुकेशन ज़्यादा नहीं हो पाई, काफी प्रयास भी किया लेकिन मैं दसवीं भी पूरी नहीं कर पाया।

सुरेन्द्र: आपको इस वेशभूषा में देखकर कोई यकीन नहीं करेगा।

दिनेश: इस इंडस्ट्री पर मैं आज गर्व करता हूँ। जिसके बारे में कभी सोच नहीं सकता था इसने मुझे उस प्लेटफार्म पर लाकर खड़ा कर दिया है। इससे पहले मैं इस सिस्टम इस इंडस्ट्री के बारे में कुछ नहीं जानता था। मैं पहले शरीर से भी बहुत कमजोर था, जब मेरे पिता ने कहा कि खेती करो तो मेरी माँ ने कहा कि ये तो वैसे ही खत्म हो जाएगा, खेती कर कर। फिर मैं जॉब करने के लिए मध्यप्रदेश आ गया। पहले मैंने प्राइवेट जॉब किया, फिर मैं सेमी गवर्नमेंट कृषि मंडी में 700 रूपय की सैलरी पर काम करने लगा। 2002 में इस इंडस्ट्री के बारे में किसी ने मुझे बताया की ऐसा कुछ भारत में आया है जो बगैर पूंजी के बहुत कुछ दे सकता है। शुरू में बिलीव नहीं हुआ। लेकिन एक्सीडेंटली ऐसा हुआ की मैं अपनी जॉब के लिए जा रहा था तो इस कांसेप्ट की कोई किसी से बात कर रहा था की इस तरह का कोई सिस्टम आया है भारत में, तो मैंने उससे पूछा कि इसकी पूरी जानकारी कैसे मिल सकती है? उसने बोला इसका एक प्रोग्राम है, एक मीटिंग है, इसका एक एजुकेशन सिस्टम है। 26 जुलाई 2002 की बात है मैंने उनसे पूछा की आप आओगे तो उन्होंने बोला की मैं भी आऊंगा लेकिन जब मैं

वहां पहुंचा तो वह वहाँ नहीं थे और उस समय शुरुआत थी शायद इंडिया में। केवल आठ व्यक्ति थे, नवां मैं था 10वां कोई आया नहीं, जिसने बुलाया वह भी नहीं आया और वह आज तक नहीं आया। मैं इस कांसेप्ट को लेकर बहुत सीरियस तो नहीं था लेकिन यह सोच कि 2075 रूपय मिल रहे हैं और 500-700 रुपए की एक्स्ट्रा इनकम आने लगे महीने में तो यह अपने लिए बहुत बड़ी बात होगी और इसी सोच के साथ मैंने इसे स्टार्ट किया।

सवाल: मतलब एक एक्स्ट्रा इनकम का जरिया मिल जाए तो इसको स्टार्ट करना चाहिए, यह भी बहुत बड़ा टारगेट नहीं था।

जवाब: क्योंकि ना तो इस इंडस्ट्री के बारे में उस समय कुछ पता था और ना कभी कुछ समझा था। जब मैं इससे जुड़ा, इसकी एजुकेशन ली तो पहले तो मैं पार्ट टाइम करता था, शुरू के 3 साल तक और फिर मुझे जब पता चला कि यह इंडस्ट्री कैरियर की तरह हो सकती है और फ्यूचर है इसमें फिर मैंने जॉब से रिजाइन देकर इसमें फुल टाइम आ गया।

सवाल: वह कौन सा समय था और वह ऐसी क्या चीज़ थी जब आपने यह डिसाइड किया कि अभी इसको पार्ट टाइम नहीं करना है फुल टाइम करना है?

जवाब: इसमें दो चीज़ें हैं कि आपको जब इस सिस्टम पर पूरा भरोसा हो जाए कि यह सिस्टम सही है और दूसरा आपको अपने ऊपर विश्वास हो जाए कि कोई साथ दे ना दे, आप करोगे तो उस समय आप डिसीजन ले सकते हो। भारत में रायचंद बहुत हैं, मतलब होलसेल में पाए जाते हैं, आप जो भी कहोगे अलग-अलग राय देना उनका माइनस पॉइंट है। मुझे लगता है कि हम उन लोगों के हिसाब से ज़्यादातर डिसीजन लेते हैं जिनको उस चीज़ का नॉलेज ही नहीं होता। अगर हमें एक अच्छा डॉक्टर बनना है तो हम एक अच्छे डॉक्टर से मिलना चाहिए और अगर अच्छा वकील बनना है तो एक अच्छे वकील से मिलना चाहिए उसी तरह इस इंडस्ट्री में अगर हमें बड़ा होना है तो हमें उस व्यक्ति से मिलना चाहिए जो इस सिस्टम में पहले से सफल हो चुका है या सफलता की ओर चल रहा है। हम जाकर

अपने पड़ोसी को पूछते हैं। मैं भारत में यंग जनरेशन को एक संदेश भी देना चाहता हूँ, जब भी कोई काम करें डिसीजन आप खुद लें। आपका दिल कहता है कि यह काम नहीं करना है, तो दुनिया चाहे कुछ भी कहे, उस काम को मत करना और आपका अगर दिल कहता है कि करना है और अगर दुनिया मना भी करे तो भी आपको नहीं रुकना है क्योंकि मैं इसका साक्षात उदाहरण हूँ। मेरी माँ यूपी में रहती हैं, वो कभी स्कूल नहीं गईं। मैंने उनको जब फोन किया की "माँ मैं जॉब छोड़ रहा हूँ" तो वह बहुत नाराज हुईं और बोलीं की "तुम पागल हो गए हो। जॉब के लिए तो तुम्हें वहाँ भेजा था अब तुम जॉब छोड़ रहे हो।" मैंने कहा "माँ मैं एक बिज़नेस करूंगा।" उन्होंने पूछा, "कहाँ से आया तुम्हारे पास इतना पैसा?" मैंने बोला "माँ बगैर पैसे का बिज़नेस है।" बोली बेटा, "तू कैसी बहकी बहकी बातें कर रहा है? तेरे ऊपर किसी ने जादू टोना करा दिया है। मैं तेरे भाई को भेजती हूँ घर लेकर आएंगे तुझे। तू अच्छा हो जाएगा, तुझे गांव में रखेंगे।" मैंने बोला "ओके माँ" ।

मैंने दूसरा फोन लगाया मेरे छोटे भाई को जो दिल्ली रेलवे पुलिस में है और हमारे परिवार में सबसे पढ़ा लिखा है। मैंने उसको बोल की भी तू नौकरी छोड़ दे की मैं भी छोड़ रहा हूँ। उसने मुझसे दोबारा पूछा, मैंने उसे दोबारा बताया। वह बोला पागल हो गए हो? मैंने उसको बताया की एक बहुत अच्छा कांसेप्ट आया है जो भारत में अभी तक नहीं था आउट ऑफ इंडिया चलता है। मैंने उसको बताया की लाइफ बदल जाएगी हमारी, परिवार की, गांव की, समाज की, देश की, यह इस तरह का कांसेप्ट है। उसका जवाब था भाई साहब आपकी कोई गलती नहीं है कंपनी के लोग ऐसा ही करते हैं।

फिर मैंने तीसरा फोन मेरे फूफा जी को लगाया जो हमारे परिवार में सब से उम्रदराज़ हैं। उन्होंने भी मुझे खूब सुनाया और उसके बाद मैं बहुत नर्वस हो गया। मैंने सोचा की माँ ने मना कर दिया, बड़े भाई ने मना कर दिया, फूफा जी जिन्हें हम बहुत सफल मानते थे उन्होंने मना कर दिया। 5 मिनट

के बाद मैंने डिसीजन लिया की मुझे ये करना है। आज मेरे दुनिया में जितने भी रिश्तेदार हैं उन सब में मैं सबसे अमीर आदमी हूँ। कुछ लोगों को आज दुख है कि उन्होंने गलत डिसीजन लिया और मुझे गर्व है उस डिसीजन पर।

सवाल: आज की जनरेशन बहुत उत्साहित है तो उनको आप क्या संदेश देना चाहेंगे इस बिज़नेस में आने के बारे में?

जवाब: मैं यह कहना चाहता हूँ यह इंडस्ट्री बहुत बड़ी है, इसको समझने में टाइम लगता है और मुझे इस इंडस्ट्री में 17 साल हो गए और मुझे एक ही चीज़ जो थोड़ा दुख देती है वो ये कि भारत का व्यक्ति इच्छा से काम नहीं करता यह हमेशा मजबूरी में काम करता है। वह सब कुछ प्रयास करता है जब सारे रास्ते बंद हो जाते हैं, तब वह कहता है कि आप जो कहना चाह रहे हो बताओ। मेरा यह मानना है कि जब आदमी को प्यास लगती है तब कुए नहीं खोदते कुआं तब खोदना चाहिए जब आपको प्यास न हो। जिस तरह भारत में यह कांसेप्ट उभर रहा है, आने वाले टाइम में इसे हर जगह सामाजिक मान्यता मिलेगी क्योंकि 17 साल में बहुत बड़ा बदलाव आया है। लोग इसको देख कर हंसते थे, लोग यह मानते थे कि यह उन लोगों का काम है जिनके पास कोई काम नहीं है, लेकिन मैंने इसका अध्ययन किया आउट ऑफ इंडिया तो वहाँ लोग यह मानते हैं यह पहला काम है और जॉब फालतू है, जो इस इंडस्ट्री में नहीं आ पाया वह जॉब करता है।

सवाल: एक अच्छा लीडर बनने के लिए एक व्यक्ति को क्या करना चाहिए? ऐसी क्या चीज़ हो उसके अंदर कि वह एक अच्छा लीडर बन जाए आगे जाकर?

जवाब: इस कांसेप्ट में दो चीज़ें काम करती हैं; एक समझना और दूसरा समझाना। पहले तो आपको समझ होनी चाहिए उस कांसेप्ट की, उस इंडस्ट्री की फिर आप को समझाना आना चाहिए क्योंकि मल्टीपल कांसेप्ट हैं इसमें तो कम समय में अमीर बनने के ज्यादा चांस रहते हैं। लीडरशिप में होता है कि आप किसी से बात करने गए यह कांसेप्ट बहुत उतार-चढ़ाव का है 5 से 7 साल अप डाउन करता है, यह प्रकृति का नेचर भी है। जैसे

ईसीजी की रिपोर्ट, अगर लाइन अप डाउन हो रही है तो टेंशन नहीं लेना है लेकिन अगर सीधी हो जाए तो मतलब सब खत्म।
मतलब लीडरशिप के लिए पहला गुण यह है कि आपको प्रिपेयर रहना पड़ेगा कि ऊपर भी जाएगा और नीचे भी जाएगा, सभी तरह की परिस्थितियां आएंगी और उसके लिए प्रिपेयर रहना पड़ेगा।
लीडरशिप एक ऐसी चीज़ है जो जन्मजात नहीं मिलती आपको अभ्यास करना होगा। मेरे साथ भी शुरू में हुआ मैं इतना संकुचित व्यक्ति था कि कई बार लोग सर्कल में लंच करते हैं तो मैं अकेला 1 किलोमीटर दूर बैठकर लंच करता था और जब मैं इस कांसेप्ट में आया तो मेरी पत्नी बोलती थी कि "आप इसमें कैसे कर पाओगे, यह तो लीडरशिप का बिज़नेस है इसमें लोगों से बात करनी पड़ेगी" मैंने बोला "अपना वहाँ तक का ड्रीम ही नहीं है, हम 200-500 के लिए आए हैं, प्रोडक्ट आएगा करेंगे।" लेकिन जब मैं धीरे-धीरे इस इंडस्ट्री से जुड़ा। जब मैं पहली बार स्टेज पर गया तो तीन चीज़ें माइंड में थी पर उठते ही मैं एक भूल गया फिर मैंने सोचा कि कोई बात नहीं दो बता देंगे। जब मैं स्टेज पर पहुँचा और माइक हमारे सामने आया तो मैं एक और भूल गया। फिर सामने वाले ने माइक सामने किया और बोल की आपका नाम बताओ। मैंने बोला कृषि प्रति मंडी रतलाम। लोग हंसने लगे और मुझे अच्छा लगा कि पहली बार कुछ बताया और लोग। लेकिन आज मैं बहुत ज़िम्मेदारी और विश्वास के साथ कह सकता हूँ अगर मेरे जैसा व्यक्ति उस लेवल तक लीडर बनकर पहुँच सकता है तो भारत का हर बच्चा उस स्टेज तक पहुँच सकता है।
सवाल: जब हम सीखने की बात करते हैं तो जैसे एक छोटा बच्चा होता है तो उसकी जो सबसे पहले टीचर उसकी मम्मी और पापा होते हैं तो वैसे ही हमारे बिजनेस में अपलाइन का जो रोल है वह पैरंट वाला रोल होता है। लेकिन एक प्रॉब्लेम अक्सर देखने को मिलती है कि अगर एक व्यक्ति की अप्लाई बहुत ज्यादा एजुकेटेड नहीं है या उम्र में उससे कम है या उसका जो फाइनेंसियल स्टेटस बहुत अच्छा नहीं है तो लोग उसको उतना महत्व

नहीं देते, सीखने का एटीट्यूट उसके प्रति नहीं रखते हैं, तो ऐसी स्थिति में क्या करना चाहिए?

जवाबः मेरा यह मानना है कि जैसे एक माता पिता आपसे एजुकेशन में कम या ज्यादा हो सकते हैं उसी तरह आपके अपलाइन भी हो सकते हैं। बेशक आपको पूरी दुनिया का नॉलेज आपके अपलाइन से ज्यादा हो सकता है लेकिन इस इंडस्ट्री का नॉलेज आपके अपलाइन को आपसे ज्यादा है। आपको उसको फॉलो करना ही है बिना कोई सवाल जवाब किए, बिना कोई किन्तु परंतु किए।

सवालः कई बार ऐसा होता है कि जब आपका बिज़नेस नहीं चलता है तो आपको अविश्वास होने लग जाता है, अपलाइन पर अविश्वास होता है, आदमी नेगेटिव होने लगता है, हर चीज़ से उसका विश्वास उठ जाता है। तो ऐसी जगह पर पहुंचने के बाद एक डायरेक्ट सेलर को क्या करना चाहिए?

जवाबः आज मैं देखता हूँ कि यंग जनरेशन का बिलीव सिस्टम बहुत डाउन है। विश्वास की कोई टेबलेट नहीं बनी है कि किसी को खिला दो और उसको विश्वास हो जाए। मेरा यह मानना है कि विश्वास कई चीज़ों से होता है चाहे आपको किसी की बात सुनने से हो या किसी चीज़ को देखने से हो। सबसे ज़रूरी है बिलीव जो आपको करना ही पड़ेगा। हमारी पूरी लाइफ विश्वास पर चल रही है तो मेरा लोगों को यह कहना है इस इंडस्ट्री से आपकी लाइफ बदल सकती है उस पर आपको विश्वास करना चाहिए।

यह जो इंडस्ट्री है यह सिर्फ फ्यूचर है इसमें प्रजेंट नहीं है। जैसे आपने खेत तैयार किया मेहनत की, गेहूँ बो दिया, 6 महीने में गेहूँ आ गया, आप अपने घर में ले आए, बेच दिया और इनकम जनरेट हो गई। लेकिन फसल काटते ही वह खेत फिर से शून्य हो गया। फिर आपको वही काम दोबारा करना पड़ेगा 6 महीने बाद और यही काम आपको पूरी लाइफ करना पड़ेगा, आपके बच्चों को भी। लेकिन यह जो इंडस्ट्री है यह बीज की तरह है। आपने बीज लगाया 6 महीने छोड़ दो, 5 साल तक कुछ नहीं देता बल्कि यह कहता है कि आप मेरे से अपेक्षा मत रखो, अभी मेरी आपसे अपेक्षा है

कि आप मुझे टाइम पर पानी दो, खाद दो, लोहे की जाली भी लगाओ बकरी ना खा जाए लेकिन जब वह 5 से 7 साल के बाद बड़ा वृक्ष बनता है तब कहता है कि अब अपनी जाली ले जाओ, बेच दो इसको। यह इंडस्ट्री वही आम का बीज है, जब यह वृक्ष बनता है तो कहता है आपने मेरा 7 साल साथ दिया है अब अपने बच्चों को कहना 200 साल तक मेरे आम खाएं मैं 200 साल साथ दूंगा।

सवाल: सर क्या आप अपनी लाइफ का कोई फनी मोमेंट जिसे आप याद करते हैं जिससे आपके चेहरे पर हंसी आ जाती है? क्या आप उसे हमारे पाठकों के साथ शेयर करेंगे?

जवाब: सर याद आता है एक फनी मोमेंट और उसमें एक मैसेज भी है। हमारे यूपी में जब गन्ना होता है तो ट्रॉली भरी जाती है और लास्ट में रस्सी खींची जाती है तो एक आदमी को ऊपर चढ़ना पड़ता है, वो ऊपर खींचता है और नीचे तीन चार लोग खींचते हैं। तो उस दिन मेरा नंबर था, मेरे पिताजी नीचे खड़े थे। रस्सी बांधने के बाद उन्होंने मुझे कहा बेटा ऊपर से कूद जा, ट्रॉली से लगभग 15 फीट ऊपर और गन्ने के खेत में जब गन्ना काटा जाता है तो वह तिरछा काटा जाता है, बड़ा नुकीला होता है। मैंने उनको बोला कि मैं आराम से उतर रहा हूँ। वह बोले तुम्हारा बाप कह रहा है, तुम समझ नहीं रहे? मारो जंप, मैं हूँ ना। मुझे लग रहा था कि अगर हाथ फिसल गया यह नुकीला भाग घुस जाएगा। पर उन्होंने बोल “मैं कह रहा हूँ”। मैंने हिम्मत कर के जंप मार दी, पिताजी जानबूझकर पीछे हट गए। जब मैं गिरा तो वह नुकीला हिस्सा मुझे लग गया। नीचे जो लोग थे वह हंस पड़े और मुझे बहुत गुस्सा आया। मैं वहीं लेटा रहा और पिताजी आए और बोले की पड़ा क्यू है? उठ। लेकिन उसमें हुआ उसमें बहुत ज़रूरी मैसेज था जो पिताजी ने बाद में समझाया। उन्होंने कहा बेटा “अगर जिंदगी में कामयाब होना है तो अपने बाप पर भी विश्वास मत करना। मैंने दो बार भी कहा तुमने क्यों किया? मेरी बात क्यों मानी? तुम कहते मुझे नहीं आना मैं अपने हिसाब से आऊंगा।”

पूरा इंटरव्यू देखने के लिए हमारे यू-ट्यूब चैनल 'चैट विद सुरेन्द्र वत्स' पर एपिसोड नंबर 7 "हिंदुस्तान में अर्जुन के मंदिर क्यों नहीं है?" दिनेश चौधरी देखिए।

Mahipal Singh

- ***Motivational Speaker***
- ***Successful Business Leader***
- ***Traveller***
- ***Mentor***

सुरेन्द्र वत्स विद महिपाल सिंह - एपिसोड 8 पार्ट 1

महिपाल सिंह नेटवर्क मार्केटिंग बिजनेस में बहुत सक्सेसफुल हैं, इस चैप्टर में हम उनसे इस इंडस्ट्री बारे में और जानेंगे।

सुरेन्द्र वत्स के सवाल महिपाल सिंह के जवाब:

सवाल: सर हमारे पाठकों को अपने बैकग्राउंड से रूबरू करवाइए। आपने यहाँ तक पहुँचने के लिए कहाँ से शुरुआत की?

जवाब: मैं राजस्थान में सीकर डिस्ट्रिक्ट के पास एक छोटे से गांव का रहने वाला हूँ। मैं मिडल क्लास फैमिली से बिलॉन्ग करता हूँ। मुझे बीए फाइनल करने का मौका नहीं मिला क्योंकि सेकंड ईयर की पढ़ाई करते-करते सरकारी नौकरी में मेरा सेलेक्शन हो गया था। जब सेलेक्शन हो गया तो मैंने सोचा कि लोग पढ़ाई सिर्फ इसलिए करते हैं ताकि नौकरी लग जाए और अब मेरी नौकरी लग चुकी है तो मुझे पढ़ाई पूरी करने की जरूरत नहीं है। मैंने जम्मू में अपनी पहली नौकरी शुरू की। जब मैं इस इंडस्ट्री में आया उस टाइम मेरठ में था।

सवाल: बहुत ही कम उम्र में आपको सरकारी नौकरी मिल गई उसके बावजूद आप डायरेक्ट सेलिंग में आए और अपनी नौकरी से रिजाइन भी कर दिया। आज के टाइम में जब नौकरी के लिए लोग कुछ भी कर देते हैं कि अगर नौकरी है तो शादी भी अच्छे घर में हो जाती है तो ऐसी क्या चीज़ थी जिसकी वजह से आप यहाँ पर आए और इतना बड़ा कदम लिया?

जवाब: सर, यह मेरा सौभाग्य रहा कि नौकरी लगने से पहले मेरी शादी हो चुकी थी।

सवाल: आप जब बीए सेकंड ईयर में थे उससे पहले शादी हो चुकी थी?

जवाब: जी हाँ, इसलिए ये नहीं था की नौकरी शादी के लिए करनी है। और जहाँ तक बात रही इस इंडस्ट्री में आने की मैं आपको बताऊँ कि कुछ चीज़ें हमारी जिंदगी में अकस्मात होती हैं। सभी लोग जानते हैं की कोई भी व्यक्ति एक बार प्लान दिखाने के बाद कई बार फॉलो करने के लिए जाता

है, लेकिन मेरे साथ उल्टा हुआ। मेरे पास कोई प्लान देने नहीं आया। मैं जहाँ नौकरी कर रहा था वहाँ मैं 1 दिन दोपहर के टाइम खाना खाने जा रहा था तो हमारे जो ऑफिस बने हुए थे उसमें से दो लोगों के बात करने की आवाज आ रही थी। मैं बाहर से गुजर रहा था और थोड़ा सा आगे जाकर पीछे वापस आया तो देखा कि जो 2 लोग बैठे हैं उनमें से एक मेरा दोस्त था। वो लोग जो बातें कर रहे थे वो मुझे ज्यादा समझ नहीं आईं, सिर्फ कुछ लोगों के नाम समझ आए जिन्होंने अपनी नौकरी छोड़ दी और फिर भी करोड़ों कमा रहे हैं। मेरे दोस्त ने तो मना कर दिया लेकिन मैंने जानबूझकर बोला कि मुझे ज्वाइन करना है और मैंने ज्वाइन कर लिया। उसके बाद मैंने मेरठ से शुरुआत की। मैं यूपी में रहता था, मेरी हॉट लिस्ट में कोई नहीं था, मेरा कोई जानने वाला नहीं था क्योंकि मैं राजस्थान से हूँ। लोग कई बार बोलते हैं कि हमारी लिस्ट खत्म हो गई हम किसके पास जाएं, कैसे जाएं लेकिन मैं कई बार ट्रेन में सफर करता था तो जो पास में बैठा होता था मैं उससे बात करता था। सब्जी लाने जाता था तो सब्जी वाले से भी बात कर लेता था, दूध लाने जाते थे तो दूध वाले से भी बात कर लेता था, इंसान नाम का कोई प्राणी मुझे दिखाई दे गया उसे मैं अपॉर्चुनिटी समझता था। कुछ समय के बाद एक अच्छी इनकम आने लग गई। सबसे अच्छी इस इंडस्ट्री में एक चीज़ लगी वह यह की यहाँ पर कोई इन्वेस्टमेंट नहीं है, कोई आदमी इस काम को कर सकता है, बस लोगों से बातचीत करनी है। जब यहाँ से अच्छी इनकम आनी शुरू हो गई तो मैंने फैसला लिया कि आज के बाद मैं इस काम को फुल टाइम करूंगा।

सवाल: महिपाल जी इस इंडस्ट्री में लोग आते हैं उन्हें आप जैसा कामयाब होने के लिए, आप जैसा एग्ज़ांपल बनने के लिए क्या करना चाहिए?

जवाब: देखिए कामयाब होने के लिए और एग्ज़ांपल बनने के लिए सबसे पहले प्राइऑरटी सेट करनी पड़ती है आपकी प्राथमिकताएं क्या हैं। अगर आपने इस इंडस्ट्री के अंदर कैरियर बनाने के लिए अपनी प्राथमिकताएं सेट कर लीं, आपका विज़न क्लियर हो गया तो ये चीज़ें ही आपको मोटिवेट

करेंगी। दूसरी चीज़ कभी भी आप नेगेटिव हो तो उसके लिए मैं एक छोटी सी बात बताना चाहता हूँ कि जिस चीज़ के लिए हम यहाँ पर आए हैं उसको फील करें। जब मेरे पास ज़्यादा पैसे नहीं थे तब मैं फील करता था कि जब मैं करोड़पति बन जाऊंगा तो कितना मजा आएगा, जब मैं हवाई जहाज में नहीं बैठा था तब मैं फील करता था कि एक दिन आएगा कि जब हवाई जहाज में बैठेंगे कितना अच्छा लगेगा, विदेश यात्रा करने जाएंगे कितना अच्छा लगेगा। मैंने अपनी फीलिंग्स को कभी नेगेटिव नहीं होने दिया। अच्छे की सोच रखनी चाहिए। हर आदमी लाइफ में यह सोचे कि मुझे कुछ ना कुछ अच्छा करना है।

सवाल: मतलब जब कोई व्यक्ति काम कर रहा है तो वह सोचे कि जब मैं दूसरे लोगों की तरह सफल हो जाऊंगा तो उसको फील करता रहे ताकि उसको एक्साइटमेंट आता रहे।

जवाब: जी बिल्कुल। हर आदमी सक्सेस को देखता है लेकिन सक्सेसफुल लोगों के स्ट्रगल को नहीं देखता, स्ट्रगल हमेशा छुपा हुआ होता है, सक्सेस हमेशा दिखाई देती है। अगर व्यक्ति यह जान जाए की स्ट्रगल करके ही सक्सेस आती है तो आदमी कभी नेगेटिव सोचे ही ना। मेरा मानना है वैसे तो किसी भी इंडस्ट्री में पर खासकर नेटवर्क मार्केटिंग इंडस्ट्री में हमेशा पॉजिटिव रहने की बहुत ज़्यादा ज़रूरत है। कुछ लोग तो सक्सेसफुल इसलिए भी नहीं होते क्योंकि लाइफ में हर चीज़ को समानांतर लेकर चलना चाहते हैं। वो डायरेक्ट सेलिंग कर रहे हैं, उसके साथ अपना बिज़नेस कर रहे हैं, उसको भी मेंटेन रखना चाहते हैं जो नौकरी कर रहे हैं उसके बाद उनके पास सामाजिक रिस्पांसिबिलिटी होती है वो उसको भी कंटिन्यू रखना चाहते हैं। सब कुछ बराबर नहीं हो सकता। मैंने किसी बुक में पढ़ा था कि सक्सेसफुल लोगों की कोई सोशल लाइफ नहीं होती और सोशल लाइफ जिनकी होती है उनकी कभी सक्सेसफुल लाइफ नहीं होती है।

अगर आपको सक्सेस होना है तो आप दूसरी चीज़ों में जो टाइम दे रहे हैं वो टाइम निकाल कर अपना फोकस इस इंडस्ट्री में रखें, जो काम कर रहे

हैं उसको प्राइटी पर रखकर हमें काम करना चाहिए तो सक्सेस मिल जाएगी।

सवाल: कुछ कंपनियां ऐसी हैं जिनके पास या तो प्रोडक्ट होता ही नहीं है और अगर होता भी है तो सिर्फ नाम का होता है। वह यह कहती हैं कि आप इतना पैसा दीजिए इसके बदले हम आपको इतने पर्सेंट इंटरेस्ट देंगे या हम 1 साल में इतना पैसा दे देंगे। क्या जो इस प्रकार की कंपनियां हैं यह सही कह रही है? क्या ऐसी कंपनियों के साथ जुड़ना चाहिए क्योंकि इसमें वह बहुत अट्रैक्टिव अमाउंट दिखाते हैं जिसकी वजह से बहुत लोग अट्रैक्ट हो जाते हैं?

जवाब: आजकल नेटवर्क मार्केटिंग इंडस्ट्री बदनाम भी सिर्फ इसीलिए हुई है क्योंकि बहुत सारी कंपनियां आईं जिन्होंने उल्टा सीधा लालच दिया लोगों को कि आप इतना पैसा लगाइए आपको यह मिलेगा और बिना कुछ किए मिलेगा। इस दुनिया में यह नियम है कि आप जो सेल करेंगे उसके बदले में आपको पैसा मिलेगा, आपकी जो वॉल्यूम होगी उसके ऊपर आपका पैसा जनरेट होगा और जहाँ भी कोई कंपनी सिर्फ आपसे ऐसा कमिटमेंट करती है कि आप यह पैसा लगाइए हम आपको बिना कुछ किए इतना पैसा दे देंगे तो मैं आपको बताऊँ उस इंसान के साथ धोखा होने वाला है। एक इंसान जितना भी पैसा कमाता है वह बहुत ज्यादा मेहनत करके, बहुत ज्यादा स्ट्रगल करके कमाता है कहीं ऐसा ना हो कि लालच के चक्कर में वह अपने खून पसीने की कमाई को गंवा बैठे। इस टाइप की कंपनियों में जो काम करते हैं इन्हें लालच की आदत पड़ गई है ये लोग फ्री का कमाना चाहते हैं।

जब आप किसी कंपनी का चुनाव करें खुद विचार करें कि जो कंपनी जितना पैसा देने का कमिटमेंट कर रही है क्या यह दिया जाना पॉसिबल है? अगर आपके अंदर से आवाज आई कि हाँ पॉसिबल है तो हो सकता है कि वह कंपनी चले भी, वहाँ पर आपका बेहतर भविष्य बन सकता है लेकिन अगर

अंदर से आवाज आई कि नहीं यह पॉसिबल नहीं है तो यह क्लियर है कि वहाँ पर आपका भविष्य नहीं है।

सुरेन्द्रः इसमें मैं भी कुछ ऐड करना चाहूंगा क्योंकि यह एक बहुत बड़ी चुनौती है हमारे सामने और प्रशासन के सामने भी। जितने भी हमारे देश में स्कैम होते हैं उनके पीछे जो मॉड्यूल है वो कहीं ना कहीं डायरेक्ट सेलिंग के मॉड्यूल जैसा ही है। डायरेक्ट सेलिंग की सारी कंपनियां स्कैम नहीं हैं लेकिन जितने भी स्कैम हुए वह कहीं ना कहीं डायरेक्ट सेलिंग मॉड्यूल को यूज करके हुए हैं । सबसे पहले तो हमें खुद समझने की जरूरत है, लोगों को आगाह करने की जरूरत है,सेंट्रल गवर्नमेंट की गाइडलाइन है हमारे पास, आप कंज्यूमर अफेयर मिनिस्ट्री की वेबसाइट पर जाइए, वहाँ पर कुछ पैरामीटर दिए हैं, हर इंसान को सतर्क रहने की ज़रूरत है।

पूरा इंटरव्यू देखने के लिए हमारे यू-ट्यूब चैनल 'चैट विद सुरेन्द्र वत्स' पर एपिसोड नंबर 8 पार्ट 1 "साइकिल से लेकर जैगुआर तक का सफ़र महिपाल सिंह देखिए।

सुरेन्द्र वत्स विद महिपाल सिंह - पार्ट 2

सवाल: क्या नेटवर्क मार्केटिंग के लीडर के लिए कोई ड्रेस कोड होना चाहिए?

जवाब: आपका यह सवाल बहुत अच्छा है और यह इस इंडस्ट्री की एक बेसिक रिक्वायरमेंट है। आदमी जिस भी फील्ड में जाता है वह उस फील्ड के अनुकूल अपनी ड्रेस चेंज करता है, चाहे वो आर्मी मैन हो, पुलिस वाला हो या कोई और। उसी तरीके से नेटवर्क मार्केटिंग में भी एक प्रॉपर ड्रेस का होना बहुत ज़रूरी है। हम जब लोगों को प्रॉपर ड्रेस कोड के बारे में बताते हैं तो लोग यह बोलते हैं कि सर पहले हमारा थोड़ा सा लेवल बड़ा हो जाए या किसी लेवल पर आ जाएं तो उसके बाद में हम प्रॉपर ड्रेस पहनना शुरू कर देंगे। मैं उनसे सवाल करता हूँ कि आपके घर में जो बच्चा है वह बच्चा जब स्कूल में जाना शुरु करता है तो क्या आप अपने बच्चे को 10 साल, 12 साल या 15 साल पढ़ाने के बाद ड्रेस बनवा कर देते हैं या जिस दिन एडमिशन कराते हैं उस दिन ड्रेस बनवा कर देते हैं? उसी तरह नेटवर्क मार्केटिंग इंडस्ट्री है यहाँ पर भी 4 साल की क्लास चल रही है। आज जब भी कोई इंसान डायरेक्ट सेल इंडस्ट्री में कदम रखता है और यहाँ पर कैरियर बनाने की सोचता है उस दिन से सबसे पहले ज़रूरी है कि वह अपना ड्रेस कोड चेंज करें क्योंकि ऐसा बोला जाता है फर्स्ट इंप्रेशन इज द लास्ट इंप्रेशन। जब उसके दोस्त, उसके रिश्तेदार यह देखते हैं कि कल तक तो यह जींस टीशर्ट और चप्पल पहन कर घूमता था और अभी इसमें कुछ बदलाव आया है तो कुछ साइलेंट इनविटेशन हमारे पास आ जाते हैं। हमें बताने की ज़रूरत नहीं है, सामने वाला हमारे ड्रेस कोड को देखकर समझ जाता है। जब आदमी ड्रेस कोड में होता है तो उसको कोई भी गलत काम करने में,छोटी-छोटी गलतियां करने में डर महसूस होता है क्योंकि उसका ड्रेस कोड कोई भी गलत काम करने की इजाजत नहीं देता। जो गलत काम होते हैं वह जिंदगी से छूट जाते हैं जैसे खड़े-खड़े सिगरेट पी लिया,गुटखा खा

लिया अगर उसका ड्रेस कोड अच्छा है तो उसे ऑटोमेटिक लगता है कि मुझे इस ड्रेस के अकॉर्डिंग यह काम करते हुए शर्म आनी चाहिए।

सवाल: एक व्यक्ति है जो आपको देखकर मोटिवेट हो रहा है। वह देख रहा है कि महिपाल सिंह जी ने जैगवार ले ली है, बड़ा पैसा आ रहा है, बड़ी अच्छी लाइफ स्टाइल है। वह चीज़ें उसको अट्रैक्ट कर रही हैं। वह काम भी कर रहा है लेकिन उसको परिणाम नहीं मिल रहे हैं और जो परिणाम मिल तो रहे हैं उनसे वह संतुष्ट नहीं है शायद उसकी और ज्यादा एक्सपेक्टेशन थी । तो वह जो नेगेटिविटी का एक फेस आता है उससे बाहर कैसे आया जाए? कैसे वो दोबारा से मोटिवेट हो?

जवाब: मैंने शुरू में एक बात बताई थी कि मैं अपनी लाइफ में आज तक कभी भी नेगेटिव नहीं हुआ और आज तक मैंने किसी को मौका नहीं दिया कि मुझे पॉजिटिव करे। मैं छोटा सा एक एग्ज़ांपल देता हूँ; हमारे घर के बाहर एक खटारा कार खड़ी है, हम चार लोग मिलकर उसको धक्का मारेंगे तब वह चलेगी और दूसरी होती है सेल्फ स्टार्ट गाड़ी जो अपने आप स्टार्ट हो जाति है। हमारी इंडस्ट्री में भी दो तरह के लीडर हैं एक तो सेल्फ स्टार्ट है और एक धक्का स्टार्ट है। मैंने पहले ही एक चीज़ बताई है प्राथमिकताएं यहाँ पर सेट करनी पड़ती हैं। अगर यहाँ पर कोई व्यक्ति 4 साल देता है तो मैं गारंटी दे रहा हूँ कि वह इस इंडस्ट्री में सक्सेसफुल होगा। कई बार ऐसा होता है कि हम जितना काम करते हैं हमारी उम्मीद से अच्छे रिजल्ट आ जाते हैं और कई बार ऐसा भी होता है कि हम जब काम करते हैं जो हमारी उम्मीद है उससे ना के बराबर रिजल्ट आते हैं। तो मेरा मानना यह है कि जब कोई इंसान काम कर रहा है अपनी फील्ड में और वह लगातार सफलता लिए जा रहा है तब तो कोई भी आदमी पॉजिटिव हो सकता है रियल में पॉजिटिव रहना वह है जब स्थितियाँ मेरे प्रतिकूल हों, रिजल्ट मेरे प्रतिकूल हों, उसके बाद भी मैं पॉजिटिव हूँ, असल में इसको पॉजिटिव होना बोलते हैं।

हमें किसी भी परिस्थिति में नेगेटिव नहीं होना है, हमेशा पॉजिटिव रहना है। पॉजिटिव रहेंगे तो एक न एक दिन सक्सेस आपकी कदम चूमेगी।

सुरेन्द्र: इस इंडस्ट्री में जो शक्तिशाली है, जो तेजी से काम कर रहा है, जो आपने कहा कि सेल्फ स्टार्ट होने वाला है, उनको ज्यादा महत्व दिया जाता है। एक शेर है –

"उन चिरागों को हवाओं से बचाया जाए, जिन चिरागों को हवाओं का खौफ नहीं", यानी जो लोग चिराग की तरह हैं उनको बचा कर रखा जाए, उनका ध्यान रखा जाए क्योंकि अगर वह भड़क गए तो वह आग लगा सकते हैं।

सवाल: आखिर में बारी है अपनी लाइफ का एक फनी मोमेंट शेयर करने की।

जवाब: जब मैंने डायरेक्ट सेलिंग की शुरुआत की थी तब मैं मेरठ में था। हम प्लान दिखाने के लिए बहुत से लोगों को इन्वाइट कर् लिया करते थे। एक दिन ऐसे ही हम कुछ लोगों को प्लान समझा रहे थे। जहाँ हमारा प्रेजेंटेशन होता था उसके पास ही एक मार्केट था, तो वहाँ पर एक लड़का घूम रहा था। मैं उसको बुला कर ले आया और पूरा प्लान समझाया डेढ़ घंटे तक। लास्ट में मैं देखता हूँ कि वह फोन निकाल रहा है और फोन पर बातें कर रहा है। मैंने उससे पूछा कि "सर क्या हुआ?" वह बोला कि "सर आप का प्लान बहुत अच्छा लगा और मैं भी करना चाहता हूँ लेकिन अभी मैं पैसे लेकर नहीं आया और मैं अपने भाई को फोन कर रहा हूँ, पैसे मंगवा रहा हूँ।" मैंने पूछा कि "फिर दिक्कत क्या है?" वो बोला कि "सर मेरे फोन में बैलेंस नहीं है।"

क्या होता है कि शुरू शुरू में जब इंसान काम करता है उसको बहुत सारी जगह से मना किया जाता है और अगर एकदम से कुछ रिजल्ट आने की गुंजाइश दिखाई देती है तो वह बड़ा खुश हो जाता है। मैं भी बड़ा एक्साइटेड हुआ सोचा कि आज तो मेरी शुरुआत होगी, बढ़िया काम हो गया, पहली बार में ही रिस्पांस अच्छा आ रहा है। मैंने मेरा फोन निकालकर उसको

दिया, टाटा डोकोमो का फोन था, मैंने उसको दिया कि "लो फोन ।" वह नंबर लगाकर बात करने लग गया। मैं अपने बाकी गेस्ट्स से बातें करने लगा और मुझे पता नहीं चला कि वह लड़का कब हॉल से बाहर निकल गया। थोड़ी देर के बाद जब मैं इधर उधर देखता हूँ तो वह लड़का दिखाई नहीं दिया, फोन लेकर चला गया। उसको ढूंढा, मार्केट से जांच पड़ताल की लेकिन वो कहीं भी दिखाई नहीं दिया और फोन उसी टाइम स्विच ऑफ हो गया। मैंने अगले दिन 3 बजे फिर से उस नंबर पर फोन करने की कोशिश की। उस नंबर पर रिंग जा रही थी, सामने से फोन रिसीव हुआ। मैंने उसको बोला कि "जब तुझे बिज़नेस नहीं करना था तो मना कर देते, पैसे की ज़रूरत थी तो पैसे ले लेता, मेरा फोन लेकर क्यों भागा?" तो सामने से आवाज आती है "कौन से पैसे की बात कर रहे हो? कल जो 100 रुपए लेकर गए थे वह वापस दो।" मैं बोला "कौन से 100 रुपए? यह फोन नंबर तो मेरा है। कल एक आदमी मेरा फोन चुरा कर ले कर गया।" तब उसने बताया कि "मैं कल स्टेशन के पास खड़ा था और एक लड़का मेरे पास आया। उसने सिम के अंदर 600 रुपए का बैलेंस दिखाया और बोला कि आप मेरा सिम रख लो मुझे 100 रुपए चाहिए।" मैंने उसको 100 रुपए दे दिए वह मुझे सिम दे गया और बोला कि मैं कल सिम लेकर जाऊंगा लेकिन वो अभी तक नहीं आया। दुनिया के हर इंसान में टैलेंट भरा पड़ा है बात सिर्फ इतनी है कि वह टैलेंट को लगा कहाँ रहा है। अब टैलेंट तो उस लड़के में भी था कि उसने सिम भी बेच दी और फोन भी ले गया। अगर वो अपने टैलेंट को सही जगह लगाए तो बहुत आगे बढ़ सकता है।

पूरा इंटरव्यू देखने के लिए हमारे यू-ट्यूब चैनल 'चैट विद सुरेन्द्र वत्स' पर एपिसोड नंबर 8 पार्ट 2 "क्या आप Self-Start है?" महिपाल सिंह देखिए।

Pushkar Raj Thakur

- *Master of Leadership Psychology*
- *Most Influential Motivational Speaker & Success Mentor*
- *Youth Icon and Famous Youtuber*

सुरेन्द्र वत्स विद पुष्कर राज ठाकुर - एपिसोड 9

पुष्कर राज एक ऐसे यंग एंटरप्रेन्योर हैं जिन्होंने 17 साल की उम्र में पैसा कमाना शुरू कर दिया था, 20 साल की उम्र में वह करोड़पति बन गए थे और 23 साल की उम्र में उन्होंने रिटायरमेंट ले लिया था। इस चैप्टर में हम उनके बारे में और जानेंगे।

सुरेन्द्र वत्स के सवाल पुष्कर राज ठाकुर के जवाब:

सवाल: आपने अपनी जर्नी कहाँ से स्टार्ट की थी? आप अपने बैकग्राउंड के बारे में भी हमारे पाठकों को थोड़ा सा बताइए।

जवाब: मैं एक ऐसे परिवार में पैदा हुआ था जहाँ पर बहुत ज्यादा अपॉर्चुनिटी नहीं थी, पैसा नहीं था और इंडिया के अंदर यह बहुत ज्यादा कॉमन है। मैं लग्ज़री में पैदा नहीं हुआ था लेकिन मैं यह मानता हूँ कि ऊपर वाले ने मुझे वो मौका दिया कि मैं लग्ज़री क्रिएट करूं अपने लिए। मेरी जर्नी स्टार्ट हुई जब मैं नौवीं कक्षा में था। नौवीं कक्षा में बच्चा मैच्योर नहीं होता लेकिन उत्सुकता आ जाती है कि जिंदगी में कुछ करना है, कुछ बनना है। मैं अपने चाचा जी से पढ़ा करता था तो उन्होंने मुझे रिकमेंड किया के मैं पर्सनैलिटी डेवलपमेंट का कोर्स ज्वाइन करूँ, कम्युनिकेशन स्किल का कोर्स ज्वाइन करूँ जिससे मैं अपने आप को अपग्रेड कर पाऊँ। उन्होंने बस मुझे एक राह दिखाई और मैंने कई सारे प्रोफेशनल कोर्स लिए, ट्रेनिंग ली। नाइंथ क्लास से मैंने अपने आप को सुधारना शुरू कर दिया और सबसे ज्यादा मैंने जिस चीज़ पर ध्यान दिया वह था पब्लिक स्पीकिंग। मैं लगातार नौवीं कक्षा से दसवीं कक्षा तक सब सीखता रहा। उसी दौरान मेरे ट्रेनर ने नेटवर्क मार्केटिंग कंपनी ज्वाइन कर ली और उन्होंने मुझे उस कंपनी के सेमिनार में इनवाइट किया। मैं वहाँ पर गया और वहाँ जाने के बाद मुझे वह दुनिया बहुत अलग लगी। जो लोग स्टेज पर बोल रहे थे उन्होंने बताया कि वे 4,00,000 रुपए महीना कमाते हैं, 10,00,000 रुपए कमाते हैं। उन्होंने अपनी स्टोरी बताई की वो भी इसी तरीके से ऑडियंस के बीच बैठते थे। वहाँ से दिमाग

खुलना शुरू हुआ। नेटवर्क मार्केटिंग, पैसिव इनकम कांसेप्ट, डुप्लीकेशन का कांसेप्ट ये सब समझाया गया, जो चीज़ें स्कूल में नहीं सिखाई जाती हैं यहाँ तक की कॉलेज में भी नहीं सिखाई जाती हैं। लेकिन इस बिज़नेस के फंडामेंटल मुझे नाइंथ क्लास में ही क्लियर हो गए थे। चूंकि मैं 18 साल का नहीं था तो मैंने नेटवर्क मार्केटिंग ज्वाइन नहीं की पर मैं सेमिनार को बहुत इंजॉय करता था। लोग सैटरडे संडे मूवी देखने जाते हैं, मैं हर संडे सेमिनार में जाता था। उससे क्या हुआ कि मेरी सोच पर धीरे-धीरे फर्क पड़ा, मैं बाकी बच्चों से अपने आपको अलग समझता था। मैंने 11वीं कक्षा में साइंस ली, पीसीएम भी। मैंने अपने सारे ऑप्शन्स खुले रखे थे, पीसीएम थी तो मैं इंजीनियरिंग भी कर सकता था, मेडिकल साइंस भी कर सकता था। मैंने इंजीनियरिंग के लिए भी प्रिपेयर किया और मेडिकल साइंस के लिए भी प्रिपेयर किया। मैंने सारे एंट्रेंस एग्ज़ामिनेशन दिए पर जिस दिन मेरा बारहवीं का फाइनल एग्ज़ाम था उस दिन मैं अपने आप से पूछ रहा था कि 'अब तुम्हारे पास 3 से 4 महीने का गैप है उस समय में तुम क्या करोगे?' मेरे पिताजी मुझे ₹200 दिन के देते थे लेकिन मुझे ऐसा लगता था कि इससे कुछ नहीं होगा, मुझे कुछ खुद से करना पड़ेगा। अपने आखिरी इग्ज़ैम के एक रात पहले मैं अपने फ्यूचर के बारे में सोच रहा था। मुझे ऐसा लगा कि मैंने इतना पढ़ लिया है कि मेरे अच्छे मार्क्स आ जाएंगे और अब कुछ फ्यूचर के बारे में सोचते हैं। फिर मैंने सोच कुछ बड़ा करते हैं और धीरूभाई अंबानी जी ने बोला है कि जितना बड़ा सोच सकते हो इतना बड़ा सोचो क्योंकि सोच पर कोई टैक्स नहीं है, कोई कंट्रोल नहीं है। मेरे दिमाग में ख्याल आया कि मैं अपना खुद का इंस्टिट्यूट शुरू कर सकता। घंटों पापा को समझने के बाद, बहुत सारे सवालों के जवाब देने के बाद फाइनली मेरे फादर को लगा कि इसने तो सब कुछ प्लान कर रखा है, तो उन्होंने बोला चलो ठीक है देखो क्या होगा कैसे होगा। भगवान की कृपा से मुझे एक चलता चलाया इंस्टिट्यूट मिल गया जो ऑलरेडी सेटअप था और लोगों को पता था कि वहाँ पर एक इंस्टिट्यूट है।

मैंने अपना इंस्टिट्यूट शुरू किया, पब्लिसिटी की, पंपलेट बटवा दिए, बच्चे आने शुरू हो गए। उस समय मैं ₹1000 1 महीने के चार्ज करता था और महीने में 12 क्लास लेता था। उस टाइम पर 20-25 बच्चे हो गए तो ₹25000 आए तो इंस्टिट्यूट का रेंट निकल गया पहले महीने। फिर अगले महीने से बच्चे बढ़ कर 40 - 50 बच्चे हो गए, धीरे-धीरे 100 बच्चे हो गए तो सारे खर्चे निकालने के बाद ₹70000 तक मैं कमा लेता था। इसके बाद मुझे लगा की ₹70000 आ रहे हैं अब एक और ब्रांच शुरू करनी चाहिए और वहाँ पर हम एक्स्ट्रा एक्टिविटीज रखते हैं जैसे- डांस, एरोबिक, म्यूजिक, गिटार, वगैरह। ऐसे ही 17 साल की उम्र में मेरे चार इंस्टिट्यूट हो गए, तो उस टाइम अगर एक इंस्टिट्यूट से 50,000 रुपए भी बच रहे थे तो 2,00,000 रुपए कमाना 17 साल की उम्र में बहुत बड़ी बात होती है।

सवाल: तो जब आप इतना पैसा कमा रहे थे लोग आपको सर सर बोल रहे थे तो आपकी सक्सेस आपके सर पर नहीं चढ़ी?

जवाब: लोग ऐसा बोलते थे कि दिमाग खराब हो जाएगा, जैसे मेरे घर में ही कुछ लोग थे। लोग मेरे फादर को बोलते थे बेटा अभी से पैसा कमा रहा है बिगड़ जाएगा, गलत आदतें हो जाएंगी। लेकिन मैं अपने एक्स्ट्रा टाइम को यूटिलाइज करता था। मैंने दूसरे इंस्टिट्यूट में अप्रोच किया और वहाँ पर मैंने पढ़ाना शुरू कर दिया।

ऐसे ही दो-तीन साल चला और साथ ही मैंने साइकॉलजी ज्वाइन कर लिया था। उसके बाद मैंने अपने बिजनेस मॉड्यूल को थोड़ा सा चेंज करने का सोचा। मैंने एक बिज़नेस प्लान बनाया और एक व्यक्ति के पास मैं सलाह लेने गया। जब मैं उनके पास गया तो वहाँ पर नेटवर्क मार्केटिंग की एक मीटिंग चल रही थी। फिर भी वो मुझसे मिले और अंदर अपने रूम में लेकर गए। आधे घंटे उन्होंने मेरा पूरा बिज़नेस प्लान सुन और उन्होंने 2 कमियां निकलीं; एक तो उसमें रिपीट इनकम नहीं थी और दूसरी चीज़ थी कि मुझे इतना एक्सपीरियंस नहीं था। उन्होंने बोला कि आप इसके ऊपर वर्क करो।

फिर मुझे वो अपनी मीटिंग में लेकर गए और मुझसे बोल कि सबको ईएसबीआई समझाओ। मैंने तो नाइंथ क्लास से ही नेटवर्क मार्केटिंग की ट्रेनिंग ली थी तो वहाँ पर जितने भी नेटवर्क मार्केटिंग के लोग बैठे थे, डिस्ट्रीब्यूटर बैठे थे, मैंने उन्हें ईएसबीआई मॉडल समझाया और सबने मेरे लिए बड़ी तेज तालियां बजायीं। उन्होंने बोला इससे बढ़िया तो किसी ने समझाया ही नहीं। मेरे समझाने पर कुछ लोग जो वहाँ पर नए आए थे उन्होंने ज्वाइन कर लिया। वो सज्जन जिनके घर मैं आया था उन्होंने मुझसे बोला कि "पुष्कर एक आईडिया है। तुम्हें पब्लिक स्पीकिंग पसंद है तुम्हें जल्दी बड़ा करना है और तो तुम नेटवर्क मार्केटिंग ज्वाइन क्यों नहीं करते। यहाँ पर भी तुम पब्लिक स्पीकिंग करोगे।" वह मुझे अपने कुछ बड़े सेमिनार में ले गए और वहाँ मुझे स्टेज पर बुला लिया। इस तरह मैंने नेटवर्क मार्केटिंग में एंट्री ले ली उसके बाद मुझे ऐसा लगता था कि मैं नेटवर्क मार्केटिंग में बहुत बढ़िया करने वाला हूं क्योंकि मोटिवेशन था ही और मोटिवेशन ट्रांसफर करना भी आता था, इसके साथ साथ ऐसा लगता था मुझे बहुत सारे स्टूडेंट जानते हैं वह ज्वाइन भी कर लेंगे। लेकिन वो सब 18 साल से कम थे तो पहले महीने में मुझे एक भी ढंग का बंदा नहीं मिला, दूसरे महीने में और तीसरे महीने में भी यही हुआ के कोई बढ़िया जॉइनिंग नहीं हुई। पहले महीने में मैंने अपने अपलाइन से पूछा कि मुझे इतने पैसे कमाने हैं पहले महीने में यह कैसे पॉसिबल है? उन्होंने कहा की ऐसा नहीं हो सकता। तब मैंने सोचा कि जब मैंने 17 साल की उम्र में छोटा सा इंस्टिट्यूट भी शुरू किया था तो दुनिया ने बोला कि नहीं हो सकता पर किसी तरह हुआ, तो मैं कर सकता हूँ मुझे बस जानना है कि कैसे। तीन महीने फैल्यर देखने के बाद मैं बस छोड़ने ही वाला था कि मैंने अपना फोन उठाया और अपने गुरु जी को फोन किया। मैंने उनको सारी कहानी बताई कि मैंने नेटवर्क मार्केटिंग कंपनी ज्वाइन की है, मैंने इस इस तरीके से काम किया। उन्होंने मुझे बहुत ध्यान से सुना, हमारी डेढ़ घंटे बात हुई फोन पर। उन्होंने मुझे बोला कि "पुष्कर नेटवर्क मार्केटिंग बहुत अच्छा बिज़नेस है, नेटवर्क मार्केटिंग कमाल

का बिज़नेस है। पहली बात तो यह एक बिज़नेस है जिसमें कुछ स्पेशल स्किल चाहिए। यह सिर्फ प्रोफाइल, प्रोडक्ट और प्लान नहीं है, आपको कुछ स्किल सीखनी पड़ती हैं।" उन्होंने मुझे समझाया कि कुछ स्पेशल स्किल हैं जो सीखनी जरूरी है। मैं जानने के लिए एक्साइटिड था वह होती तो उन्होंने मुझे कुछ कोर्स रिकमेंड किए, कुछ किताबें बताईं और उन्होंने खुद भी मुझे ट्रेनिंग दी। 2 महीने मैंने सीखा सीखते सीखते काम किया और मेरा पांचवा चेक एक लाख से ऊपर था तब मुझे लगा कि इस बिज़नेस को बिल्ड करने में टाइम लगेगा। धीरे धीरे मैं आगे बढ़ता गया और 2 साल के अंदर मैं कंपनी में टॉप कमाने वालों में से था। नेटवर्क मार्केटिंग में मेरा फोकस पब्लिक स्पीकिंग पर था और जब मैं इस इंडस्ट्री में आया तो इतना कुछ सीखने को मिला क्योंकि मैं हमेशा से एक लर्नर रहा हूँ। बहुत कम समय में मैंने बहुत कुछ सीख और 2 साल के अंदर मैंने यह फील किया कि नेटवर्क मार्केटिंग के अंदर लोग सच में कामयाब हो सकते हैं और करोड़ों रुपए कमा सकते हैं और यह मोटिवेशन के बारे में नहीं है, बहुत से लोग सोचते हैं कि कोई हमें मोटिवेट कर दे, मोटिवेशन ट्रेनिंग में जाते हैं, मोटिवेशन से कुछ नहीं होगा। एक हाइपोथेटिकल सिचुएशन लेते हैं; हम यहाँ से बाहर निकलते हैं, रोड पर चलते हैं एक अनजान व्यक्ति मिलता है। मैं जेब से ₹10000 निकालता हूं और उसके हाथ में दे देता हूँ। वह एक बार को मुझे देखेगा फिर पैसे देखेगा। वह खुश हो जाएगा। हो सकता है कि वो मुझे गले लगा ले, हो सकता है बोले कि थोड़े और पैसे हैं, क्या थोड़े और मिल जाएंगे, या वह बोलेगा कि थैंक यू मुझे बहुत ज़रूरत थी, आप बहुत अच्छे हो। वह बड़ा खुश होगा। अब मैं बाहर जाता हूँ और उस व्यक्ति को एक मारता हूँ, उसकी नाक पर जाकर घुसा मार देता हूँ। अब वह क्या करेगा? हो सकता है वह मुझे भी मारे, मैंने एक मारा वह दो मारे हो सकता है, पत्थर उठाकर मार सकता है, बुरा भला कह सकता है, गालियां दे सकता है। यह वही व्यक्ति है जो अभी मुझे प्यार कर रहा था और वह नफरत कर रहा है। एक्चुअली इंसान रिएक्ट करता है और रिएक्शन का प्रिंसिपल होता

है मैं जो कुछ भी आपको कहूंगा, आप उसके ऊपर रिएक्ट करोगे। हम सब रिएक्ट करते हैं अगर मैं गलत शब्द यूज करूंगा आपको ज्वाइन कराने के लिए जो कि ज्यादातर लोग करते हैं तो लोग कभी ज्वाइन नहीं करेंगे।

सवाल: उनका रिएक्शन क्या आना है वह ऑलरेडी कंफर्म है?

जवाब: कंफर्म है, यह प्रिंसिपल है रिएक्शन का और अगर आपको पता है कि क्या बोलना है तो लोग एक्चुअल में वैसे ही रिस्पांस करेंगे। मैं साइकोलॉजी स्टूडेंट हूँ तो मुझे एक्जेक्टली पता है कि कोई भी ना नहीं बोलेगा। अक्सर लोग कहते हैं कि 100 लोगों की ना सुनो तुम पक्का ग्रो जाओगे। पर मैं आपको बता रहा हूँ अगर एक इंसान ने ना बोला दूसरे ने ना बोला तीसरे ने ना बोला चौथा भी ना बोलेगा और अगले 94 लोग 95 लोग भी ना बोलने वाले हैं।

सवाल: हाँ अगर आप सेम गलती करते जा रहे हैं फिर परिणाम तो वही आना है।

जवाब: अल्बर्ट आइंस्टाइन ने बोला कि अगर आप एक गलती बार-बार कर रहे हो, अलग रिजल्ट पाने के लिए तो आप पागल हो। यह मैंने समझा फिर मैंने अपना तरीका बदला। अगर मैं किसी को प्रेज़न्टैशन देने जा रहा हूँ तो ना सुनने नहीं जा रहा। मुझे हाँ निकलवाना आना चाहिए। आपके पास वो स्किल होनी चाहिए।

नेटवर्क मार्केटिंग में एक स्किल होती है- प्रोस्पेक्टिंग। मैं इंडिया से बाहर गया, यूरोप के कई कंट्री में गया, वहाँ के टॉप अर्नर से जाकर में मिला, उनके इंटरव्यू किए। बहुत से लोग ऐसे थे जिन्होंने ये इंडस्ट्री ज्वाइन कर्ने के कुछ ही महीनों के भीतर बहुत सक्सेस अचीव कर ली, वो लाखों में कमाने लगे थे। उन सभी लीडर्स के पास कुछ न कुछ सिखाने के लिए था। मैंने देखा कि वह लोग टेक्नोलॉजी में बहुत एडवांस थे तो फिर हमने भी टेक्नोलॉजी का इस्तेमाल करते हुए ऑनलाइन रिक्रूटिंग मेथड निकाला। वह मैंने अपनी टीम के साथ 3 दिन के लिए किया और 200 लोगों को रिक्रूट किया 3 दिन के अंदर।

सवालः यह सारी चीजें आपने इंडिया के बाहर सीखीं। नेटवर्क मार्केटिंग के ऊपर आपके वर्कशॉप हैं फिर आपका यह द बैंग ऑन नेटवर्क मार्केटिंग है। तो इसको कैसे आपने प्राइटी पर रखा?

जवाबः मैं टेन्थ या ईलेवन्थ क्लास में था तब ही मेरे गुरु ने मुझसे एक सवाल पूछा की "पुष्कर ऐसी कौन सी चीज़ है जिसके लिए तुझे पैसे ना भी मिले तब भी तू करना पसंद करेगा?" तो उस टाइम मैंने बड़े-बड़े टॉप ट्रेनर को सुनना शुरू किया था नाइंथ क्लास में टोनी रॉबिंस, रॉबिन शर्मा, शिव खेरा, इन लोगों ने मेरा माइंडसेट चेंज कर दिया था। मैंने उन्हे जवाब दिया कि मैं एक पब्लिक स्पीकर बनना चाहता हूँ।

सवाबः हमारे पाठक आपसे जानना चाहेंगे कि एक मोटिवेशनल स्पीकर बनने के लिए क्या ज़रूरी है?

जवाबः मोटिवेशन और मोटिवेशनल स्पीकर का थोड़ा सा में आईडियोलॉजी मैं क्लियर कर देता हूँ। मैं किसी को मोटिवेट नहीं कर सकता मैं सिर्फ इंस्पायर कर सकता हूँ, मोटिवेट इंसान अपने आपको खुद करता है क्योंकि मोटिवेशन होता है आप क्यों करते हो जो आप करते हो। मैं सिर्फ लोगों को इंस्पायर करता हूँ। अगर आपको मोटिवेशनल स्पीकर बनना है तो आपको लोगों की इंस्पिरेशन बनना पड़ेगा।

सवालः व्यक्ति के पास वह सारी चीज़ें हैं बताने के लिए लेकिन उसको प्रस्तुत करने का एक तरीका क्या होता है? बॉडी लैंग्वेज कैसी होनी चाहिए? शब्दों का चुनाव है कैसे सीखा जाए?

जवाबः वह आता है एक्सपीरियंस से। अगर आप एक अच्छे स्पीकर बनना चाहते हैं तो आप करते रहिए आप एक्सपीरियंस के साथ-साथ सीख जाएंगे। इसके अलावा आप ट्रेनिंग ले सकते हैं, बुक्स पढ़ सकते हैं, किसी अनुभवी व्यक्ति से सीख सकते हैं। मैं एक छोटा सा उदाहरण देता हूँ; अगर मैं गाना गाना सीखना चाहता हूँ, मैं मोहम्मद रफी साहब को सुन रहा हूँ, या लता मंगेशकर को सुन रहा हूँ। सुनकर मैं उस गाने को गाना चाह रहा हूं तो हो सकता है कि मैं सीख जाऊं या फिर मैं एक कोच हायर कर लूँ जिसे सिंगिंग

आती है और वह मेरे सूर को ठीक कराए, मुझे बताए कि ऐसे गाना है तो मैं जल्दी सीख सकता हूँ। इसीलिए आपको ट्रेनर और गुरुजन की जरूरत पड़ती है लाइफ में जल्दी करने के लिए।

सवाल: क्या आपके पास कोई ऐसा प्रोग्राम है?

जवाब: हाँ, मेरा एक एडवांस पर्सनैलिटी डेवलपमेंट कोर्स है - लोक पर्सनैलिटी डेवलपमेंट डॉट कॉम पर जाकर कोर्स सीख सकते हैं। उसमें हमारी 50 दिन की ट्रेनिंग रहती है जिसके अंदर हम कम्युनिकेशन स्किल प्रेजेंटेशन स्किल पर बहुत ज्यादा फोकस करते हैं।

सवाल: आज सोशल मीडिया पर बहुत सारे वीडियोज़ हैं, बहुत सारे स्पीकर और लीडर हैं तो बहुत कंफ्यूजन है कि किसको सुने, किसको फॉलो करें? ज़्यादा लोगों को सुनते हैं तो बातों में कुछ कंट्रोवर्सी भी आ जाती है, तो इसके बारे में आपके क्या विचार हैं?

जवाब: सबसे पहले तो अपना एक आइडियल चुनें, कि इस व्यक्ति से मैं रीलेट करता हूँ कहीं ना कहीं और फिर उसको फॉलो करें। आप अगर किसी को सुन रहे हो, उनके साथ वक्त गुजार रहे हो तो आप जिसको सुनोगे उसकी तरह बनने लग जाओगे सो चूज़ केयरफुली।

सवाल: आप इंडियन और फार्नर सभी तरह के लोगों से मिले हैं। डायरेक्ट सेलिंग का हिंदुस्तान में आप क्या भविष्य देखते हैं?

जवाब: इंडिया की आज की सबसे बड़ी प्रॉब्लम है खाली जेब, लोगों के पास पैसे नहीं है और नेटवर्क मार्केटिंग एक ऐसी अपॉर्चुनिटी है कि लोग पैसे कमा सकते हैं तो नेटवर्क मार्केटिंग अपने आप में एक प्रॉब्लम सॉल्वर है। इसलिए इंडिया में इसका बहुत स्कोप है। हर दिन लोग बढ़ते जा रहे हैं। हर रोज लाखों लोग 18 साल के हो रहे हैं तो यहाँ पर अनलिमिटेड सप्लाई है लोगों की। मैं यूके गया था और वहाँ एक लेडी का मैंने इंटरव्यू लिया था। तो उस लेडी ने बोला “वी आर इन यूके, हमारी पॉपुलेशन कुछ नहीं है 5-10 करोड़, लोग तुम 130 करोड़ लोग हो और इंडिया में लोगों को पैसा चाहिए।”

लेकिन समस्या यह है कुछ लोगों को लगता है कि अब मेरा पड़ोसी रामलाल जुड़ गया श्यामलाल जुड़ गया बाकी लोग कहाँ से आएंगे? ऐसा नहीं है कि हमारे पड़ोस में, गली मोहल्ले में जो लोग हैं उन्हें ही ज्वाइन कराना है, तुम्हारे पास अनलिमिटेड मार्केट है और नेटवर्क मार्केटिंग में मैंने जो सबसे बड़ी चीज़ कमाई है वह है लोग जो कि मेरे जानने वाले नहीं थे।

सवाल: बहुत सारे यंगस्टर्स आपसे इंस्पायर्ड हैं। उनको इतना अच्छा लग रहा है नेटवर्क मार्केटिंग कि वह पढ़ाई छोड़ कर इसे फुल टाइम करना चाहते हैं। तो आप की क्या सलाह है ऐसे लोगों के बारे में?

जवाब: ऐसे लोगों को मैं बताना चाहता हूँ कि ऐसा नहीं होता। लोग कहते हैं कि हमें वक्त नहीं मिला हम पढ़ाई इतनी करते हैं कि हमें नेटवर्क मार्केटिंग करने का टाइम नहीं मिल रहा। मैं कहता हूँ जितना टाइम है तुम्हारे पास पहले उतने टाइम में अपने आप को प्रूफ तो करो। तुम क्या पार्ट टाइम में 25,000-30,000 कमा पा रहे हो? अगर तुम पार्ट टाइम में कुछ नहीं कर पा रहे तो फुल टाइम में भी कुछ नहीं कर पाओगे तो डुनॉट लीव एनीथिंग।

सवाल: मैंने कहीं पढ़ा कि यह पार्ट टाइम का काम नहीं है, यह एक डिसिप्लिन में रहकर सिस्टमैटिक टाइम देने का जॉब है।

जवाब: ऐसा नहीं है। बहुत से लोग हैं जो पढ़ाई के साथ या जॉब के साथ भी इसको कर रहे हैं। मैं जब कॉलेज में था तब मैं कॉलेज के साथ साथ लाखों रुपए कमाता था नेटवर्क मार्केटिंग में।

सवाल: अब बारी है फनी मोमेंट ऑफ द लाइफ की। क्या आपकी लाइफ में कुछ ऐसे मोमेंट हैं जिन्हें आप हमारे पाठकों के साथ शेयर करना चाहेंगे?

जवाब: एक इम्बैरेसिंग मोमेंट मुझे याद है। मैंने बहुत सारे कोर्स करने शुरू किए थे जब मैं नौवीं कक्षा में था। तो हमारे स्कूल में डिबेट कंपटीशन हुआ था जिसमें मुझे भी एक स्पीच देनी थी। हमारे स्कूल में ऐसे होता था कि पोडियम पर आना था और असेंबली में हजारों बच्चों के सामने आकर स्पीच देनी है। तो मैंने 1 महीने तक स्पीच की प्रिपरेशन की लेकिन मैं जब सामने

आया तो कुछ बोल नहीं पाया, मैं अपनी सारी स्पीच भूल गया। मैंने एक पर्ची रखी हुई थी अपने ब्लेज़र में उसमें सारी स्पीच लिखी हुई थी, मैंने सोचा था कि अगर मैं कुछ भूल गया तो मैं उसको निकाल कर पढ़ लूंगा तो मैंने उसे निकाला, सामने रख दिया, लेकिन मैं कुछ पढ़ नहीं पा रहा था। मैं बहुत नर्वस हो गया था। इसको स्टेज फोबिया आप कह सकते हैं, मैं कुछ बोल नहीं पाया, मेरे पैर नीचे से कांप रहे थे, दिखाई नहीं दे रहे थे क्योंकि मैं पोडियम के सामने खड़ा था। आज मैं कभी पोडियम यूज़ ही नहीं करता और मुझे मजा आता है स्टेज पर चलने में। ऐसा कहते हैं कि दुनिया में जो सबसे बड़ा डर होता है, मौत से भी बड़ा, वह पब्लिक स्पीकिंग का डर होता है। वह मेरे लिए लाइफ का सबसे बड़ी इम्बैरेसिंग मोमेंट था।

पूरा इंटरव्यू देखने के लिए हमारे यू-ट्यूब चैनल 'चैट विद सुरेन्द्र वत्स' पर एपिसोड नंबर 9 "The Person who Retired at the Age of 24" पुष्कर राज ठाकुर देखिए।

Prem Kumar

- ***Successful Business Leader***
- ***Traveller***
- ***Mentor***

सुरेन्द्र वत्स विद प्रेम कुमार - एपिसोड 10

प्रेम कुमार डायरेक्ट सेलिंग इंडस्ट्री का एक जाना माना नाम हैं। इस चैप्टर में हम उनकि लाइफ और उनके स्ट्रगल्स के बारे में पढ़ेंगे।

सुरेन्द्र वत्स के सवाल प्रेम कुमार के जवाब:

सवाल: प्रेम जी सबसे पहले तो हमारे पाठकों को अपने बैकग्राउंड से अवगत कराइए।

जवाब: 17 नवंबर 1981 को मेरा जन्म हुआ। मेरे पिताजी गवर्नमेंट कर्मचारी थे और हम लोअर मिडल क्लास से हैं। बड़ी मुश्किल से मैंने दसवीं की एजुकेशन की। जब मैं दसवीं क्लास में था तो मेरे माता पिता की एक ही ख्वाहिश थी कि आने वाले टाइम में बेटा अच्छा करे। इसीलिए पिताजी ने बहुत ही अच्छे स्कूल में एडमिशन कराया था। जिस स्कूल में मेरा एडमिशन हुआ उस स्कूल में मैं इकलौता स्टूडेंट था जो एक जॉब करने वाले का बच्चा था बाकी सभी के बच्चे किसी ना किसी बिज़नेस फैमिली से बिलॉन्ग करते थे या फिर हाई क्लास लेवल के उनके पिता थे। जब मैं उनके साथ उठता बैठता था तो मुझे लगता था कि मैं किस फैमिली से बिलॉन्ग करता हूँ, भगवान ने मुझे ऐसी जगह पर जन्म दे दिया जहाँ मैं अपने सपनों को पूरा नहीं कर सकता हूँ। मेरा माइंड हमेशा यह सोचता था मैं अपनी जिंदगी में कैसे आगे बढ़ सकता हूँ। बड़ी मुश्किल से धक्का मारकर मैंने दसवीं तो पास कर लिया और उसके बाद मैं जॉब करने के चक्कर में लग गया। जब जॉब में गया तो जिस हिसाब से एजुकेशन था उसी हिसाब से सैलरी मिलती थी लेकिन मैं सोचता था कि कुछ ना कुछ सीखने को मिलेगा और सीखने के बाद कुछ अपना करूंगा, अंदर से एक लालसा थी बिज़नेस करूंगा, बिज़नेस करके अपनी जिंदगी को अच्छा करूंगा। उसी दौरान एक कंपनी में मैंने नौकरी शुरू की और मेरी लाइफ की पहली सैलरी थी 1100 रुपए। मेरी कंपनी मेरे घर से लगभग 3 किलोमीटर दूर थी तो मैं अपने पैसों को बचाने के लिए रोज पैदल जाता था। इसी तरीके से जिंदगी कट रही थी, धीरे-धीरे

टाइम बीतता गया उसके बाद नेटवर्क इंडस्ट्री के बारे में किसी से मुझे पता चला कि यह एक ऐसी इंडस्ट्री है जहाँ पर बिना पैसे लगाए आप अपनी जिंदगी को बदल सकते हैं। 1999 में जब मुझे यह पता चला तो मैंने कुछ लोगों से बात की, कुछ लोगों से इसके बारे में चर्चा की, कि ऐसा कुछ है क्या, बिना पैसा लगाए बिज़नेस हो सकता है, तो मार्केट में जवाब आया कि नहीं ऐसा कुछ नहीं होता, यह सब लोगों को फंसाने का काम है। मुझे लगा जब इतने सीनियर लोग कह रहे हैं तो हो सकता है इसमें सच्चाई हो। मैंने अपने फादर से इस बारे में पूछा उन्होंने कहा कि नहीं ऐसा कुछ नहीं होता इस दुनिया में सिर्फ दो ही चीज़ें चलती हैं एक नौकरी और दूसरा बिज़नेस। बिज़नेस करने के लिए पैसा चाहिए और अगर पैसा नहीं है तो बिज़नेस नहीं है। चाहे पान की दुकान लगाना हो तो भी पैसा चाहिए। ऐसा कौन सा बिज़नेस है जिसमें बिना पैसा लगाए आप अमीर बन सकते हो? मुझे लगा कि सही कह रहे हैं मुझसे ज्यादा एक्सपीरियंस है, मुझसे एज में बड़े हैं। मैं फिर अपनी नौकरी करने लगा और अपने सपनों को खत्म होते हुए देखता रहा जो मैंने स्कूल के टाइम में देखा था।

धीरे-धीरे दिन बीतते गए, 1100 रुपए की नौकरी से करते करते 5000, 10000, 11000 रुपए की नौकरी पर जब मैं पहुंचा तो मेरी फिर से 2012 में एक शख्सियत से मुलाकात हुई जिन्होंने फिर मुझे डायरेक्ट सेलिंग के बारे में बताया। 2012 तक कुछ लोग इसके बारे में जानने लग गए थे कि यह इंडस्ट्रीज है क्या। उस व्यक्ति ने मुझे बताया कि डायरेक्ट सेलिंग है क्या इसमें पैसा आता कैसे हैं और पैसा लगाना क्यों नहीं है। ये सब चीज़ें क्लियर हो गई थीं। पैसा आता कैसे हैं यह भी पता चल गया था, मुझे मेरे प्रश्नों के उत्तर मिल गए थे।

सवालः हमारी इस इंडस्ट्री में लोग सबसे ज्यादा मोटिवेट होते हैं कि आपकी इनकम क्या है, आपके पास गाड़ी कौन सी है, आपका लाइफस्टाइल क्या है तो अगर आपको आपत्ति नहीं है तो अगर आप बताएंगे तो बड़ा अच्छा लगेगा सर।

जवाब: मैं यह समझता हूँ कि अगर मैं लोगों से शेयर करूं हो सकता है उनकी जिंदगी में भी कुछ बदलाव आए, मोटिवेशन मिले और उनको समझ में आए कि क्यों करना है डायरेक्ट सेलिंग। जब मैंने 2012 में शुरुआत किया तो एक छोटे से इनकम से स्टार्ट किया पहले महीने की मेरी जितनी इनकम थी उतने से पूरे महीने का दूध का खर्चा ना चले, पहले महीने में मैंने 810 रुपए कमाए थे और जो व्यक्ति 11000 रुपए कमा रहा हो जॉब से और उसे 810 रुपए मिलें तो उसके घर का दूध का खर्चा भी नहीं चलेगा। आज 6 साल से ऊपर हो गए हैं मुझे इस इंडस्ट्री में और 6 साल के अंदर में अचीवमेंट की बात करूं तो दिल्ली जैसे शहर के अंदर करीब 3 करोड़ से ऊपर का मकान है, किराए के मकान से यहां तक का सफर तय किया अगर मैं गाड़ी की बात करूं तो मोटरसाइकिल से चलते हुए आज दो लग्ज़री गाड़ी हैं और अगर मैं लास्ट फाइनेंसियल ईयर की बात करूं बड़ी छोटी सी इनकम है 2.29।

सवाल: मतलब 2 लाख 29 हजार???

जवाब: 2 लाख 29 हजार तो मेरे महीने का टीडीएस भी नहीं होगा, पूरे साल की इनकम दो करोड़ तीस लाख से ज्यादा है।

सवाल: मतलब शुरुआत 810 रुपए से हुई 2012 में आज हम 2019 में, 7 साल में आप इतनी बड़ी इनकम पर हैं। क्या आपने कभी सोचा था कि 6-7 साल में इस लेवल पर पहुचेंगे?

जवाब: मैंने बिल्कुल भी नहीं सोचा था कि ऐसा कुछ हो जाएगा। मैंने यह सोचा था कि 11000 से 50000 महीना हो जाए तो एक अच्छी लाइफ स्टाइल हो जाएगी लेकिन जब इस इंडस्ट्री में आया तो बहुत कुछ सीखने को मिला, जानने को मिला इस इंडस्ट्री के बारे में कि इंडस्ट्री में क्या-क्या हो सकता है तो आज जो यह इनकम आ रही है साल की बहुत छोटी लग रही है, अभी भी उम्मीद है कि आने वाले कुछ साल के बाद यह महीने की इनकम हो सकती है।

सवाल: देखने वालों को बस यह नजर आता है कि प्रेम कुमार जी के पास बहुत बड़ी गाड़ी है लास्ट फाइनैंशल ईयर में इतना पैसा कमाया है वह सब दिखाई देता है। लेकिन आप हमारे पाठकों को यह भी बताएं इसके लिए आपने कितनी मेहनत की है।

जवाब: यह बात बिल्कुल सही है कि लोगों को हमेशा फ्रंट नज़र आता है ये नहीं नज़र आता कि कितनी मेहनत की है। मुझे वह दिन याद है जब मैंने 2012 में इस बिज़नेस को स्टार्ट किया तो 8 घंटे की नौकरी करने के बाद, पार्ट टाइम में जब मैं फील्ड में निकलता था तो लोग बहुत ताने मारते थे कि, “क्या काम है किन जगहों में पड़ गए हो। लोग सुबह जाते हैं और फिर शाम को लौट आते हैं, तुम शाम को घर आने के बजाय बाहर से बाहर निकल जाते हो, बैग लेकर निकलते हो एक हाथ में लंच होता है दूसरे हाथ में तुम्हारे प्रोडक्ट के बैग होते हैं।” मुझे एक चीज़ समझ में आ गई थी कि लाइफ में सबसे कीमती चीज़ समय है, जिसके पास समय है वही अपनी जिंदगी का सबसे अमीर इंसान है। इस इंडस्ट्री में शुरुआती दौर में आपको समय की इन्वेस्टमेंट करनी होती है।

सवाल: आपने जब इस बिज़नेस की शुरुआत की उस समय आप 24 घंटे में से आप कितने घंटे काम करते होंगे?

जवाल: स्टार्टिंग में तो मैंने इसे पार्ट टाइम किया उसके बाद मैंने अपनी जॉब छोड़ दी और मैंने इसे फुल टाइम करना शुरू कर दिया। कई बार ऐसा होता था कि सुबह निकलता था तो 3-4 दिन तक घर पर वापस नहीं आता था और लोगों को यह लगता था कि यह तो पहले अच्छा था 10000, 12000, 15000 कमा रहा है लेकिन अब तो 3-4 दिन तक घर पर नहीं आता। कई बार घर वाले भी कहते थे कि इतने दिन घर से बाहर रहना की क्या ज़रूरत है, ऐसे पैसे का क्या फायदा है? उनको एक चीज़ मैंने समझाया कि 5 साल अगर आप इस इंडस्ट्री के अंदर टिक कर तो आपकी पूरी जिंदगी में टाइम ही टाइम होगा। तो शुरुआती दौर में समय देना पड़ता है लोग 8

घंटे भी करते हैं 18 घंटे भी करते हैं और हमने इस इंडस्ट्री के अंदर 20 घंटे भी में काम किया है।

सवाल: 20 घंटे काम करते थे थकान महसूस नहीं होती थी?

जवाब: थकावट महसूस होती थी लेकिन उसके साथ-साथ ये भी पता था कि अगर आज 20 घंटे काम कर लिया तो आने वाले कुछ समय के बाद 2 घंटे काम करने की ज़रूरत भी नहीं होगी।

सवाल: इसीलिए आपको एक नाम दिया गया है केलकुलेटर मास्टर। इसकी कहानी क्या है? यह खिताब कैसे मिला आपको?

जवाब: जब मैं इस इंडस्ट्री में आया 2012 नवंबर में तो जिस कान्सेप्ट के साथ मैंने शुरू किया ये था कि जो पहले आता है वह व्यक्ति कमाता है बाद वाला व्यक्ति नहीं कमाता। मैंने भी ऐसा ही सुना था तो मैं एक बार बैठा हुआ था उस व्यक्ति के साथ जो मुझे इस इंडस्ट्री में लेकर आया, मैंने जब उनसे यह बात पूछी कि मैं तो आज 5 साल के बाद आया हूँ इंडस्ट्री में, तो इसका मतलब है कि मैं तो टॉप पर नहीं जा सकता हूँ तो उन्होंने मुझे कुछ चीज़ें बताईं। जब मैंने उनकी बातों पर मंथन करने के बाद काम करना शुरू किया और काम करते करते आज की डेट में मैं टॉप लेवल पर हूँ।

तो जब टॉप लेवल पर पहुँचा तो लोगों ने एक खिताब दे दिया कि इस शख्स के पास हर एक चीज़ का कैलकुलेशन है।

सवाल: आपकी जो कैलकुलेशन है वह क्या कह रही है कि आने वाले समय में हमारे देश में डायरेक्ट सेलिंग का व्यापार कैसे बढ़ेगा?

जवाब: डायरेक्ट सेलिंग के व्यापार की अगर मैं बात करूं तो आज की डेट में लोग स्कूल कॉलेज में एडमिशन करवाते हैं पढ़ाई करके बाहर निकलते हैं, उसके बाद वह जॉब के लिए प्राइवेट कंपनी या गवर्नमेंट कंपनी में वैकेंसी के फॉर्म भरते हैं। हर कंपनी के पास हर गवर्नमेंट के पास एक लिमिटेड वैकेंसी है लेकिन पॉपुलेशन लिमिटेड नहीं है। नेटवर्क इंडस्ट्री का कैलकुलेशन मेरा यह कहता है कि यह एक ऐसी इंडस्ट्री है जिसमें वैकेंसी कभी खत्म नहीं होने वाली है क्योंकि यह जिंदगी भर चलने वाला रोजगार

है। जिस तरीके से हम नहाना बंद नहीं कर सकते, खाना बंद नहीं कर सकते, इसी तरह इस इंडस्ट्री के अंदर वैकेंसी कभी खत्म नहीं हो सकती।

सवाल: जब हम इस इंडस्ट्री के आंकड़े देखते हैं तो यह पाते हैं कि युवा इस इंडस्ट्री में बड़ी तेजी से आ रहे हैं? क्या इसे कैरियर के रूप में सुन सकते हैं?

जवाब: हर इंसान अपने कैरियर के लिए पढ़ाई करता है। फिर भी जब वह जॉब मांगने के लिए जाता है उनका एक मैसेज फिक्स होता है कि आपकी यह क्वालिफिकेशन है, इस क्वालिफिकेशन के आधार पर आपको इतना पैकेज दिया जाएगा। फिर क्वालिफिकेशन प्लस एक्सपीरियंस दोनों के हिसाब से उनका पैकेज फिक्स होता है। यह एक इकलौती इंडस्ट्री है जिसके अंदर ना क्वालिफिकेशन देखा जाता है एक्सपीरियंस देखा जाता है, जात, धर्म, रंग, रूप, कुछ नहीं देखा जाता। यहाँ पर सिर्फ आपकी इच्छाएं देखी जाती हैं। मैं जब इस इंडस्ट्री में आया था तब मैं सिर्फ दसवीं पास था और आज भी दसवीं पास हूँ। लेकिन इस इंडस्ट्री ने मेरे अंदर का कॉन्फिडेंस लेवल हाई कर दिया।

सवाल: जो हमारा पुराना एजुकेशन सिस्टम है वो ये है एक सिलेबस है, एक एग्ज़ामिनेशन है, फिर मार्किंग सिस्टम है तो एक व्यक्ति को इस इंडस्ट्री में कामयाब होने के लिए क्या एजुकेशन पैटर्न है?

जवाब: जिस तरीके से हम अपने बच्चों का एडमिशन करवाते हैं, फर्स्ट क्लास, सेकंड क्लास, थर्ड क्लास करते करते हुए वो आगे का एजुकेशन लेता हुआ चला जाता है सेम इस इंडस्ट्री में भी स्टेप बाय स्टेप एजुकेशन चलता है और वह एजुकेशन सिस्टम ही आपको आगे लेकर जाता है। इस बिज़नेस में भी आपको इस बिज़नेस की पढ़ाई करनी जरूरी है। बिज़नेस में क्या-क्या चीज़ें करनी है, किस तरीके से करनी है, क्या काम करना है, क्या काम नहीं करना है, सबसे इंपोर्टेंट चीज़ होता है क्या करना है यह पता होता है लेकिन क्या नहीं करना वह नहीं पता होता है और वह पता करने के लिए एजुकेशन लेना पड़ता है। इस इंडस्ट्री में आने के बाद अपने खर्चों

को सीमित करके अगर हम अपनी एजुकेशन के ऊपर काम करें तो इस इंडस्ट्री में बहुत आगे जा सकते हैं और अपने सपनों को पूरा कर सकते हैं।

सवाल: मतलब इन सब एजुकेशन, किताबों और ट्रेनिंग में यह ना देखें कितना पैसा खर्च हो रहा है?

जवाब: बिल्कुल। आज मुझे अपने बेटे को मेडिकल में एडमिशन करवाना है, डॉक्टर बनाना है तो हम उस टाइम यह नहीं देखते कि कितनी इन्वेस्टमेंट हो रही है उस टाइम हम कैसे भी करके उसका एडमिशन करवाते हैं क्योंकि जब वह वहाँ से पढ़कर निकलेगा तो सब कुछ बराबर हो जाएगा। तो अगर आपने चंद रुपए इन्वेस्ट किए इस इंडस्ट्री में तो आपकी जिंदगी में पूरी तरह से परिवर्तन आएगा।

सवाल: सर जब नेटवर्क बनता है बहुत सारे लोग होते हैं नेटवर्क में तो 500 लोग हैं 5000 लोग हैं तो इतने सारे लोगों को कैसे खुश रखा जाए?

जवाब: 500 लोगों से रिलेशन बनाना, 5000 लोगों से रिलेशन बनाना पॉसिबल नहीं है लेकिन 5 लोगों से रिलेशन बनाना बहुत इजी है जिस तरीके से जब शादी हो जाती है हम वाइफ से रिलेशन बनाते हैं, बच्चों के रिलेशन बनाते हैं, बच्चे होने के बाद फिर जब उनकी शादी होती है उनके बच्चे अपनी वाइफ से रिलेशन बनाते हैं, वह फिर अपने बच्चों से रिलेशन बनाते हैं, तो एक दूसरे से रिलेशन बनता हुआ चला जाता है तो इस इंडस्ट्री के अंदर भी जो हमारे साथ लोग आए हैं उनसे हमें रिलेशन बनाना होता है और हम उनसे जैसा रिलेशन बनाते हैं वह फिर अपनी टीम के साथ वैसा रिलेशन बनना शुरू कर देते हैं डुप्लीकेट होना शुरू कर देते है। जैसे कहावत है कि जो बोओगे वही काटोगे तो आप जैसा रिलेशन बनाओगे वैसे ही नीचे चलता हुआ चला जाता है।

मतलब मैं यह सोचूँ कि मुझे 500 लोगों की चिंता नहीं करनी है मेरे जो नजदीकी लोग हैं जिन्हें हम बिज़नेस की भाषा में डायरेक्ट कहें वह जो 4-5-10 लोग हैं उनसे अगर मेरे अच्छे रिलेशन होंगे तो नेचुरल वह डुप्लीकेशन होगा और सारी टीम में अच्छा रिलेशन होगा।

और डायरेक्ट सेलिंग रिलेशन का ही बिज़नेस है, जितना अच्छा आपका रिलेशन होगा उतना ही अच्छा आपका बिज़नेस चलेगा, काम करने में मजा आएगा। थोड़ा बहुत ऊपर नीचे चलता रहता है, कहा जाता है कि जब घर में चार बर्तन होते हैं तो आवाज आती है। अगर कुछ प्रॉब्लम हैं तो बैठ कर बात की जाए जिस तरीके से घर का मुखिया होता है उसी तरीके से आप अपने नेटवर्क के मुखिया हैं, आपको उन्हें समझाना है और समझा कर उनको अपने साथ लेकर चलना है और रिलेशन बना कर रखना है।

सवाल: जब एक डायरेक्ट सेलर इंडस्ट्री में आता है तो कभी कभी उसको ज़रूरत से ज़्यादा टाइम लग जाता है। जो उसने सोचा है वो उसको जल्दी नहीं मिलता तो ऐसे समय में उसकी मानसिक स्थिति बिगड़ने लगती है तो उस स्थिति से कैसे निपटा जाए?

जवाब: जब हम किसी भी नए व्यक्ति को इस इंडस्ट्री में लेकर आते हैं तो उसको बड़ी मीटिंग में लेकर जाते हैं या उसको बैठाकर बहुत सारी चीज़ें समझाते हैं तो जब वह समझता है कि मैं मार्केट में जाऊंगा जिसको कहूँगा वह सब आदमी मेरी बात मानेंगे यानी इस बिज़नेस में कूदने के साथ ही हमारे सारे सपने पूरे हो गए यह सोचना शुरु कर देता है। तो इस बिज़नेस में जब आदमी आता है तो उसे सीखना बहुत ज़्यादा ज़रूरी है। जो भी चैलेंज आएंगे मार्केट में उस चैलेंज को फेस करना पड़ता है और वह चैलेंज को फेस जब ही कर सकता है जब उसने सीखा हो और अगर नहीं सीखा है तो वह चैलेंज को फेस ही नहीं कर सकता। तो कुछ समय के बाद वह छोड़ देता है लेकिन जिस व्यक्ति ने सब कुछ समझा होगा सब कुछ सीखा होगा नॉलेज होगी तो वह हर चैलेंज को फेस कर सकता है। उस व्यक्ति को यह पता है कि स्टार्टिंग में यह प्रॉब्लम आती है और वह हर एक व्यक्ति के साथ आती है चाहे कोई भी आए जिसने शुरू किया है, बिज़नेस को उसके साथ यह प्रॉब्लम आनी ही आनी है, जो मेरे साथ हो रहा है वह कुछ नया नहीं हो रहा है जिससे मैं मिला था उसके साथ भी यह हुआ था तो मेरे साथ भी यह होगा यह चैलेंज आएगी ही।

सवाल: आखिर में सर हम आपकी ज़िंदगी के उन फनी मोमेंट्स के बारे में जानना चाहेंगे जो आज भी आपको याद है।

जवाब: मुझे एक किस्सा याद है। मैंने पहले ही कहा था कि मैं एजुकेशन वॉइस बहुत कम हूँ बड़ी मुश्किल से मैंने दसवीं पास की थी जब मैं फर्स्ट टाइम फ्लाइट में बैठा। इत्तेफाक से मेरी सीट इमरजेंसी गेट के पास थी जब एयर होस्टेस आई समझाने के लिए तो उसने बताना शुरू किया तो मैं भी अपना सर हिलाता गया तो लास्ट में उसने पूछा यू आर कंफर्टेबल? मैंने बोला मैडम आपने क्या बोला मेरे समझ में नहीं आया। पहले मैं उसकी शक्ल देख रहा था बाद में वह मेरी शक्ल देखती रही कि क्या हो गया।

पूरा इंटरव्यू देखने के लिए हमारे यू-ट्यूब चैनल 'चैट विद सुरेन्द्र वत्स' पर एपिसोड नंबर 10 "सफ़लता शिक्षा का मोहताज़ नहीं " प्रेम कुमार देखिए।

Harshvardhan Jain

- *Corporate Trainer*
- *Legend of Direct Selling*
- *YouTuber*
- *Traveller*

सुरेन्द्र वत्स विद हर्षवर्धन जैन - एपिसोड 11 पार्ट 1

इस चैप्टर में हम जिनके बारे में जानेंगे उनके पास डायरेक्ट सेलिंग इंडस्ट्री का 19 सालों का एक्सपीरियंस है,15 से ज़्यादा फॉरेन टूर कर चुके हैं, मरसीडिस, फॉर्च्यूनर जैसी 5 गाड़ियाँ मेनटेन करते हैं और यू-ट्यूब पर इनके 5 लाख से ज़्यादा सब्सक्राइबर्स हैं आज हमारे मेहमान हैं श्री हर्षवर्धन जैन।

हर्षवर्धन जैन: सर, बहुत बहुत धन्यवाद कि आपने आज याद किया। जब मैंने ये पहली बार सुना कि कोई एक व्यक्ति है जिसने ये इनिश्यटिव लिया है कि बड़ी बड़ी कंपनियों के दिग्गजों को एक मंच पर ला कर खड़ा कर दिया है, जहाँ लोग अपनी सक्सेस स्टोरीस शेयर करते हैं तो मुझे बहुत खुशी हुई और मैं बहुत बेताब था आने के लिए। आप इंडस्ट्री के लिए बहुत बड़ा काम कर रहे हैं।

सुरेन्द्र: इसके पीछे एक छोटी सी कहानी है, मैं पाठकों से शेयर करना चाहता हूँ। 2011-12 का जो टाइम था, वो इंडस्ट्री के लिए बहुत टफ टाइम था, उस समय मैंने देखा कि बहुत सारी अच्छी कंपनियाँ जो एक अच्छी सोच के साथ में काम कर रही थीं, उनको भी बुरे दिन देखने पड़े। उस समय कुछ नई एसोसिएशन आगे आए तो मुझे अपॉर्च्युनिटी मिली इस इंडस्ट्री में एसोसिएशन्स के साथ क्लोसली काम करने की। उस समय मैंने महसूस किया कि हम लोग आगे तो बढ़े हैं, मतलब हमारी संख्या बहुत बढ़ी है, लेकिन हम लोग यूनाइटेड नहीं हैं और संस्कृत में एक कहावत है 'संघे शक्ति कलियुगे' यानी 'कलियुग में सबसे बड़ी शक्ति है संगठन'। तो हम लोगों ने एक ऑर्गेनाइजेशन बनायी 'डायरेक्ट सेलिंग इंडस्ट्री व्यूटर वेलफेयर एसोसिएशन', उसमें हम लोगों ने प्रयास किया कि हम सभी कंपनियों को एक मंच पर लेकर आयें लेकिन वो बहुत टेढ़ा काम था मेंढकों को तराजू में तोलने जितना टेढ़ा।

हर्षवर्धन: वो उतना ही मुश्किल था जितना सरदार वल्लाभाई पटेल के लिए रियासतों को एक साथ करना था।

सुरेन्द्रः एक्जैक्टली। ये एक मुश्किल काम था लेकिन उसकी पॉवर हमें समझ में आयी। जब हमने एक प्रोग्राम किया, जन्तर मन्तर पर, उसमें बहुत सारी कंपनीज़ आईं। ये वो टाइम था जब हमें कोई लेने के लिए तैयार नहीं था मतलब हमारा कोई माई-बाप नहीं था। हम लोग जिस भी मिनिस्ट्री में जाते, उसका जवाब आता आपका काम हम लोगों के अधीन नहीं आता, आप कॉमर्स में जाइए, कॉमर्स में जाते वो कहते कि नहीं-नहीं आप हमारे अंदर नहीं आते। हमने उस समय कई सारे डिपार्टमेंट में जाकर अपना ज्ञापन दिया तो फाइनली 2016 में सेंट्रल गवर्नमेंट ने गाइडलाइन जारी कर दी। धीरे-धीरे चीज़ें बदलने लगीं। उसके बाद मुझे लगा कि क्यों ना ऐसा प्रयास किया जाए कि इस डायरेक्ट सेलिंग इंडस्ट्री को एक मंच पर लाया जाए। लेकिन शुरू करना बहुत आसान होता है, जब तक सहयोग ना मिले, आपका अच्छे से अच्छा विचार भी बेकार हो जाता है। अच्छी बात ये रही, कि इंडस्ट्री का प्यार मिला।

जैन साहब एक मज़ेदार घटना बताता हूँ, ये जनवरी, 2018 की बात है, मैं बैंगलोर में था, एक नेचुरोपैथी सेंटर में, वहाँ पर मैं कुछ हैल्थ बेनिफिट्स। वहाँ पर शाम को थोड़ा टाइम रहता था तो यू-ट्यूब पर वीडियो देख रहा था। मुझे एक व्यक्ति दिखे जो चेहरे-मोहरे से ऐसे लग रहे थे कि जैसे कोई अंग्रेज है, उनका मैंने वीडियो क्लिक किया, उनकी आवाज सुनी, तो मालूम चला कि यह हर्षवर्धन जैन साहब हैं।

मुझे आपका कटैन्ट इतना अच्छा लगा कि जितनी भी वीडियो उस समय तक आपके चैनल पर थी, वो मैंने सारी देख ली और ना केवल देखी, उनको मैंने इंप्लीमेंट किया अपने जीवन में, अपने बिज़नेस में।

सुरेन्द्र वत्स के सवाल हर्षवर्धन जैन के जवाबः

सवालः सर सबसे पहले तो हमारे पाठकों को अपने बैकग्राउंड के बारे में बताइए। आप कहाँ से हैं?

जवाबः मैं एक गाँव का एक साधारण सा लड़का हूँ, मीडिल क्लास परिवार में जन्म हुआ । मेरे मदर फादर की शादी के 11 साल तक उनके घर में

कोई सन्तान नहीं हुई तो भारत में जब किसी जोड़े के यहाँ सन्तान नहीं होती तो वो पंडित जी के पास ज़रूर जाते हैं। तो जब मेरे पेरेंट्स ने जा कर पंडित जी से पूछा, तो उन्होंने बोला, महापुरूषों को आने में टाइम लगता है थोड़ा। ये बात मुझे कई सालों तक पापा जी और मम्मी जी कहते रहे। 1980 में मेरा जन्म हुआ, जयपुर से 18 किमी दूर एक छोटा सा गाँव है, वहीं मैं पला-बढ़ा। 3-4 साल का हुआ तब तक घर से 1 किमी की दूरी पर तालाब था वहाँ मैंने नहाना चालू कर दिया था। 5 साल की उम्र में पानी में कूदना चालू कर और बाकी लड़कों को देखते हुए कि वो ऊँचाई से कूद रहे हैं, मैं भी थोड़ा और ऊँचाई से कूदना शुरू कर दिया, 5 फीट, 10 फीट, 15 फीट और गाँव में जो तालाब 40 फीट तक लबालब भरते थे, उन तालाबों में कूदना चालू कर दिया। 9-10 साल तक पानी में तैर-तैर कर मैं स्विमिंग में एक्सपर्ट हो गया लेकिन स्विमिंग पूल नहीं थे, उधर भैंसे नहाती थी, इधर हम नहाते थे और लाइफ को बिंदास जीते थे। तैरने में एक्सपर्ट होने के बाद जीवन में कॉन्फिडन्स बढ़ गया। अब हर पिता कि तरह मेरे पिताजी को भी डर लगता था, तो एक दिन बहुत पिटाई की, तशरीफ़ लाल कर दिया। बहुत बाद में गुरू जी ने बताया कि 'जिसको बचपन से माँ की बातें और पिताजी की लातें मिलती हैं, वो जीवन में बड़ा ज़रूर बनता है' तो वो मुझे भरपूर मात्रा में मिली। बाद में समझ में आया कि 5 वर्ष तक तो किसी बच्चे को मारना नहीं चाहिए, 16 वर्ष के बाद भी नहीं मारना चाहिए लेकिन 5 से 16 के बीच में जितना हो सके उतना उस पर प्रैक्टिस कर लेनी चाहिए।

सुरेन्द्र: हमारे शास्त्रों में भी इसके बारे में लिखा है कि 'पंचवर्षाणी लाड़ येत्, दस वर्षाणी ताड़ येत्, प्राप्येतु सोडयम् वर्षे, पुत्र मित्रवत आचरेत'। यानी लाड़-प्यार करो 5 साल तक, उसके 10 साल के बाद आप उसको डांटो भी, उसको आप डिसीप्लीन में रखो, जब बच्चा आपका 16वें साल में प्रवेश कर जाए, फिर आपका पुत्र नहीं रहता वो मित्र हो जाता है, वैसा आचरण करो।

हर्षवर्धन जैन: जी सर, 9 साल का होते होते मैंने क्रिकेट खेलना भी शुरू किया और अपने एरिया का सबसे अच्छा क्रिकेटर भी बना और कई ट्रॉफ़ियाँ भी जीतीं। मैं क्रिकेट का अच्छा प्लेयर रहा हूँ।

क्रिकेट का इतना पैशन रहा था मेरे सर पर, सुबह से लेकर रात जब तक नहीं होती थी तब तक खेलता था। लाइफ में चैलेंज लेना क्रिकेट ने सिखाया। फिर इतने में बाइक का शौक लग गया। अपनी लाइफ में मैंने एक चीज़ देखी, कि मेरी ऑब्जरवेशन पॉवर बहुत अच्छी थी, मैं जो चीज़ देखता था, उसको करने की कोशिश करता था वो तुरंत सीख लेता था। जैसे तालाब में बच्चों को नहाते हुए देखा तो तुरन्त कर लिया, उसके बाद किसी को क्रिकेट खेलते हुए देखा तो तुरन्त कर लिया, सैन्सेज़ बहुत एक्टिव थे बचपन से ही। जब मैं स्कूल गया, गाँव से निकलकर लगभग 15 किमी दूर तो मैं मिनी बस के केबिन में बैठता था और सिर्फ ड्राइवर को ही देखता था, ये क्या-क्या कर रहा है? ये मैंने 2 साल इतना देखा कि 2 साल के बाद जीवन में मैंने पहला व्हिकल चलाया, मेरे ताऊ जी एक गाड़ी मैटाडोर, वो मेरे यहाँ खड़ी थी, मैंने लाइफ की पहली गाड़ी वो ही चलायी, सब दोस्तों को बैठा लिया, 13-14 किमी ले गया और 13-14 किमी ले आया। वो गाड़ी मैंने बिना किसी ड्राइवर के चलाई, सिर्फ ऑब्जरवेशन से सीख कर। मैं बनना चाहता था तैराक लेकिन कोई कोच नहीं मिला, फिर मैंने सोचा कि मैं क्रिकेटर बनूंगा, उसके लिए भी कोई कोच नहीं मिला, लेकिन मैंने डीवीजन खेला, डिस्ट्रीक्ट खेला और कई सारे टूर्नामेंट्स खेले। अगर आप क्रिक हीरोज वेबसाइट पर डेटा देखेंगे तो वहाँ पर अच्छा रिकॉर्ड है, वर्ल्ड की सबसे फास्टैस्ट सैन्चुरी बनाई, वो मेरी ही है 29 पर।

सवाल: वाउ ग्रेट! किस टाइम की बात है ये?

जवाब: मैंने सन् 2000 तक क्रिकेट खेला, फिर जिन्दगी के 17 साल मैंने अपनी करियर में ही लगा दिए, अभी 37 वर्ष की उम्र में एक-डेढ़ साल पहले मैं दोबारा से खेलने गया।

पढ़ाई की बात करें तो मैं ना फस्ट डीवीजन आया कभी, ना थर्ड डीवीजन आया, डमरू था पढ़ाई में लेकिन मेरे टीचर्स ने एक चीज़ नोट की कि इस बच्चे में कुछ कला है तो जब मैं 9 साल का था और चौथी या पाँचवीं क्लास में था तो मुझे उन्होंने एक नाटक के लिए नियुक्त कर दिया। मुझे रोल दिया गया छोगा का, छोगा मतलब एक ग्वाला था जो गाय-भैंस चराता था। उस रोल के लिए मुझे 1100 रुपए मिले, जो उस समय में काफी बड़ी चीज़ थी। फिर उसके बाद एक अंग्रेज का रोल मिला। उसके बाद मेरे टीचर्स ने मुझसे कहा कि तू गाने भी लग जा तो मैं देशभक्ति के गाने भी गाने लग गया, फिर भाषण देने लग गया। मैं एल0के0जी0 से लेकर एल0एल0बी0 तक मॉनीटर रहा हूँ, बाद में पता चला कि टीचर्स ने मुझे मॉनीटर इसीलिए बनाया था कि क्लास के शैतान लड़के को मॉनीटर बना दो तो ऊधम नहीं करेगा।

सवालः स्कूलिंग आपकी जयपुर की रही?

जवाबः 7 क्लास तक गाँव में ही पढ़ाई की और उसके बाद 8 और 9 क्लास मैंने जयपुर के टैगोर पब्लिक स्कूल से किया। दसवीं मैंने बीकानेर से किया। 11 और 12 क्लास मैंने खण्डेलवाल स्कूल से की। मेरे पास साइंस बायोलॉजी का सब्जैक्ट था लेकिन मैं क्रिकेट का इतना शौकीन था कि मुश्किल से पास हुआ। उसके बाद मैंने बीएससी फर्स्ट इयर में एडमिशन लिया।

अपने पापा को मैंने बहुत हार्ड वर्क करते हुए देखा मतलब मुझे ये नहीं पता था कि लोग रेस्ट कैसे करते हैं। मैंने बाटा के शूज मांगे, उन्होंने लाकर दिए, क्रिकेट किट मांगा वो लाकर दिया, किसी चीज़ के लिए मना नहीं किया।

सवालः पढ़ने के लिए नहीं बोलते थे?

जवाबः कहते थे लेकिन मेरे पैशन को देख कर उन्हें खुशी होती थी। तो उन्होंने किट लाकर दिया और चार दिन बाद मेरा एक्जाम था। बीएससी फर्स्ट ईयर में मैं फ़ेल हो गया और मैंने आर्ट्स ले लिया। उन्होंने मेरे लिए बहुत कुछ किया, मुझे हीरो पुक लाके दिया, मेरे सारे दोस्त बस से जाते थे

लेकिन मैं अपनी गाड़ी से। लेकिन जिस दिन मैं फ़ेल हुआ उस दिन मेरे ज़मीर ने मुझे आवाज़ लगाई, मैंने पिताजी की दी हुई घड़ी खोल के टेबल पर रख दी, बाटा के जूते खोल दिए, हीरो बुक की चाबी वहाँ रख दी।
मैं साइंस से आर्ट्स में आया, आर्ट्स में दर्शन शास्त्र सब्जैक्ट लिया और जीवन ने फिर करवट ले ली। मैं फस्ट इयर में अच्छे मार्कस लाया, सेकण्ड इयर में अच्छे मार्कस लाया और जब मैं सेकण्ड इयर में पढ़ रहा था तो 29 सितम्बर सन् 2000, को मेरा एक दोस्त आया और उसने मुझसे कहा, "हर्ष चल अमेरिका से कोई आया है जो जीवन बदल देगा।" मैं उसके साथ चला गया और जो मैंने वहाँ पर देखा वो मुझे भा गया।

सवाल: डायरेक्ट सेलिंग का ये आपका फस्ट एक्सपोजर था?

जवाब: हाँ, 29 सितम्बर सन् 2000 के दिन मेरे जीवन में नया मोड़ आया।

सवाल: एक क्वशचन है आपके के फैन कि तरफ से जो खुद ही के स्टूडेंट है, इनका नाम है मौलिक चोथानी, ये पूछते हैं: जो स्टूडेंट हैं वो डायरेक्ट सेलिंग में अगर काम करना चाह रहे हैं, तो उन्हें क्या करना चाहिए, क्योंकि स्टूडेंट के सामने अलग तरह के चैलेंजेज़ होते है, आपने भी उनको फेस किया होगा?

जवाब: जवाब: एक स्टूडेंट को अपने आप को एनालाइज ज़रूर करना चाहिए क्योंकि ये वो टाइम होता है जब पिताजी के यहाँ निर्भर रहना होता है और फिर जाकर बिज़नेस करना बहुत बड़ी कसौटी पर उतरने वाला चैलेंज होता है। अगर स्टूडेंट लाइफ में आप इस बिज़नेस को कर रहे हो तो फिर आपके माँ-बाप की निगाहें आप पर हैं, आपके अड़ोस-पड़ोस की निगाहें हैं, जो आपको इतने सालों से कह रहे थे ना कि बेटा पढ़ाई कर, बेटा पढ़ाई कर, अब उनकी तीखी नजरें आपके ऊपर है।

तो मान के चलिएगा, स्टूडेंट अवस्था में अगर आप इस बिज़नेस को कर रहे है तो 3 से 4 गुना ज़्यादा कसौटियों पर खरा उतरना होगा। उस टाइम आपके अंदर कोई भी गलत आदत है तो आपके माँ-बाप देखेंगे, अगर

उनका ट्रस्ट कम हो गया आपके ऊपर तो वो लोग आपको पीछे कर देंगे और आप ये बिज़नेस नहीं कर पायेंगे।

एक स्टूडेंट को अपनी लाइफ में बहुत सैक्रिफाइस करना पड़ेगा, इस बिज़नेस में आने के लिए बहुत कुछ छोड़ना पड़ेगा जो चीज़ें उसको बहुत प्यारी है वो छोड़नी पड़ सकती है।

वो सारे स्टूडेंट जो डायरेक्ट सेलिंग बिज़नेस में आ रहे है, ध्यान रखना, ऐसे पदचिन्ह छोड़ने होंगे पीछे जो इस बात का सबूत दें की आपके माता पिता आप पर विश्वास कर सके और जीवन में आपके लिए कुछ ना कुछ कॉन्ट्रिब्यूशन कर सके.

क्योंकि मैंने वो दौर देखा है। मुझे पता ही नहीं है कि नौकरी कैसी होती है, मुझे पता ही नहीं कि किसी के नीचे कैसे काम किया जाता है। मैं तो 20 साल की उम्र से ही मैंने डायरेक्ट सेलिंग बिज़नेस शुरू कर दिया था। इस इंडस्ट्री में बहुत ताकत है।

सुरेन्द्र: आपकी ये बात ना केवल मात्र स्टूडेंट के लिए है अपितु ये भारत सरकार के लिए भी एक बड़ा संदेश है। आज देश में रोजगार की कितनी कमी है तो अगर हमारे नीति निर्धारक ये समझ जाएं कि ये जो डायरेक्ट सेलिंग कॉन्सैप्ट है, ये ना केवल एक आदमी को रोजगार देता है, उसको इतना महान, इतना बड़ा बना देता है कि वो रोजगार जनरेट करने लगता है।

हर्षवर्धन: सर हमारा देश बाकी दुनिया से काफी पीछे चल रहा है, हम डिसीजन लेने में लेट हैं, नई चीज़ पर जल्दी विश्वास नहीं करते। हालांकि अब सरकार का ध्यान इस तरफ आ गया है, पहले राज्य सरकार ने और अब भारत सरकार ने इस इंडस्ट्री के लिए कुछ गाइडलाइन बनायी है। अब सामाजिक दर्जा मिल रहा है। लेकिन हाँ ये ज़रूर है कि बहुत ब्राइट फ्यूचर है स्टूडेंट के लिए आने वाले टाइम में। जैसे स्टूडेंट सैलेक्ट करता है कि 10 के बाद मुझे एग्रीकल्चर की तरफ जाना है, या मुझे बायो की तरफ जाना

है या मुझे कॉमर्स की तरफ जाना है, ऐसे वो सैलेक्ट करने लगेगा कि मुझे अब डायरेक्ट सेलिंग इंडस्ट्री की तरफ भी जाना है।

सवाल: हम अगर यूएस की बात करें, जहाँ से इस इंडस्ट्री का सृजन हुआ है, वहाँ के राष्ट्रपति लोगों को बोलते हैं कि आप डायरेक्ट सेलिंग में आए। बहुत सारे यू-ट्यूब पर वीडियोज है, बिल क्लिंटन साहब के है, दूसरे लोगों के है, तो आपको लगता है कि कभी हमारे राष्ट्रपति, प्रधानमंत्री लोगों को कहेंगे कि आप डायरेक्ट सेलिंग में आ जाइए?

जवाब: डैफिनेटली करेंगे। इस इंडस्ट्री को आज तक बहुत बड़ा दर्जा नहीं मिला है, उसके पीछे कुछ चीज़ें, कुछ तो धोखे, कुछ मौके हैं। धोखे और मौके लिपटे हुए होते है, इसीलिए कोई भी आदमी अलग-अलग नहीं कर सकता। जहाँ धोखे और मौके लिपटे हुए होते है, वहाँ कोई बड़ा आदमी हाथ डालने से डरता है, उसके बारे में कुछ कहने से डरता है लेकिन जिस दिन चीज़ें क्लीयर होती चली जायेंगी, उस दिन इस देश के प्रधानमंत्री और राष्ट्रपति जरूर कहेंगे, लेकिन हमें भी अपनी तरफ से कुछ कंट्रीब्यूट करना होगा।

सवाल: हमारे डायरेक्ट सेलर्स कम्पैरिजन करते हैं कि ट्रेडिशनल बिज़नेस कुछ है ही नहीं, आपके हिसाब से क्या वो कम्पैरिजन सही नहीं है?

जवाब: सर इस धरती पर एक नियम है जो कहता है कि इस धरती पर कोई छोटा नहीं है, कोई बड़ा नहीं है, कोई अच्छा नहीं है, कोई बुरा नहीं है, हर देशकाल और परिस्थिति की वजह से पैदा हुई उस घटना की विशेष परिस्थिति है। अगर आप डायरेक्ट सेलिंग इंडस्ट्री को अगर बहुत बड़ा दर्जा देना चाहते है तो आप सबके साथ मिलकर चलिए ताकि सबकी निगाहें हम पर जाएं। हम क्या कंट्रीब्यूट कर सकते हैं, वो हमें सोचना चाहिए और मेरा मानना है कि ये सारे डायरेक्ट सेलर्स, स्पेशली जो सीनियर लोग हैं, जिनको इस इंडस्ट्री ने एक नाम दिया, एक मुकाम दिया है ये हम सबकी एक मॉरल रिस्पॉन्सिबिलिटी है कि हम सोच को थोड़ा बड़ा बनाएं।

लेकिन ऐसा हो नहीं रहा है। इस इंडस्ट्री में लोग अपनी एनर्जी एक दूसरे को नीचा दिखाने में इस्तेमाल कर रहे हैं। सर हर इंडस्ट्री का एक वो फिनिश प्रोडक्ट है जो दुनिया देखती है, हमारा फिनिश प्रोडक्ट लोगों तक पहुँचता ही नहीं क्योंकि हम फिनिश प्रोडक्ट तो दूसरों को नीचा दिखाने में लगा देते है। अभी समय है, हमें एक प्लेटफॉर्म पर आना चाहिए, जिसमें सुरेन्द्र सर मैं आपका लाख-लाख धन्यवाद देना चाहता हूँ, आपने ये पहल की है।

सुरेन्द्र: मैं इस बात को आगे बढ़ाना चाहूँगा सर एक बड़ी अच्छी कहानी है जिस पर मेरा बहुत विश्वास है। एक बार अंकगणित की संख्याओं का आपस में कम्पीटिशन हो गया, 9 ने 8 को कहा मैं तुम्हारे से बड़ा हूँ, 8 ने 7 को कहा मैं तुम्हारे से बड़ा हूँ, 7 ने 6 से, 6 ने 5 से, 4 ने 3 से, 3 ने 2 से और 2 ने पूरा गुस्सा 1 पर निकाला कि मैं तुमसे बड़ा हूँ। अब एक के पास दो ही विकल्प थे, पहला ये कि वो 0 के पास में जाए और अपना सारा गुस्सा उस पर निकाल दे लेकिन 1 ने इस विकल्प को नहीं चुना। वो 0 के पास गया और 0 को अपने साथ में मिला लिया, 1 और 0 मिलकर 10 हो गए और सबसे बड़े हो गए। यही चीज़ हमारे डायरेक्ट सेलर्स को समझने की ज़रूरत है कि अगर हम साथ हो जाएं तो सबसे बड़े हो जायेंगे।

हर्षवर्धन: इस गणित वाले उदाहरण में गणित हार रही थी। जब 9, 8 के ऊपर था, 8, 7 के ऊपर था तब पूरी गणित हार रही थी, विज्ञान हंस रही थी, संस्कृत हंस रही थी और गणित हार रही थी। तब किसी 1 और 0 ने ये यकीन दिलाया की वे कभी खत्म नहीं होंगे मतलब हर इंडस्ट्री के कुछ ऐसे लोग होंगे जिनका दिल बड़ा होगा और वो एक होकर दुनिया को दिखायेंगे।

आज नेताओं को देखो सर, गरीब की झोपड़ी में जाकर खाना खाते हैं इसीलिए देश पर राज करते है और एक डायरेक्ट सेलर किसान से मिलने में, किसी गरीब से मिलने में, किसी की उपहास करने में एक सेकण्ड नहीं लगाता। इस देश की मिट्टी ने हमें बहुत कुछ दिया है लेकिन मैंने बहुत बार देखा है लोगों को, स्टेज से कहते हैं, नौकरी वाले ऐसे होते हैं नौकरी वाले

वैसे होते हैं। आपके पास रिद्धि आ गयी इसका मतलब ये नहीं है कि सारी दुनिया बेवकूफ है, साथ लेकर चलने का प्रयास कीजिए।

पूरा इंटरव्यू देखने के लिए हमारे यू-ट्यूब चैनल 'चैट विद सुरेन्द्र वत्स' पर एपिसोड नंबर 11 पार्ट 1 "एमएलएम धोखा या मौका" हर्षवर्धन जैन देखिए।

सुरेन्द्र वत्स विद हर्षवर्धन जैन - एपिसोड 11, पार्ट 2

सवालः सर, डायरेक्ट सेलर के लिए एक बहुत बड़ा चैलेंज है। वो काम करता है, बड़े सपने देखता है, लेकिन उसको सक्सेस लंबे समय तक नहीं मिलती। अब उसके अंदर थोड़ा धैर्य की कमी हो गयी है लोगों के बहकावे में आकार वो कन्फ्यूज होता है, बहक जाता है। तो ऐसे लोगों को आप क्या संदेश देना चाहेंगे?

जवाबः कोई व्यक्ति जब पहली बार इस इंडस्ट्री को देखता है, स्कीम समझता है तो खुश हो जाता है और वो सोच लेता है की वाह क्विक मनी स्कीम, तीन महीने में ही काम कर दूंगा, बन गया मैं तो करोड़पति। एक औरत को बच्चे को जन्म देने में 9 महीने लगते हैं, 9 औरतें मिल कर 1 महीने में बच्चे को जन्म नहीं दे सकतीं। जिन्दगी ऐसे लॉजिक से नहीं चलती, ये इंडस्ट्री जादू नहीं है।

किसी भी क्षेत्र में, किसी भी प्रोफेशन में सक्सीड होने के लिए कम से कम 5 साल तो लगते हैं।

सवालः मतलब नए डायरेक्ट सेलर के लिए सन्देश ये है कि यहाँ पर टाइम लगेगा।

जवाबः ये बिज़नेस है। शुरू शुरू में टाइम तो लगेगा लेकिन एक स्टेज के बाद स्मूथ हो जाएगा। ये हमारी डायरेक्ट सेलिंग इंडस्ट्री कम्पाउंडिंग प्रिंसिपल पर काम करती है। एक डायरेक्ट सेलर को कुछ चीज़ें जानना चाहिए, विजन क्या है? मिशन क्या है? क्या पॉसिबिलिटी है? मेरे कौन से नेचर की वजह से मैं कामयाब होऊँगा? सेल्स की दुनिया में मेरी जो टेन्डेन्सी है, उसमें मुझे कौन सी चीज़ें एड-ऑन करनी है? इन सारी चीज़ों को अगर वो ऐनलाइज़ करता है तो वो जीवन में बहुत आगे जा सकता है।

सवालः मतलब अगर कोई आपसे ये कह रहा है कि 3 महीने में तुम्हें इतना मिल जाएगा, 6 महीने में गाड़ी मिल जाएगी, 1 साल में बंग्ला मिल जाएगा, इसका मतलब ये है कि वहाँ कुछ ना कुछ गड़बड़ है?

जवाब: प्रकृति के कुछ जाने-अनजाने नियम हैं। प्रकृति के नियमों के विरूद्ध जाकर कहीं कामयाबी मिल रही है तो वो वैसे ही है जैसे रात को इंजेक्शन लगाया और सुबह लौकी इतनी बड़ी मिल गयी, इस लौकी में रस नहीं है, इस लौकी में जान नहीं है, इसमें कैंसर के किटाणु हैं। दुनिया कि किसी भी चीज़ को मैच्योर होने में कुछ टाइम लगता है, इस इंडस्ट्री को भी टाइम लगेगा।

सवाल: लोग एक्जाम्पल देते है कि देख तीन महीने में उसका ये हो गया, तुम्हें भी मिल जाएगा ये जो भेड़चाल हैं क्या ये सही है?

जवाब: जीवन में जहाँ-जहाँ आदमी लालच और डर से निर्णय लेता है वो कभी सक्सेसफुल नहीं होता। जीवन में ये ध्यान रखना चाहिए, इस देश की परंपरा ने ही ये सिखाया है, बेटा जल्दीबाजी में कुछ नहीं होता। तीन महीने में कोई जादू दिखा रहा है तो वर्ल्ड बैंक और सभी लोग पैसा वहीं लगा देते। ये क्विक मनी स्कीम नहीं है।

सवाल: इस बिजनेस में डुप्लीकेशन के बारे में बार-बार सुनते है आप इसकी क्या इम्पोर्टेन्स मानते है ?

जवाब: डुप्लीकेशन की इम्पॉर्टेन्स सिर्फ यहाँ ही नहीं है, दुनिया का हर वो काम जहाँ सार्वजनिक जीवन जिया जाता है, वहाँ आप कांच के बंग्ले में खड़े होते हैं। अगर आप एक अच्छे स्पोर्टस पर्सन बन गए और लाखों लोगों ने आपको देख लिया, अब आपका जीवन व्यक्तिगत नहीं रह सकता। अगर आप अच्छे नेता बन गए हो, तो आपका जीवन सार्वजनिक जीवन है। अब आप अपने जीवन में व्यक्तिगत नाम के ऊपर कुछ भी नहीं कर सकते क्योंकि दुनिया के हर व्यक्ति का सार्वजनिक जीवन व्यक्तिगत जीवन का रिफ्लेक्शन है, व्यक्तिगत जीवन का रिफ्लेक्शन सार्वजनिक जीवन में नहीं आता है। अगर आप एक डायरेक्ट सेलिंग इंडस्ट्री में आ गए, तो आपका जीवन व्यक्तिगत जीवन नहीं रहा, अब दुनिया की नजरें आप पर आ गईं और जैसे ही दुनिया की नजरें आप पर आ जाती है, आपको कदम फूंक-फूंक कर रखने पड़ते हैं।

डुप्लीकेशन का मतलब सिर्फ इतना है, व्यक्तिगत जीवन सार्वजनिक जीवन का रिफ्लेक्शन है और डायरेक्ट सेलर का जीवन व्यक्तिगत नहीं रहता है। अगर आप इस बिजनेस में आ रहे है और बिजनेस में आने के बाद आप शराब भी पी रहे है, तो इस बिजनेस में दिक्कत आएगी। अगर आप इस बिजनेस को कर रहे है और उसके बाद आपने जुए की लत भी लगा रखी है, तब आपको इस बिजनेस में दिक्कत आएगी। लोग आपको चुनते है वहाँ पहुँचने के लिए जहाँ बेचारे खुद नहीं पहुँच सकते, तो डुप्लीकेशन की प्रोब्लम है, आपकी हर एंगल, हर एक घटना दुनिया डुप्लीकेट करेगी तो आपका जीवन आप वो रखिए जो आप लोगों से करवाना चाहते हैं। ये बिज़नेस है मैंने किसी को जोड़ा, अब वो मुझे रात-दिन देख रहा है तो मैं जैसा करूंगा उसके ऊपर वैसा असर जाएगा, क्योंकि जैसा पियेंगे पानी वैसी होगी वाणी।

जब आपके पास पैसा आता है तो वो साथ में बुराईया भी लेकर आता है। कुछ ऐसे काम थे, पैसा नहीं था तो नहीं करता था, अब आ गया तो करने लग गया है। इस इंडस्ट्री में आने के बाद में व्यक्ति अपने आप को देखने लगता है कि "मैं अभी लीडर बन गया हूँ, मुझे लोग देख रहे है, मैं कांच के शीशे में रह रहा हूँ"।

सवाल: इस बिजनेस में हमें सिखाया जाता है कि आप इस बिजनेस में आ गए, अब आपको अपने जैसे लोगों को तैयार करना है यानि अपने डुप्लीकेट तैयार करने है, तो उसके लिए मुझे कोई योजना बनानी चाहिए, कोई रणनीति उसके लिए तैयार करनी चाहिए?

जवाब: कुछ सच्चाईयां ऐसी होती है जो बहुत तेज शोर करती है, उनमें से एक सच्चाई होती है आपका करैक्टर, बहुत तेज आवाज करता है। मैं इस इंडस्ट्री में जब 2000 में आया था तो जिस संगठन के साथ जुड़ा हुआ था, वहाँ एक ब्लू रंग की पुस्तक ने मेरे जीवन को बदला था और वो थी कोड ऑफ कन्डक्ट, एथिक्स की बुक।

अगर इस बिजनेस में अपने को डुप्लीकेट करने की इच्छा हो, भीतर कोर में आपके वैल्यूज को चेंज कीजिए। किसी भी इंसान का बिहेवियर आपको बनाना है, आपके नेटवर्क में 100 लोग है मान के चलिए, 100 लोगों का जैसा बिहेवियर आपको बनाना है तो दुनिया वो नहीं करती है जो आप कहते है दुनिया वो करती है जो आप करते हैं। जो कुछ भी आप अपने डुप्लीकेट को बता रहे हैं, वो सब उन्हें खुद कर के दिखाइए।

सवाल: आखिर में फनी मूमेंट ऑफ योर लाइफ?

जवाब: हम जब बच्चे थे मेरी मण्डली हुआ करती थी, मैं लीडर रहा हूँ शुरू से, दीवाली आ गयी, हमारी दीवाली अलग थी, हम रॉकेट खरीद कर लाये, 15 लड़कों को मैंने कहा रॉकेट का मुँह गाँव की तरफ कर दो। ऐसे करते ही गाँव वालों में हड़कंप मच गया क्योंकि अब रॉकेट किसी की झोपड़ी में, किसी की धोती में जा घुसा, फिर हमने ही उसे बुझाया भी। जीवन में छोटी-छोटी हरकतें खूब की। एक और वाकया मैं बताता हूँ, एक लड़का था श्यामा, श्यामा मेरा दोस्त था, वो शराब पीता था, मेरी मण्डली में कोई शराब नहीं पीता था। वो हमारे ऊपर पटाखे छोड़ रहा था और मेरे दोस्तों को परेशान कर रहा था। जैसे वो बम फोड़ने के लिए बढ़ रहा था तो शराबी से पूरा बैठा भी नहीं जाता, मोटा था थोड़ा तो पीछे एक-डेढ़ फिट का गैप रह गया, मैं उसके पीछे गया, एक सुतली बम रख दिया और फिर भम करके फट गया, 6 महीने तक श्यामा उल्टा सोया, मैं उसको बरनोल की मालिश करके आता था।

पूरा इंटरव्यू देखने के लिए हमारे यू-ट्यूब चैनल 'चैट विद सुरेन्द्र वत्स' पर एपिसोड नंबर 11 पार्ट 1 "एक दिन नेटवर्कर्स देश को चलाएंगे" हर्षवर्धन जैन देखिए।

Kadam Singh Rathi

- *Motivational Speaker*
- *Successful Network Leader*
- *Mentor*
- *Traveller*

सुरेन्द्र वत्स विद कदम सिंह जी राठी – एपिसोड 12

दोस्तों इस चैप्टर में हम लोग डायरेक्ट सेलिंग इंडस्ट्री कि बहुत बड़ी शख़्सियत कदम सिंह जी राठी के जीवन के बारे में, उनके करिअर के बारे में और इस इंडस्ट्री के बारे में विस्तार से जानेंगे। राठी जी हाइली क्वालिफाइड हैं और इस इंडस्ट्री का एक बहुत बड़ा नाम हैं। फिलहाल ये पिंक सिटी जयपुर में रहते हैं।

सुरेन्द्र वत्स के सवाल कदम सिंह जी राठी के जवाब

सवाल: अपने बैकग्राउंड के बारे में हमारे पाठकों को बताइए।

जवाब: मेरा नेटिव प्लेस रोहतक, हरियाणा है, दिल्ली से लगभग 17 किलोमीटर दूर और प्रोफेशन से मैं एक इंजीनियर हूँ। 1989 में मैंने दिल्ली से इंजीनियरिंग किया था, उसके बाद 5 साल मैंने जॉब किया उस टाइम की नं0 1 आई0टी0 कंपनी के साथ और 1994 में मैं जयपुर शिफ्ट गया। मैंने अपना खुद का आई0टी0 बिज़नेस शुरू किया और धीरे-धीरे मुझे डायरेक्ट सेलिंग इंडस्ट्री में आने का सौभाग्य प्राप्त हुआ। अभी करीबन ये 18 साल की यात्रा हो चुकी है, डायरेक्ट सेलिंग में और इस यात्रा में साथ-साथ जो मेरा ट्रेडिशनल बिज़नेस है वो भी ग्रो कर रहा है और उसमें भी अब मल्टीपल बिज़नेस एड हो चुके हैं।

सवाल: आपने 1989 में इंजीनियरिंग की फिर कम्प्यूटर का आपका अपना बिज़नेस था, जो अब भी है और 2000 में जब आपने डायरेक्ट सेलिंग इंडस्ट्री में कदम रखा तो शायद ये उतना बड़ा नाम नहीं था, इंडस्ट्री की स्टार्टिंग ही थी तो उस समय ऐसी कौन सी चीज़ थी जो आपको यहाँ लेकर आयी?

जवाब: दिमाग में क्लियर था कि ग्रो करना है तो यू हैव टू बी इन द बिज़नेस। हमारे पूरे घर में या खानदान में कहीं पर भी कोई बिज़नेस का कल्चर नहीं था। उस लीग से हटके मैं अपना आई0टी0 कम्प्यूटर्स का बिज़नेस शुरू किया और फिर जब डायरेक्ट सेलिंग इंडस्ट्री के बारे में बुक्स

पढ़ी और इसके बारे में थोड़ा सा समझा तो ये समझ में आया कि इस दुनिया में एक ऐसा बिज़नेस मॉडल जो डायरेक्ट सेलिंग का है और देश की जो आम जनता है, जो मिडल मैन है, उसके लिए डायरेक्ट सेलिंग से बढ़िया बिज़नेस इस धरती पर नहीं हो सकता।

सवाल: हालांकि हमारे देश में धीरे-धीरे यह इंडस्ट्री ग्रो कर रही है, धीरे-धीरे सरकार भी सीरियस हो रही है इस कॉन्सैप्ट को लेकर लेकिन अगर हम फ्यूचर की बात करें तो हिन्दुस्तान में डायरेक्ट सेलिंग का भविष्य आप क्या देखते हैं?

जवाब: पिछले 18-20 साल में तो डायरेक्ट सेलिंग शुरूआत हुई है, अभी तक हमने इसे ढंग से समझा नहीं है, अभी भी हम सब लर्निंग फेज़ में ही है। लेकिन लोग अब इसको समझना शुरू कर रहे हैं और इस बिज़नेस को सीरियसली लेना शुरू कर रहे हैं। आज हम देखते हैं कि यू0एस0 डायरेक्ट सेलिंग इंडस्ट्री में लीड कर रहा है। बहुत जल्दी वो समय भारत में भी आने वाला है कि हम यू0एस0 को डायरेक्ट सेलिंग बिज़नेस में पीछे छोड़ने वाले हैं, मेबी इन नैक्स्ट 10 इयर्स बट दैट इज गोइंग टू हैपन।

सवाल: यू0एस0 और इण्डिया की जो कंडीशन्स हैं और जिस प्रकार की पॉपुलेशन हमारे देश में है, जिस प्रकार से जो अपॉर्च्यूनिटीज की कमी है तो मुझे लगता है कि ऐसा टाइम आएगा, हमारा जो डायरेक्ट सेलिंग इंडस्ट्री का जो टर्नओवर है वो यू0एस0 से ज्यादा होगा, क्या ये सम्भव है?

जवाब: बिल्कुल सम्भव है। उसके पीछे दो अहम कारण हैं, एक तो हम यू0एस0 पॉपूलेशन के 6 गुना हैं और दूसरा ये कि यू0एस0 में यह बिज़नेस पिछले 60-70 सालों से है, उन्हें इस बिज़नेस के बारे में अच्छे से पता है जबकि हमारे देश में एक तो एजुकेशन की कमी है लेकिन लोग अब कुछ कंपनीयों द्वारा फैलाई गई नेगटिवटी से बाहर निकल चुके हैं और अब वो एक सेलर के तौर पर अपना करिअर स्टार्ट कर रहे हैं। मैच्योरिटी आ रही है इंडस्ट्री में।

सवाल: जब आप इस इंडस्ट्री में आए, आपने बहुत तेजी के साथ में काम किया और फिर एक ऐसा फेज आया जब आप इंडस्ट्री से दूर हो गए और फिर दुबारा आपने शुरू किया फिर उसी स्पीड के साथ काम शुरू किया। तो दो चीजें हम लोग जानना चाहते है। पहला वो ऐसी कौन-सी चीज़ थी जिसकी वजह से आपने इस इंडस्ट्री को छोड़ दिया था और फिर ऐसी वो कौन-सी वजह थी जिसकी वजह से आपको लगा कि मुझे दुबारा इस इंडस्ट्री में आना चाहिए?

जवाब: मैंने तेजी से काम किया, फिर बीच में एक दौर ऐसा आया जब मैं करीब एक सवा साल इंडस्ट्री से दूर रहा, इसका जो मेन कारण है वो है इमोशनल इम्बैलेंसिंग। हम कई बार कुछ चीज़ों के प्रति बहुत ज्यादा इमोशनल हो जाते हैं और जब आप किसी काम को बड़ी शिद्दत से करते है तो आप उस पर अपना हक समझने लग जाते हैं और कई बार उस इमोशनल इम्बैलैंसिंग में ठीक क्या है, गलत क्या है, ये चीजें बायपास हो जाती है। बहुत सारी मैंने किताबें पढ़ीं तब जाकर कुछ चीजें ये समझ में आईं कि बहुत ज्यादा जो एग्रेशन कई बार हमें हमारी दिशा से भटका सकता है। एग्रेशन काम में होना अच्छा है लेकिन एग्रेशन बातचीत में कई बार दुखदायी हो जाता है, तो बातचीत में से कुछ वो हल्की-फुल्की कोई मिस अंडरस्टैंडिंग हुई, कुछ हल्का-फुल्का हॉट टॉक हो गया तो एक हल्की सी जिद थी जो एक डेढ़ साल बिज़नेस से दूर हो गया मैं।

पहली बात तो ये था कि जब मैं दूर भी हुआ तो मैं इंडस्ट्री से दूर नहीं हुआ था। माइन्ड में मेरे था कि करना है लेकिन कुछ कारण थे और इंडस्ट्री में फिर से स्टार्ट होने का एक ही मतलब था कि जो गलतियाँ हुईं उसको सुधारिए और उसको वापस से रीपिट मत कीजिए।

पहले दिन से मेरा विज़न क्लियर था कि मैं अपने गुस्से को अगर ज्यादा दिन अपने पास रखूंगा तो मैं अपना ही नुकसान करूंगा। तो वापस आने का सबसे बड़ा कारण ये रहा कि डायरेक्ट सेलिंग का विज़न मुझे बिल्कुल साफ-साफ क्लियर था इसीलिए कभी हताशा, निराशा ऐसी कुछ चीजें ना

तो मेरे पास आईं और ना मुझे लगता है कि जिन्दगी में कभी आएंगी। तो वो जो भी दौर था मेरे ख्याल से उसने मुझे मजबूत ही बनाया, कमजोर नहीं बनाया।

सवाल: तो मतलब हम लोग यूं समझें कि अगर कुछ लोगों ने किसी वजह से इस इंडस्ट्री को छोड़ दिया है तो अगर उनका विज़न क्लियर है यहाँ को लेकर तो उन्हें रीस्टार्ट करना चाहिए?

जवाब: बिल्कुल रीस्टार्ट करना चाहिए क्योंकि हर किसी ने इमोशनल डिसीज़न की वजह से कुछ ना कुछ गलती की है। तो वो अगर कुछ किताबों के थ्रू चला जाए या कुछ ट्रेनिंग्स अटैन्ड कर ले तो मुझे लगता है कि आदमी को ये एहसास हो जाता है कि यू हैव डन समथिंग रौंग और एक किताब मैंने पढ़ी थी उसमें लिखा था कि अगर आपसे जिन्दगी में कभी कोई गलती हो जाती है तो इसको आप खुद जितनी जल्दी सुधार लो उतना बढ़िया है।

सवाल: चूंकि आप स्पीड मास्टर के रूप में जाने जाते हैं तो ऐसा माना जाता है कि ये बिज़नेस मोमेंटम बेस बिज़नेस है, इसमें आप तभी कामयाब होंगे जब आप मोमेंटम बनाकर चलेंगे, फास्ट गति से काम करेंगे तो ये कितना सही है? क्या स्पीड होनी चाहिए, मतलब क्या करें कि स्पीड आ जाए? किन चीजों का ध्यान रखना चाहिए?

जवाब: अगर मुझे स्पीड से काम करना है या किसी भी डिस्ट्रीब्यूटर को जो कि डायरेक्ट सेलिंग इंडस्ट्री में अपना करियर बनाना चाह रहा है, उसके ब्रेन में किसी भी तरह का डाउब्ट नहीं होना चाहिए, किसी भी किस्म का डाउब्ट आपके लिए ब्रेकर का काम करेगा और अगर ब्रेकर है तो आपको बहुत टाइम लंबा लगने वाला है। इसका दूसरा पहलू ये है कि आपको अपने आप से इमानदार होना है। आपको दुनिया से ईमानदार होने की जरूरत नहीं है, आपको खुद से ईमानदार होने की जरूरत है। अगर मैं बोल रहा हूँ कि मैं डायरेक्ट सेलिंग इंडस्ट्री में काम कर रहा हूँ तो मेरा शेड्यूल क्या है, ये मुझे चेक करना है।

सवालः इससे हम लोग ये समझें कि आप इतने बड़े लेवल और इतने बड़े मुकाम पर हैं तो पार्ट टाइम करते हुए उस मुकाम को छुआ जा सकता है ?

जवाबः बिल्कुल। हमारे देश भारत में, काफी छुट्टियां है, 52 दिन इतवार हैं, 52 दिन त्योहार हैं, 20 दिन इलेक्शन हैं, 20 दिन हड़ताल है, 20 दिन जयंतियाँ हैं, 365 दिन में से 160 दिन की छुट्टियां हैं। तो उन छुट्टियों को आप काम में ले लीजिए। अगर हमें फ्रीडम चाहिए तो मेरा एक टैगलाइन है, अगर आजादी चाहिए तो गुलाम बन जाओ।

सवालः वो फील आनी चाहिए गुलामी की?

जवाबः गुलामी की फील आनी चाहिए और गुलाम किसका बनना है, बहुत इम्पोर्टेन्ट चीज़ है समझने के लिए, गुलाम बनना है आपको अपने शेड्यूल का। जिन्दगी में जो चीज़ें शेड्यूल की गुलाम है, उनके पास आजादी है। अगर आपने एक्शन प्लान को अपने डायरी में नोट करके उसके गुलाम आप नहीं बने तो फिर स्पीड से काम करना नामुमकिन है।

सवालः आपने अपना खुद का कारोबार किया, एक अच्छे लेवल पर आपने शुरू किया और फिर आप डायरेक्ट सेलिंग में आए तो क्या आपको ये संकोच नहीं हुआ कि साबुन बेचूंगा, तेल बेचूंगा, लोग क्या कहेंगे?

जवाबः बिल्कुल हुआ और बड़ी मजेदार कहानी है। जब बिल्कुल स्टार्टिंग में डायरेक्ट सेलिंग बिज़नेस में मैं आया तो आने के बाद सबसे पहले मैंने अपने कुछ दोस्तों को बताया उसके बाद मैं अपने घर गया। तो घर में ही बैठ कर मैंने अपने सभी रिलेटिव्स, चाचा, ताऊं वगैरह के बीच बैठ कर डायरेक्ट सेलिंग का प्लान दिखाया, बातचीत हुई, तो सबसे पहले घर वाले ही अगेन्स्ट हो गए, बोलने लगे कि ये क्या बीमारी उठा के लाया है? ये क्या चीज़ है? हमने ऐसा कुछ सुना नहीं, तू अपना कम्प्यूटर का बिज़नेस संभाल। पिताजी बोलने लग गए कि "तू अच्छा भला कहीं पर सरकारी नौकरी में ऑफिसर बन रहा था, वो ही हो जाता तो ज्यादा बढ़िया था।" चूंकि वे आर्मी में थे इसलिए चाहते थे कि मैं भी आर्मी में चला जाऊं। उस दिन

मुझे लगा कि एक अभिमन्यू बीच में खड़ा है और कौरव चारों तरफ बैठे हुए हैं, लेकिन अंदर ही अंदर मैं सोच रहा था कि "मैं आपको प्लान बताने आया हूँ, कोई चीज़ बताने आया हूँ, आपसे समझने नहीं आया हूँ।" ये सब मेरे अंदर चल रहा था लेकिन फिर भ मैं चुप रहा क्योंकि एक किताब में मैंने पढ़ा था कि जब तक आप पावरफुल नहीं हो जाओ, दुनिया में पंगा मत लो वरना अभिमन्यू की तरह मारे जाओगे। तो आप अपना प्लान दिखाइए, कौन करेगा, कौन नहीं करेगा, ये हमारा काम नहीं है।

सवाल: आप जब बोलते हैं स्टेज से तो आपकी जो बॉडी लैंग्वेज होती है वो अद्भुत लगती है और वो बहुत ही अविश्वसनीय सी लगती है। क्या इसके लिए आपने कोई खास ट्रेनिंग ली है कहीं से?

जवाब: नहीं। पहले मैं भी बहुत शर्मीला था और मेरे ख्याल से डायरेक्ट सेलिंग इंडस्ट्री में आने से पहले, अपने टेक्निकल टॉपिक्स के अलावा कभी किसी से ज्यादा बात नहीं करता था। मेरे पिताजी मुझसे कई बार बोलते थे कि तुम मुझसे बात किया करो। पिताजी से तो मैं आज भी शरमाता हूँ। लेकिन कहीं से भी मैंने कोई पब्लिक स्पीकिंग की ट्रेनिंग नहीं ली है। कई बार होता है कि कुछ चीजें आपको हल्की सी मोटिवेट कर जाती है तो यूं ही कई बार प्लान दिखाते-दिखाते किसी ने बोला कि बहुत अच्छा लगा, मजा आ गया। मुझे लगा कि मैंने तो ढंग से कुछ बताया भी नहीं है और उनको अच्छा लग रहा है, दैट मिन्ज आई नीड टू इम्प्रूव (इसका मतलब मुझे थोड़ा सुधार कि ज़रूरत है)। इम्प्रूव होने की ताकत मुझे लोगों से मिली। एक बार मैं एक बड़ा सेमिनार ले रहा था, कोई दो चार हजार लोग होंगे उसमें और वहाँ पर फिल्म इंडस्ट्री से पाण्डे जी, जिन्होंने क्रिश फिल्म और कई सारे सीरीअल्स वगैरह में काम किया है, वो उस सेमिनार में आए हुए थे। उस सेमिनार के बाद जब वो बाहर निकले तो उन्होंने बोला कि "सर वाओ इट वॉज नाइस और मैंने आज तक जो है इतनी अच्छी टाइमिंग फिल्म इंडस्ट्री में किसी की नहीं देखी है।"

सवालः जब कोई व्यक्ति अच्छे-अच्छे वक्ताओं को देखता है, तो वो भी सपना देखता है कि मैं भी एक दिन ऐसा अच्छा वक्ता बनूंगा। तो एक व्यक्ति को अच्छा वक्ता बनना के लिए उसमें क्या कुछ बेसिक्स होने चाहिए, किन चीजों का उसे ध्यान रखना चाहिए?

जवाबः इसमें दो-तीन चीजें हैं। सबसे पहले तो जब आप किसी के सामने जा रहे हैं तो उस आदमी को कुछ देने जा रहे हैं। आपके पास कुछ जानकारी है तो आप उसको सिखाने मत जाइए, क्योंकि दुनिया में कोई भी कुछ सीखना नहीं चाहता, आप सिर्फ इस मूड में जाइए कि आप, एक आदमी, चाहे वो जो भी हो, को कुछ जानकारी देने जा रहे हैं, जिस तरीके से आपको या हमें कई बरसों पहले जानकारी मिली थ। उस जानकारी से हम लोगों की तकदीरें बदली हैं, बड़ा करियर मिला है, जिंदगी भर का काम मिला है, मतलब जो कुछ भी है उसमें इस डायरेक्ट सेलिंग इंडस्ट्री का बहुत बड़ा योगदान है। तो आपको ये सोचना है कि मुझे सिर्फ इन्फॉर्मेशन देना है। जब आप कोई इन्फॉर्मेशन देने जा रहे हैं तो यू विल बी नैचुरल, लेकिन जैसे ही आप किसी को एजुकेट करने लगते हो तो फिर आप आर्टिफिशियल हो जाओगे।

सुरेन्द्रः इम्प्रेशन जमाने की कोशिश करेंगे।

कदम राठीः इम्प्रेशन जमाने की कोशिश करेंगे, तो आपके पास जो जानकारी है वो इस अंदाज में देनी है कि ये बात दिमाग में आ जाए। अगर किसी को समझ में नहीं आ रहा, तो ये मेरा फॉल्ट है, समझने वाले का फॉल्ट नहीं है, ये मेरे दिमाग में हमेशा रहता है। तो किसी को कोई बात समझ में नहीं आ रही है या वो किसी प्वाइंट को किसी जानकारी को नहीं पकड़ पा रहा है, तो मुझे ये सोचना है कि इसको किस तरीके से बताया जाए कि ये उस बात को पकड़ पाए।

सुरेन्द्रः इससे हम लोग ये समझ सकते हैं कि जब भी हम जाएं कोई इगो साथ लेकर न जाएं कि मेरा एक बड़ा लेवल है और मुझे सुनने के लिए लोग दूर-दूर से आए हैं और मैं सिखाऊं, इम्प्रेशन जमाऊं, बल्कि एक नैचुरल

तरीके से जो हमारा अनुभव है या जो हमारे पास है वो हमें एक सिम्पल भाव से शेयर करना है।

कदम राठी: कई बार ऐसा होता है कि लोग बैठे कहीं पर होते हैं और सोच कुछ और रहें होते हैं, इसके कई सारे कारण हो सकते हैं। आपको बहुत अच्छा ऑब्जर्वर बनना पड़ेगा। कई बार आदमी कोमा में रहता है, कोमा में जीता रहता है।

सुरेन्द्र: मालूम ही नहीं है कि क्या हो रहा है और कैसे रिएक्ट करना है।

कदम राठी: क्योंकि वो ढंग से ऑब्जर्व नहीं कर पाता है। जब आप कभी जानकारी लेने किसी ट्रेनिंग मीटिंग में गए हैं तो यू हैव टू बी गुड लिसनर एण्ड गुड ऑब्जर्वर।

सुरेन्द्र: मतलब जो कहावत है कि अच्छा श्रोता ही अच्छा वक्ता बनता है, वो आज भी चरित्रार्थ है?

कदम राठी: बिल्कुल।

सवाल: आपके पास तीनों चीजों का अनुभव रहा। आपने एक बड़ी कंपनी में जॉब किया फिर आपने अपना कम्प्यूटर का बिज़नेस किया जो आज भी आप कर रहे है और आप फिर डायरेक्ट सेलिंग में आ गए। अगर तीनों में हम लोग तुलना करें तो आप डायरेक्ट सेलिंग को कहाँ पर पाते है?

जवाब: जिस नज़र से मैं डायरेक्ट सेलिंग को देखता हूँ, वो नज़र बिल्कुल अलग है। एक किताब मैंने पढ़ी थी बरसो पहले, उस किताब में लिखा था कि आपकी जो कॉलेज की डिग्री है, या जो मार्कस हैं, वो आपकी लाइफ में 10 परसेंट रोल प्ले करेगी, 90 परसैन्ट रोल रहेगा आपकी ह्यूमन इंजीनियरिंग का। बहुत अच्छे तरीके से उन्होंने वो किताब 40-50 साल में लिखी है और वो बोलते है कि इस पूरी दुनिया में ह्यूमन इंजीनियरिंग का कोई कॉलेज नहीं है, कहीं पर इसकी कोई ट्रेनिंग नहीं है। जो चीज़ सबसे इम्पोर्टेन्ट है लाइफ में, उसके लिए कोई यूनिवर्सिटी ही नहीं है। सो मैं इस नज़र से देखता हूँ कि डायरेक्ट सेलिंग जो इंडस्ट्री है, ये अपने आप को डैवलप करने के लिए और अपनी ह्यूमन इंजीनियरिंग की स्कील्स को डैवलप

करने के लिए, इस दुनिया में सबसे बढ़िया प्लेटफॉर्म है। तो मेरा ऐसा मानना है, हमारे आने वाली जनरेशन को, चाहे वो किसी भी फील्ड में हो, कितना बड़ा साइंटिस्ट हो, डॉक्टर हो, किसी भी प्रोफेशन में हो, उसको पार्ट टाइम दो चार साल के लिए ही सही लेकिन एक बार जरूर इन्वॉल्व होना चाहिए डायरेक्ट सेलिंग इंडस्ट्री में। उसके खुद के जो काम है, जो खुद का प्रोफेशन है, उसमें ट्रिमेंडस चेंज आ जाएगा।

सवाल: तो आपने ये अनुभव किया कि डायरेक्ट सेलिंग में आने के बाद आपके कम्प्यूटर बिज़नेस में इसका लाभ मिला?

सवाल: पहले मैं आई0टी0 का बिज़नेस इस तरह करता था कि मुझसे कोई ऑर्डर न छूट जाए। आज जो मैं बिज़नेस करता हूँ वो ट्रम्स के ऊपर करता हूँ। पहले था कि चलो नेगोशिएट कर लेते हैं, मान नहीं रहा तो थोड़ा और कम कर लेते हैं, लेकिन आज मैं अपनी सर्विसेज बेचता हूँ।

सवाल: आपकी बैकग्राउण्ड इंजीनियरिंग की रही है और आजकल टैक्नोलॉजी बहुत आ गयी है तो इस समय जो हमारा डायरेक्ट सेलर है वो भी टैक्नोलॉजी से किसी ना किसी रूप से जुड़ा हुआ है। तो टैक्नोलॉजी का यूज़ करके कैसे हम अपने नेटवर्क को बढ़ा सकते हैं?

जवाब: टैक्नोलॉजी एक टूल है, ठीक इसी तरीके से डायरेक्ट सेलिंग भी एक टूल है, एक आम आदमी को बिज़नेस मैन में कन्वर्ट करने का सबसे बड़ा टूल। आप देखेंगे कार, ट्रेन, एरोप्लेन, ये सब ट्रैवलिंग के मोड हैं। तो आप जितना बढ़िया टूल आप काम में लायेंगे, आपकी यात्रा उतनी आसान हो जाएगी या उतना कम टाइम लगेगा। अगर आप डायरेक्ट सेलिंग के टूल को ठीक तरीके से काम में लेंगे तो आपके लिए फायदा होगा। टूल को गलत काम में भी ले सकते हैं। अगर सही काम में लेना नहीं आता तो आप गलत काम में लोगे, गलत काम में लोगे तो परिणाम उल्टा आएगा। उदाहरण के लिए, जैसे सोनोग्राफी मशीन है वो भी एक टूल है, 20 साल पहले भारत में आई, लोगों ने गलत काम में ले लिया, देश की लड़कों और लड़कियों की जनसंख्या का अनुपात बिगड़ गया क्योंकि हमने टूल को गलत

इस्तेमाल किया तो ठीक इसी तरीके से मोबाइल है या कम्प्यूटर्स हैं या सोशल मीडिया है, आप इसको कम्यूनिकेशन के लिए काम में लीजिए, अपना बिज़नेस बढ़ाना है तो आप इसको जानकारी देने के लिए काम में लीजिए, इन्फॉर्मेशन के लिए, इंटरैक्शन के लिए काम में लीजिए। आप उसके ऊपर बहुत ज्यादा बैठ के उसी से चिपके रहना तो ये आपको खराब कर देगा।

सवाल: मतलब डिसीप्लीन में इस्तेमाल करें?

जवाब: डिसीप्लीन में इस्तेमाल कीजिए, आप अपने टाइम टेबल के हिसाब से इसको इस्तेमाल कीजिए तो ये आपको चाँद पर ले जाएगा।

सवाल: सर हर किसी कि लाइफ में कुछ ऐसे फनी मोमेंट्स होते हैं जो हमें हमेशा याद रहते हैं। तो आपकी भी लाइफ में ऐसे मोमेंट्स रहे होंगे।

जवाब: घटनायें तो बहुत सारी हुईं। एक छोटी सी घटना है, मेरे कॉलेज टाइम की। इंजीनियरिंग कॉलेज में एक सब्जैक्ट होता है, इंजीनियरिंग ड्राइंग। आजकल तो लोगों को ऑटोकैड पर ड्राइंग करना सिखा देते हैं, हमारे जमाने में एक बड़ा सा ड्राफ्टर होता था, फिर बड़ी टेबल पर ड्रॉइंग शीट लगा के और उसके ऊपर आपको ड्रॉइंग्स बनानी होती थी। वो मेरा पेट सब्जैक्ट था क्योंकि वो हमारा खानदानी सब्जैक्ट था। मेरे ब्रदर, पिताजी, सब इंजीनियरिंग बैकग्राउण्ड से हैं तो मैं बचपन से ये सब देखते आ रहा था। मेरे टीचर्स भी हैरान थे, मेरे लैक्चरर भी हैरान थे कि इसकी इतनी अच्छी पकड़ इस सब्जैक्ट पर कैसे है क्योंकि जो लोग तीन-तीन घंटे तक एक एक्जाम नहीं करते थे, मैं उसको आधे पौने, एक घण्टे में निपटा देता था और लगभग पूरे मार्क्स मुझे मिल जाते थे। एक बार फाइनल एक्जाम में, मेरे बाद जो लड़का था, मेरा दोस्त, उसने बोला कि “मैं पक्का फेल हो जाऊंगा, मुझे तो ये लाईन भी लगानी नहीं आती और तुम्हें कुछ भी करके आज मुझे बचाना है।” तो मैंने बोला कि ठीक है दोस्त है, वो इमोशन्स वापस आ गए। तो मैंने अपना पेपर एक-डेढ़ घंटे में खत्म किया और जब मैं सेटिस्फाइड हो गया कि मेरा काम पूरा कम्प्लीट है तो हमने

सीट बदल दी, वो मेरी सीट पर आकर खड़ा हो गया, मैंने कहा "चुपचाप ऊपर से हिलाना उल्टी पेन्सिल, कुछ गड़बड़ मत करना" और मैं उसकी सीट पर चला गया तो मैंने उसका एक्जाम पूरा किया फिर वापिस से हम अपनी-अपनी सीट पर आ गए। एक्जाम हो गया, घर चले गए, 10-15 दिन बाद रिजल्ट आया, तो हम पूरी रात हंसे क्योंकि जिसका मैंने पेपर किया था, उसके मेरे ख्याल से 91-92 मार्कस थे, मेरे 80 थे, वो आज तक मुझे समझ में नहीं आया।

पूरा इंटरव्यू देखने के लिए हमारे यू-ट्यूब चैनल 'चैट विद सुरेन्द्र वत्स' पर एपिसोड नंबर 11 "MLM के Speed Master की कहानी" कदम सिंह जी राठी देखिए।

Rajesh Tagore

- *Sales Trainer*
- *Author*
- *Founder of Leader Factory*
- *Marathon Runner*

सुरेन्द्र वत्स विद राजेश टैगोर एपिसोड 13

प्रिय पाठकों 'चैट विद सुरेन्द्र वत्स' के अगले चैप्टर में हम राजेश टैगोर जी के बारे में जानेंगे। राजेश टैगोर के सेमीनार्स का कन्टैन्ट इतना पॉवरफुल है कि सभी लोग उनसे प्रभावित होते हैं, सभी लोग उनके व्यक्तित्व से आकर्षित होते हैं। टैगोर जी 20 साल से ट्रेनिंग के फील्ड में है और ट्रेनिंग करने के साथ-साथ उन्होंने एक बहुत अच्छी किताब लिखी है, 'वैन हाउ एण्ड हूम नोट टू रिक्रूट'।

सुरेन्द्र वत्स के सवाल, राजेश टैगोर के जवाब

सवाल: आपका जन्म कहाँ हुआ था? क्या एजुकेशन रही और आप ट्रेनर कैसे बने?

जवाब: मेरा जन्म रायगढ़, ओडिशा में हुआ था। मेरे पिताजी गवर्नमेंट में नौकरी करते थे, को-ऑपरेटिव सोसाइटी के ऑफिस में काम करते थे। 21 साल तक मैं वहीं रहा और वहीं पर बी-कॉम कम्प्लीट किया।

उसके बाद मैं बॉम्बे गया और वहाँ मैं सेल्समैन बन गया। मेरा सबसे पहला नौकरी कार्बन पेपर, सेल्समैन का था, उस कंपनी में करीबन 10 लोग काम करते थे। मुझे याद है दूसरा महीना था तो मेरे कंपनी वालों ने मुझसे बोला कि "अब आपको हम प्रमोशन दे रहे हैं मगर अगले महीने से आपको कार्बन पेपर नहीं बेचने हैं।" मैंने पूछा "क्यों नहीं बेचने हैं?" तो मेरे बॉस संजीव तेजवानी ने कहा कि "तुम इतना सेल लाए कि हमारा प्रोडक्शन कैपेसिटी उससे मैच नहीं हो रहा है।" तीन महीने तक अब कुछ बेचना ही नहीं है। मतलब 10 लोग काम करते थे और मैं दूसरे नम्बर से शायद 10 गुना ज्यादा सेल लेकर आया था। उसके बाद ये कंपनी मुझे ठीक नहीं लगी। उसके बाद मैं येलो पेजस सेल्समैन बन गया डेव थॉमसन एसोसिएद्व इंडिया प्रा0 लि0 नाम की कंपनी में। बॉम्बे में करीबन 34 लोग थे, ऑल ओवर इंडिया में 430 लोग थे और लगातार 18 महीनों तक मैं इंडिया का नं0 1 सेल्समैन था। उसके बाद मुझे वहाँ ग्रुप लीडर बना दिया गया। उसके बाद मैं ऑल

इंडिया नं0 1 ग्रुप लीडर, नं0 1 टैरिटरी मैनेजर और नं0 1 सिटी सेल्स मैनेजर बना। मुझे याद है 1991 में जब मैंने बॉम्बे में पहली बार नौकरी किया, तो मेरा तनख्वाह साढ़े छह सौ रुपया था, 1995 में मैं जब सेल्स मैनेजर बन गया, उस टाइम पर मेरा सैलरी 65,000 रुपया हो चुका था, यानी 100 गुना तरक्की मैंने सिर्फ 4 साल में डायरेक्ट सेल्स में किया। मेरा नेटवर्क मार्केटिंग अपॉर्च्युनिटी नहीं था, डोर टू डोर नॉक करते हुए मैं वहाँ पहुँचा। 1995 जून महीने में मैंने अपनी 65,000 रुपये कि नौकरी छोड़ दी और अपना खुद का एक बिज़नेस स्टार्ट किया। मेरा सपना था कि मैं बॉम्बे के लिए और इंडिया के लिए पहला फस्ट एण्ड ओन्ली मल्टी कलर यलो पेजेज़ पब्लिश करूँ और 1998 जनवरी में मैंने बॉम्बे बिज़नेस बुक पब्लिश किया और उसके बाद 1998 से मैं लगातार ट्रेनिंग में हूँ। जब मैं डेवस थॉमस एसोसिएट्स का सेल्स मैनेजर बन गया। इनके 8 ब्रान्चेस हुआ करते थे और बॉम्बे में मेरे 120 सेल्समैन थे, जिनको मैं हर महीना पुणे लेकर जाता था और वहाँ पर उनकी ट्रेनिंग होती थी। एक बार मेरे बॉस विवेक वैनकटेश ने मुझसे कहा कि “प्रॉफिटेबिलिटी बनाने के लिए हम लोगों को खर्चा कम करना पड़ेगा, महीने में एक बार हम पूरे 120 लोगों को पुणे लेकर जा रहे हैं, 120 का जाना-आना, ट्रेन का खर्चा, बहुत ज्यादा हो रहा है, अगर किसी एक महीने हम लोग बॉम्बे में ही ट्रेनिंग दे दें तो वो 120 लोगों का खर्चा बच जाएगा।” तो मैंने पूछा कि उसके लिए हम क्या करें? उन्होंने बोला “एक महीना आप ट्रेनिंग दे दो”, तो मैं बोला “लेकिन मुझे ट्रेनिंग देना नहीं आता।” उन्होंने बोला कि “जो तुम करते हो, जिस तरह तुम बेचते हो, वो ही चीज़ सिखा देना।” मैंने उस महीना अपनी सेल्स की टीम को एक दिन सुबह 9 बजे से लेकर शाम को 5 बजे तक क्लास रूम में बैठ कर ट्रेनिंग दी। वो मेरी जिन्दगी की पहली ट्रेनिंग थी। सबको लगा कि इस ट्रेनिंग में वज़न है क्योंकि मैं प्रैक्टिकल बात करता हूँ, अपने जीवन के एक्सपीरियेन्स से बात करता हूँ, अपने फन्डे बताता हूँ, मैं कोई किताबी फन्डे नहीं बताता हूँ। उसके बाद मुझे हर हफ्ते ट्रेनर बनना पड़ा।

एक ट्रेनर के तौर पर मेरे अंदर कुछ अच्छी बातें थीं तो वहीं कुछ बुरी बातें भी थीं। बुरी बातें जैसे मैं जब ट्रेनर बना, तो मैं 120 लोगों का बॉस था तो उनको मेरे नीचे सीखना ज़रूरी था। मैं सिखाता अच्छा था मगर मेरे दिमाग में ये रहता था कि ये मेरे इंप्लाइज हैं तो एक प्रकार का जुल्म होता है मतलब एक बाउंडिंग होता था कि ये मेरे इंप्लाइज हैं, मेरे सब ऑर्डिनेट्स हैं।

सवालः वो फीलिंग रहती होगी सिखाते टाइम?

जवाबः हाँ, तो मैं सिखाने के साथ-साथ उनको डांट देता था, मार लेता था और वो सब मुझे बर्दाश्त भी कर लेते थे। उसके बाद मैं जब प्रोफेशनल ट्रेनर बन तब भी मेरे अंदर का वो बॉस नहीं मरा, तो आज भी मैं कभी-कभी ये सब हरकतें करता रहता हूँ।

पिछले 20 सालों में मैंने करीबन 6,999 पेड प्रोग्राम्स किये हैं। हम गिनीज बुक में भी अप्लाई कर रहे है क्योंकि सब के सब अकाउंटेड हैं। इतना ज्यादा दुनिया में किसी भी ट्रेनर ने पेड़ प्रोग्राम नहीं किया है।

सवालः आप सेल्स में हैं, बहुत सारे लोगों को आपने इतनी सारी ट्रेनिंग दी। हम अक्सर देखते हैं कि एक प्रोडक्ट है, कुछ लोग उसी प्रोडक्ट, उसी प्लान में बहुत तेजी के साथ ग्रो करते है और कुछ लोग ऐसे है वो ग्रो नहीं कर पा रहे हैं, परेशान हैं, उदास हैं, हताश हैं, तो ये अंतर कैसे आ जाता है ?

जवाबः इसे मैं एक छोटे से उदाहरण के साथ समझाऊंगा। मेरे घर में एक बरतन है, एक लीटर दूध वाला, रोज सुबह एक लीटर का दूध मेरी वाइफ उसमें डालती है और उसको गैस पर रखती है, उसको स्विच लगाती है तो करीबन 11 मिनट में दूध उबल जाता है और ये कई सालों से 11 मिनट में ही उबलता है। तो मेरे घर पर कुछ दोस्त आए हुए थे, मैंने उनको पूछा कि दूध कितने मिनट में बॉइल होता है? लोगों ने कहा 11 मिनट। मैंने बोला आइए मैं आपको कमाल दिखाता हूँ और वही बरतन, वही दूध उसी स्टोव के ऊपर रखा और स्विच ऑन किया और उनके सामने दिखाया कि एक मिनट में दूध उबल गया। ये कोई चमत्कार नहीं है, बात ऐसा है कि वो

पहले से बॉयल्ड दूध था। मतलब जब दूध बॉयल्ड रहता है ना उसको दुबारा बॉइल होने में एक ही मिनट लगता है यानी तैयार दूध को बॉइल होने में एक ही मिनट लगता है, कच्चे दूध को बॉइल होने में 11 मिनट लगता है। इसी तरह ज्यादातर लोगों का इस बिज़नेस में कामयाब ना होने की वजह ये है कि वो लोग देखते हैं कि दूसरे को एक ही मिनट लगा, तो मैं भी 1 मिनट में हो जाऊंगा। वो ये नहीं समझ पाते हैं कि सामने वाला तैयार था और मैं तैयार नहीं था, उसके अंदर एजुकेशन था, उसके अंदर स्किल था, उसके अंदर वो जुनून था, उसको जरूरत थी, वो उस बिजनेस को करने के लिए पूरी तरह से तैयार था और जो भी तैयार होता है तुरन्त सक्सेसफुल होता है, जो तैयार नहीं है उसको 11 मिनट लगता है या 11 साल लगता है। टाइम लगता है तैयार होने तक, उसके बाद वो बॉइल होता है।

सुरेन्द्र: तो इसमें हम दो चीजें समझ सकते हैं, पहली चीज़ तो ये कि अगर किसी को सक्सेस नहीं मिल रही है तो वो परेशान न हो। वो एक प्रोसेस में है इसीलिए टाइम लगेगा और दूसरी चीज़ ये कि जो सक्सेसफुल है उसके अंदर जो स्किल्स है, उसकी जो बॉडी लैंग्वेज है, उसकी जो अप्रोच है वो मैं भी सीखूं ताकि जब मैं भी उस जैसा हो जाऊंगा तो मुझे भी उस जैसे परिणाम मिलने लगेंगे।

राजेश टागोर: बहुत सारी जगह पर गलत शिक्षा दी जाती है। दो रास्ते होते हैं, एक रास्ता जिसमें आपका सक्सेस गारन्टीड है, एक रास्ता जिसमें आपका फेलियर गारन्टीड है। लोग जुड़ते वक्त नहीं जानते हैं कि कौन-सा गारन्टीड सक्सेस का रास्ता है, कौन सा गारन्टीड फेलियर का। ज़्यादातर ट्रेनिंग प्रोग्रामों में, वीडियोज में, किताबों में, जो परम्परागत तरीके से बताया या सिखाया जाता है वो गारन्टीड फेलियर का तरीका होता है। फॉर एक्जाम्पल आप अगर किसी डायरेक्ट सेल्स की कंपनी से जुड़े हैं तो आप वहाँ पर पहले दिन जाकर बेसिक सेल्स ट्रेनिंग आप अटैन्ड करते हैं तो बोला जाता है कि लिस्ट बनाओ और लिस्ट में सबका नाम लिखो, पहचान वालों का,

अड़ोस-पड़ोस का, रिश्तेदारों का, सबका नाम लिखो, आप शादी करते हो, जितने लोगों को बुलाओगे उन सबका नाम लिखो और अगले दिन से उन सबको फोन करो, उनके घर में बैठ जाओ, उनको बुलाओ और नॉर्मली सब के सब 150 लोगों का लिस्ट बना देते हैं और ये गारन्टीड फेलियर का रास्ता है।

सवालः मतलब जो आज तक सक्सेस का रास्ता था, वो बदल गया है, ट्रेंड चेंज हो गया है?

जवाबः वो कभी भी सक्सेस का रास्ता नहीं था। इसमें बाइ चान्स लाख में कोई एक सक्सेसफुल हो जाता है। गारन्टीड सक्सेस यानी वो रास्ता जिस पर जो कोई भी गया उसको गारन्टीड सक्सेस मिला।

सवालः तो इसके लिए क्या करें?

जवाबः गारन्टीड सक्सेस का रास्ता है, ये जो 150 लोगों का आपने लिस्ट बनाने के लिए बोलते हैं, लिस्ट बनाना चाहिए, बिल्कुल बनाना चाहिए मगर आपको कसम खाना चाहिए कि इन 150 लोगों को मैं जीवन में कभी भी नहीं मिलूंगा और इनको छोड़ के बाकी लोगों से मिलूंगा। कमाल की बात ये है कि अगर इन 150 लोगों को छोड़ दिया जाए तो भी भारत में 150 करोड़ लोग हैं। लोग मार्केट छोड़ कर सारी जिन्दगी उन 150 लोगों के पीछे पड़े रहते हैं।

सुरेन्द्रः मतलब वो 150 जो हमें निकम्मा, नालायक समझते हैं।

राजेशः बिल्कुल और दूसरी बात ये जो पहचान वाले होते हैं वो अगर आपको रिजेक्ट कर देते हैं तो आप सह नहीं पाते हैं, आपको ऐसा लगता है खुदकुशी कर लूं, अगर अंजान आदमी आपको रिजेक्ट करता है तो कुछ फर्क ही नहीं पड़ता है। ऐसी परम्पराओं को लोग फॉलो करते हैं इसीलिए सक्सेसफुल नहीं बनते हैं।

सवालः आपकी ट्रेनिंग्स प्योरली सेलिंग पर होती है। इन्शोरेंश पर भी आप बहुत अच्छी ट्रेनिंग करते हैं।

जवाबः सेलिंग्स पर, नेटवर्क मार्केटिंग पर, लीडरशीप पर, इन सब पर मेरी ट्रेनिंग होती है।

सवालः कोई ऐसी ट्रेनिंग जो स्पेशली जो डायरेक्ट सेलिंग पर हो ताकि इससे जुड़े लोग लाभान्वित हो पायें?

जवाबः मेरा ओपन प्रोग्राम भी होता है और क्लोस प्रोग्राम भी। ओपन प्रोग्राम मतलब कोई भी आकर उसको अटैन्ड कर सकता है, क्लोस प्रोग्राम मतलब किसी खास कंपनी ने मुझे इन्वाइट किया है। मेरे 90% ट्रेनिंग क्लोस होते हैं।

सवालः हमारे जीवन में कुछ ऐसी घटनाएं होती हैं जो हमें हमेशा याद रहती हैं तो आपका भी बड़ा लम्बा तजुर्बा रहा है जिन्दगी का। ऐसा कुछ इंसीडेंट आप हमारे पाठकों के साथ शेयर कीजिए।

जवाबः मेरी शादी एक खूबसूरत इंसीडेंट है। हम दोनों का लव मैरिज था। 25 सितम्बर, 1995 को रात को नौ बजे हमने फैसला किया कि हमें आज ही रात को शादी करनी है तो 9:05 तक मैं बाहर की दुकान में जाकर, 15 रूपये कि 2 मालाएं नेगोशिएट करके 25 रूपये में लेकर आया। वो मालाएं मैंने उसके ऊपर, उसने मेरे ऊपर पहना दिया और तब से हम दोनों मियां-बीवी हो गए। ये हमारी शादी थी और इसके पीछे भी एक बहुत महत्वपूर्ण बात है कि मैं हमेशा शादी को ऐसा रखना चाहता था कि उसमें खर्चा न हो। जब मेरे पिताजी ने नौकरी छोड़ दी उसके बाद करीब दस पन्द्रह साल तक हमें काफी गरीबी देखनी पड़ी और मेरे पिताजी का सारा जो बचत था वो मेरी बहन की शादी में खर्च हो गया। मेरे पिताजी उस बड़े बोझ को उठा नहीं सकते थे, अपने आप को पूरा कुचलकर उठाया तो ऐसा मेरे मन में था कि शादियों में खर्चा नहीं करना चाहिए, ऐसा नहीं है कि जो खर्चा करते हैं वो गलत करते हैं। मगर मैं ऐसे शादी करना चाहता था कि एक मॉडल बनूँ कि लोग ऐसा भी शादी करना स्टार्ट करें।

पूरा इंटरव्यू देखने के लिए हमारे यू-ट्यूब चैनल 'चैट विद सुरेन्द्र वत्स' पर एपिसोड नंबर 13 "कामयाबी का सूत्र: लिस्ट बनाएँ और उसे भूल जाएं" राजेश टैगोर देखिए।

Deepak Bhambri

- *Motivational Speaker*
- *Success Coach*
- *Traveller*

सुरेन्द्र वत्स विद दीपक भांबरी - एपिसोड 14

इस चैप्टर में हम डायरेक्ट सेलिंग इंडस्ट्री के एक और जाने माने नाम, दीपक भांबरी जी के बारे में जानेंगे। इनको दुकान चलाने का एक बहुत लम्बा तजुर्बा रहा है और ये 19 सालों से डायरेक्ट सेलिंग इंडस्ट्री का हिस्सा है, 35 से ज्यादा विदेश यात्राएँ कर चुके हैं।

सुरेन्द्र वत्स के सवाल दीपक भांबरी के जवाब:

सवाल: सर, आप अपने बैकग्राउण्ड के बारे में हमारे पाठकों को बताइए?

जवाब: मैं छत्तीसगढ़ के एक बहुत ही छोटे से शहर जगदलपुर में पैदा हुआ। मेरे पिताजी गवर्नमेंट जॉब में कार्यरत थे। वहीं पर मैंने हाई स्कूल किया और कॉलेज के फस्ट इयर में गया। जैसे ही मैंने फस्ट इयर कि परीक्षा दी, उसी समय मेरे डैड का ट्रांसफर जगदलपुर से फरीदाबाद हो गया। हमारी पूरी फैमिली फरीदाबाद शिफ्ट हो गयी और यहाँ की पढ़ाई स्टैंडर्ड छत्तीसगढ़ के स्टैंडर्ड से बहुत हाई था। जब मैं सैकण्ड इयर कॉलेज में एडमिशन लेने के लिए गया, तब मुझे पता चला कि मुझे दो साल पीछे एडमिशन मिलेगा यानी कॉलेज जाने वाले इंसान को फिर टैन्थ में एडमिशन मिल रहा था। मेरा दिल बड़ा उदास हुआ और मैंने पढ़ाई छोड़ दी। चूंकि पढ़ाई छोड़ दी तो पैसे कमाने के बारे में सोचने लगा। दिल्ली में हमारे बहुत सारे रिश्तेदारों की शॉप्स है तो मैंने अपने एक अंकल की शॉप पर बैठना स्टार्ट किया। वो कहीं जा रहे थे तो उन्होंने मुझे गल्ले पर बैठा दिया और मुझे वहाँ बहुत मज़ा आया। मतलब कस्टमर आता है, आपको पैसे देता है, थोड़ा सा सामान लेता है और चला जाता है और सारा दिन आप शान से बैठे रहते हो, कस्टमर को अटैन्ड करते हो। मुझे लगा ये काम बहुत आसान और मजेदार है, ये पैसे कमाने का बहुत बढ़िया तरीका है। उसके बाद मैंने अपने मम्मी-पापा को इगोशनली ब्लैकमेल किया कि मुझे अब यही काम करना है। बड़ी मुश्किल से उन्होंने पैसों कि व्यवस्था की क्योंकि मैं अपने माता-पिता की पाँचवीं सन्तान हूँ तो मुझ तक आते-आते उनके सारे पैसे

खर्च हो चुके थे बड़े भाई-बहनों को पढ़ाने में, उनकी शादियां करने में। तो बहुत ही थोड़े से पैसों से मैंने अपनी एक शॉप स्टार्ट की और 17 सालों तक मैंने वो शॉप चलाई।

सवाल: तो फिर आप डायरेक्ट सेलिंग में कब और कैसे आए?

जवाब: 1999 में, मैं अपने शॉप के काम से मैं सहारनपुर जा रहा था। उस समय ज़्यादा पैसे होते नहीं थे, इसलिए मैं जनरल बोगी में ट्रेवल किया करता था। तो उस दिन मेरठ के आस-पास एक आर्मी से रिटायर्ड सज्जन मेरी बोगी में आए, मेरे बिल्कुल सामने बैठ गए। उन्होंने मुझसे मेरा नाम पूछा। मैंने अपना नाम बताया तो उन्होंने मुझसे पूछा कि मैं क्या करता हूँ। मैंने बताया "अंकल जी मेरी शॉप है।" उन्होंने पूछा कि "सहारनपुर कैसे जा रहे हो?" मैंने बताया कि "शॉप के लिए ही सामान लेने मैं सहारनपुर जा रहा हूँ।" उन्होंने मुझसे अचानक एक सवाल किया "बेटा बुरा नहीं मानोगे तो एक सवाल कर लूं?" मैंने कहा "अंकल जी करो।" उन्होंने मुझसे पूछा कि "बेटा अगर तीन महीने तुम अपनी दुकान ना खोलो, तो क्या तुम्हारे घर पैसे आयेंगे?" ये सुनकर मेरे रोंगटे खड़े हो गए, मैं सुन्न हो गया क्योंकि ये सवाल ना किसी ने अभी तक मुझसे पूछा था, ना मैंने जिन्दगी में कभी अपने आप से पूछा था। उन्होंने कहा कि "बेटा जिन्दगी में अगर कोई काम ऐसा मिलें जिसमें तुम्हें ऐसी इनकम के सोर्स नजर आयें जिसमें तुम फिसिकली प्रेसेन्ट अगर नहीं भी हो तो भी तुम्हारे घर पैसे आयेंगे, तो बेटा ऐसा काम ज़रूर करना।"

उसके लगभग ढाई-तीन साल के बाद अचानक मुझे नेटवर्क मार्केटिंग इंडस्ट्री को देखने और समझने का मौका मिला और मुझे याद आया कि ये बिल्कुल वही चीज़ है कि कुछ दिनों के बाद या कुछ महीनों के बाद या कुछ सालों के बाद ऐसा दिन आ सकता है कि मैं कुछ नहीं कर रहा होऊँगा और तब भी मेरे पास पैसे आयेंगे। मुझे उन अंकल जी की बात याद आयी और मैंने खुद अपने आप को झोंक दिया।

सवालः लेकिन जब आप ट्रेडिशनल मार्केट में थे, तो एक ऐसा टाइम आया होगा जब आपको अपनी दुकान और डायरेक्ट सेलिंग में से किसी एक को चुनना होगा, तो क्या वो निर्णय लेना आसान था ?

जवाबः आसान नहीं था, बहुत टफ था। जब मैं डायरेक्ट सेलिंग इंडस्ट्री में आया, तो सिर्फ 3 महीने में ही मैंने डिसाइड कर लिया था कि अब मैं अपनी जिंदगी एज अ शॉपकीपर नहीं बिताने वाला हूँ और तीन महीने में मैंने डिसाइड किया कि अब मैं दुकान में बिल्कुल नहीं जाऊंगा। मैंने अपनी शॉप अपने ब्रदर को हैंडओवर कर दी ।

सवालः घर वलों का क्या रिएक्शन था?

जवाबः डैड ने बोला "बेटा तू पागल हो गया है तेरा दिमाग खराब हो गया है।" मॉम ने बोला कि "ऐसा मत कर," वाइफ ने भी मना किया। इन लॉज ने बहुत बोला कि "हमने लड़की तो तुम्हें तब दी थी जब तुम्हारी दुकान चल रही थी, अब तुम कह रहे हो कि दुकान ही नहीं करूंगा।" मैंने उन लोगों कहा कि "मुझे वक्त दीजिए जो मैंने डिसाइड किया है, उसके लिए मैं अपने आप को झोंक दूंगा और मैं साबित करके दिखाऊंगा कि मैं सही हूँ।"

सवालः अगर हम इंडिया में डायरेक्ट सेलिंग के भविष्य की बात करें तो आपको क्या भविष्य नजर आता है?

जवाबः गवर्नमेंट ऑफ इंडिया ने डायरेक्ट सेलिंग को 09 सितम्बर सन् 2016 को इंडिया में लीगलाइज किया। इसके लिए कुछ गाइडलाइन्स बनायी। अब सरकार इस इंडस्ट्री के बारे में सोच रही है और कुछ डिसीजन्स बहुत जल्दी आयेंगे। अभी इंडिया में इस इंडस्ट्री की सिर्फ शुरुआत है। दो-ढाई साल पहले ये इंडस्ट्री लीगलाइज नहीं थी, तब तो प्रैक्टिस सैशन चल रहा था, मैच तो अभी शुरू हुआ है। आज का जो यूथ है मैं उनको ये कहना चाहता हूँ, जॉब के पीछे मत पड़िए, डायरेक्ट सेलिंग इंडस्ट्री को ढंग से पहचानिए। मेरा मानना है कि डायरेक्ट सेलिंग इंडस्ट्री इस दुनिया का आठवां अजूबा है। इससे बड़ा फ्यूचर कहीं हो ही नहीं सकता है।

सवाल: डायरेक्ट सेलिंग के नाम पर बहुत सारी मनी सर्कुलेशन कंपनियां है, जब किसी आदमी के सामने पहली बार कोई चीज़ रखी जाती है तो वो समझ नहीं पाता कि गाइडलाइन क्या है, कहाँ मिलेंगी, कैसे चेक कर सकते है? उसको जैसा बताया जाता है वह वैसा ही समझता है और बहुत सारे लोग अनजाने में मनी सर्कुलेशन कंपनीज में चले जाते हैं, लालच में आ जाते हैं। तो अगर एक आदमी को ये चुनना है, उसके सामने जो प्रपोजल आया है वो एक सही कंपनी है या कोई मनी सर्कुलेशन कंपनी है, उसे कैसे चेक कर सकते हैं?

जवाब: सबसे पहले तो एक इंसान को अपने विवेक से काम करना चाहिए। बहुत सारे लोग बहुत इसकी गहराई में नहीं गए हुए हैं, तो उनको पता नहीं है कि कौन सी वैबसाइट पर चैक करना चाहिए या इस कंपनी का रजिस्ट्रेशन प्रॉपरली है या नहीं है, लेकिन यहाँ पर एक इंसान को अपने विवेक का इस्तेमाल करना चाहिए। आप कोई भी काम करें, हर जगह आपको कुछ ना कुछ करना होगा ताकि आपको पैसे मिलें। बहुत सारी कंपनियां ऐसी आ जाती हैं जो कहतीं हैं कि आप कुछ मत करो, बस इनवेस्टमेंट करो और हर महीने आपको पैसे मिलेंगे। यहाँ पर अपने विवेक से भी काम लीजिए कि बिना कुछ किए पैसे नहीं आ सकते, भगवान कुबेर भी अपने खजाने से पैसे नहीं दे सकते।

सवाल: हमारे यहाँ अगर किसी आदमी को गलत काम करना है तो वो बड़े दिमाग का इस्तेमाल करता है। जैसे कुछ लोग कहते हैं कि आपको बस सोशल मीडिया पर जाना है, क्लिक करना है, इतने क्लिक करेंगे तो आपको इतना पैसा मिल जायेगा या वो कुछ बोलते है कि आपका पैसा हम वहाँ पर इन्वेस्ट कर रहे हैं और उस इन्वेस्टमेंट से वो ऐसा-ऐसा बिज़नेस जाएगा। इस प्रकार के बहुत सारे ऐसे कन्फ्यूजन्स है, तो ऐसी चीज़ें को कैसे ट्रेस किया जाए?

जवाब: थोड़ा दिमाग तो लगाना पड़ेगा। अगर सिर्फ क्लिक करके लोगों को पैसे आने लग जाएं तो इस दुनिया की जितनी भी बड़ी-बड़ी इंडस्ट्रीज है वो

सारी की सारी बंद होने जाएं। आदमी को अपना दिमाग लगाना पड़ेगा कि इन चीजों से पैसे नहीं आते और जिन कंपनीज के बारे में वो बोलते है कि इस कंपनी की एड देख लो, उस कंपनी की एड देख लो, उन कंपनीज के साथ क्या लीगल तरीके से उनका टाई-अप है? इतना तो चैक किया जा सकता है ना। इन सब चीजों से बचकर रहें।

सवाल: ये जो हमारा बिज़नेस है, इसमें कहा जाता है कि ये डुप्लीकेशन का बिज़नेस है और आपको फ्रीडम तभी मिलती है जब आप अपने जैसे लोगों को तैयार करते हैं, वो आपकी जगह पर काम करते हैं तो इसको थोड़ा सा बताइए कि ये डुप्लीकेशन है क्या? ये कैसे काम करता है?

जवाब: नेटवर्क मार्केटिंग को भगवान के मॉडल के साथ में जोड़ के देखिए, भगवान के मॉडल के साथ इसको कनेक्ट करके देखिए। भगवान ने इस दुनिया में जितनी भी चीज़ें बनायी हैं, कोई भी फाइनल प्रोडक्ट नहीं है। भगवान ने अगर आम बनाया है तो उसके अंदर एक बीज डाला है, भगवान ने घोड़ा बनाया है तो उसके अंदर बीज डाला है, भगवान ने मछली बनायी है तो उसके अंदर बीज डाला है, भगवान जी ने जितने वनस्पति, जितने प्राणी बनाए हैं, उनमें से कोई भी फाइनल प्रोडक्ट नहीं है, सबके अंदर एक बीज है।

भगवान जी ने ये बीज क्यों डाला है? ताकि उस प्रोडक्ट का गुणात्मक रूप से मल्टीप्लीकेशन हो। तो मैं इसको नेटवर्क मार्केटिंग के साथ जोड़ता हूँ, अगर नॉर्मली देखा जाए तो लगभग 99% बिज़नेस या व्यवसाय कभी भी मल्टीप्लाई नहीं करते, वो एक जगह पर हैं और वहीं पर खत्म हो जाते हैं। नेटवर्क मार्केटिंग इंडस्ट्री इकलौती ऐसी इंडस्ट्री है जो आपकी सोर्स ऑफ इनकम को मल्टीप्लाई करती है, जैसे आम के एक बीज से कई लाख आम पैदा होते हैं कुछ सालों में, उसी तरह नेटवर्क मार्केटिंग में आपकी वजह से कई लाख लोग आपकी टीम में आते है जिसकी वजह से आपकी इनकम कई लाख गुना मल्टीप्लाई होती है और डुप्लीकेट होती है। ये बात समझनी

बहुत ज़रूरी है, आपकी सोर्स ऑफ इनकम, डुप्लीकेट और मल्टीप्लाई होनी ही चाहिए अगर आपको लाइफ में बहुत बड़े मुकाम पर पहुँचना है तो। हमारा एक डायरेक्ट सेलर है, उसको अगर हम एक आदमी ना मानें, उसको हम ये मानें कि उसके माध्यम से ये बिज़नेस मल्टीप्लाई होगा, बस जैसे आम के पौधे का हम ख्याल रखते हैं शुरूआत में, वैसे ही उस डिस्ट्रीब्यूटर को सिखाना है, समझाना है, उसके अंदर लीडरशिप क्वालिटी लेकर आनी है।

नेटवर्क मार्केटिंग में चीजों को मल्टीप्लाई और डुप्लीकेट करने के गुण होना चाहिए। जो काम आपने सीखा है, वो अपनी नीचे वाली टीम के लोगों को सिखाना आपका कर्तव्य हैं।

सवाल: मतलब पैरेंट्स जैसे अपने बच्चे को एजुकेट करते हैं और तभी उसको समाज में मान-सम्मान मिलता है तो एक लीडर भी अगर डाउनलाइन को सिखाएगा नहीं तो उसको माँ सम्मान नहीं मिलने वाला?

जवाब: जैसे एक माँ अपने बच्चे की केयर करती है, हर लीडर की ये रिस्पॉन्सिबिलिटी, ये ड्यूटी है, कि वह अपनी टीम के एक-एक एसोसिएट की माँ की तरह केयर करे।

सवाल: डायरेक्ट सेलिंग की शुरूआत में ऐसा होता है कि मनचाहे रिजल्ट नहीं मिलते, स्ट्रगल करना पड़ता है। टफ टाइम आपने भी निश्चित रूप से फेस किया होगा, हर सक्सेसफुल व्यक्ति उससे गुजरता है। आज हमारे बहुत सारे ऐसे डायरेक्ट सेलर्स हैं, जिनको बहुत टाइम हो गया है, लेकिन उनको रिजल्ट नहीं मिल रहे है। ऐसी मनोस्थिति में काम करना बड़ा मुश्किल रहता है, ऐसे समय में क्या सोचा जाए, क्या किया जाए, क्या एक्शन लेना चाहिए?

जवाब: नेटवर्क मार्केटिंग डायरेक्ट सेलिंग इंडस्ट्री कोई लॉटरी का टिकट नहीं है और इस दुनिया में कोई भी प्रोफेशन लॉटरी का टिकट नहीं होता। आपने चार साल कि उम्र में पढ़ाई करना स्टार्ट किया। 18-20 साल तक आपने पढ़ाई की अलग-अलग फील्ड में। पैसे कमाना आपने कब स्टार्ट किया,

जब आपने अपनी जिन्दगी के सोलह सालों तक एजुकेशन लिया। कोई भी प्लेयर, चाहे वो कपिल देव हो, सचिन हो, विराट कोहली हो, उन्होंने अपनी जिन्दगी के कितने साल स्ट्रग्ल किया, उस इंडस्ट्री में या उस फील्ड में टॉप पर पहुँचने के लिए। पैसा बाय प्रोडक्ट है, सबसे पहले अपने आप को तैयार कीजिए। एक कोयला जब जमीन से निकलता है तो जिसने उसे निकाला है उसे मालूम है कि ये कोयला नहीं है, ये हीरा है, तो उस कोयले को कितनी कटाईयों से गुजरना पड़ता है, कितनी बार उसको तराशा जाता है, तब कहीं जाकर वो एक चमकदार डायमण्ड बनता है, कोहिनूर डायमण्ड बनता है। तो डायमण्ड हर इंसान के अंदर है, उसको ये मान के चलना पड़ेगा। जब भी उसके दिमाग में ये बात आए कि मुझे जल्दी सक्सेस मिलनी चाहिए, उसे बार-बार ये सोचना चाहिए कि मुझे जल्दी सक्सेस नहीं चाहिए क्योंकि मुझे अपने आप को तराशना है। अगर उसने अपने आप को अच्छे से तराश लिया तो जैसे हीरे की चमक एक बार अगर आ गयी, तो जिन्दगी भर कम नहीं होती, उसी तरह एक डायरेक्ट सेलर, नेटवर्कर में चमक अगर एक बार आ गयी, दुनिया की कोई ताकत उसकी चमक को अब कम नहीं कर सकती यानी अब उसकी इनकम जिन्दगी में कभी कम नहीं होने वाली है।

सवालः मतलब अगर फेलियर्स हैं तो ये माना जाए कि उसको तराशा जा रहा है, आने वाले समय में यही चीज़ें उसकी चमक को बढ़ाने वाली हैं और इम्पोर्टेन्ट ये भी है कि वो सीखें, अपने आप को तैयार करें, जो रिक्वायरमेंट है इंडस्ट्री की, जिन स्किल्स की ज़रूरत है, वो अपने में उसे अपडेट करें।

जवाबः सचिन को देखिए कितने सालों की प्रैक्टिस है, साइना नेहवाल को देखिए कितने सालों की प्रैक्टिस है, रैसलर सुशील कुमार को देखिए कितने सालों की प्रैक्टिस है, तो सबको प्रैक्टिस करनी ही पड़ेगी, अपने आप को तराशना ही पड़ेगा।

सवाल: हम सभी की लाइफ में कुछ ऐसे फनी इंसिडेंट्स होते हैं जो हमें हमेशा याद रहते हैं तो क्या अपनी लाइफ का एक सबसे फनी इन्सिडेंट हमारे साथ शेयर करेंगे?

जवाब: एक बड़ी मजेदार घटना है। करीब आठ नौ साल पुरानी बात है। पहले हम होम मीटिंग्स बहुत किया करते थे। सन्डे का दिन था, हमारा सेमिनार था दिल्ली में, और सेमिनार से फ्री होने के बाद एक डिस्ट्रीब्यूटर ने कहा कि पास में ही एक गाँव में मीटिंग करनी है हम 5 बजे के आस-पास उस गाँव कि तरफ जा रहे थे। सर्दियों के दिन थे, तो अंधेरा जल्दी हो गया और उस गांव का रास्ता ढूंढते-ढूंढते पहुंचे। वहाँ पहुंचकर मुझे पता चला कि जिनके घर हम जा रहे हैं वो थोड़ा सा दूर है, तो गाड़ी यहाँ पार्क कर दी और घर थोड़ा दूर था तो हम गाड़ी से उतरे और सेमिनार से निकले थे तो सूटेड-बूटेड थे, शानदार टाई-वाई पहनी थी। हम उनके घर की तरफ गए, बारिश हो रही थी, तो थोड़ा-थोड़ा पानी जमा हुआ था, मुझे पता नहीं चला कि कहाँ पर नाली है और मेरा एक पैर नाली में चला गया और मैं धड़ाम से नाली में चल गया। अब जिनके घर मुझे बिज़नेस शेयर करना था, उन्होंने मुझे नाली से निकाला और पाइप लगा कर सर्दियों के दिनों में धोया और उसके बाद उन्होंने कहा "दीपक जी अब ठीक हो?" मैंने कहा "हाँ मैं ठीक हूँ।" फिर उन्होंने कहा, "समझाओ जी आप क्या समझाने आए थे।" जमीन पर बोरी पर बैठ कर मैंने उनको समझाया। उन्होंने बड़ा इन्जॉय किया, गर्म-गर्म पकौड़े भी खिलायें, चाय पिलाई। एक-डेढ़ घंटा हम लोग उनके घर पर बैठे, उन्होंने बिज़नेस ज्वाइन भी किया। तो ऐसे कुछ फनी मोमेंट्स रहे लाइफ में। यही तो खूबसूरती है इस इंडस्ट्री की।

पूरा इंटरव्यू देखने के लिए हमारे यू-ट्यूब चैनल 'चैट विद सुरेन्द्र वत्स' पर एपिसोड नंबर 14 "डायमंड कैसे ढूंढें?" दीपक भांबरी देखिए।

Dr. Surekha Bharghav

- *MLM Legend*
- *Mentor*
- *Leader's Leader*
- *Traveller*
- *MLM GuruMaa*
- *Author*

सुरेन्द्र वत्स विद सुरेखा भार्गव - एपिसोड 15 पार्ट 1

इस चैप्टर में हम सुरेखा भार्गव जी से रूबरू होंगे। इनका डायरेक्ट सेलिंग का 23 सालों का अनुभव है और ये 23 सालों से एक ही कंपनी के साथ, चट्टान की तरह अडिग खड़ी हैं। इन्होंने 56 से ज़्यादा देशों की यात्रा की है। मैं ये मानता हूँ कि हमारी राजनीतिक आज़ादी में जो योगदान रानी लक्ष्मी बाई का रहा। समाज सेवा में जो योगदान मदर टेरेसा का रहा, वही योगदान इस डायरेक्ट सेलिंग इंडस्ट्री में सुरेखा भार्गव जी का है।

सवाल: आप हमारे पाठकों को अपनी बैकग्राउंड के बारे में थोड़ा सा बताइए।

जवाब: मैं एक मिडिल क्लास फैमिली को बिलॉन्ग करती हूँ। मेरे फादर गवर्नमेंट सर्विस में थे, मदर गवर्नमेंट टीचर थीं। हम तीन बहने हैं। सारा फोकस सिर्फ पढ़ाई लिखाई पर था। मेरे परिवार में मुझे कभी नहीं बताया गया कि तुम क्या नहीं कर सकती। अगर मुझे सबसे बड़ी ताकत मिली तो इसी सोच से मिली जो मेरे फादर की थी। मैं उस बैकग्राउंड से आई हूँ जहाँ लड़कियों को बहुत रेस्पेक्ट दी जाती है, जहाँ पर सपनों को बहुत मान्यता दी जाती है। हमें पापा हमेशा पिक्चर दिखाने ले जाते थे, फिर बताते थे कि देखो कैसा घर था, उसमें देखो कैसी गाड़ी थी, मतलब उन्होंने हमारे दिमाग में यह बात डाली की कोई गाड़ी अगर तुम्हारे सामने से चल रही है तो तुम हीरो को साइड कर दो और खुद ड्राइविंग सीट पर बैठ जाओ। उन्होंने सिखाया कि अपनी फिल्म के हीरो तुम खुद होने चाहिए। मैंने बीकॉम किया, एमकॉम किया, एमफिल किया, यूजीसी नेट क्लियर किया, पीएचडी किया। इंडिया के किसी भी कॉलेज में लेक्चरर बनने के लिए या तो आपको एमफिल होना चाहिए या यूजीसी नेट क्लियर होना चाहिए या पीएचडी होनी चाहिए। यह तीनों डिग्री मैंने ले ली उसके बाद मेरी शादी के लिए रिश्ते आने लगे और जब अरुण भार्गव देखने आए मुझे तो बहुत जोर से

हंस रहे थे और बिना बात हंस रहे थे तो मैंने सोचा कि इनकी हंसी के लिए कुछ भी किया जा सकता है, चलो इनसे शादी कर लेते हैं।

सवाल: आपने इस चीज़ को नेगेटिव नहीं लिया के ऐसे ही हंसे जा रहे हैं?

जवाब: जब किसी चीज़ पर दिल आ जाता है, तो कुछ भी नेगेटिव नहीं लगता है, सब कुछ अच्छा लगता है एक्चुअली उनकी हंसी में कुछ ऐसी बात थी, मुझे लगा कि इस हंसी के लिए मैं कुछ भी कर सकती हूँ। हालांकि पापा ने कहा कि स्ट्रगलिंग चार्टर्ड अकाउंटेंट है, और भी कई अच्छे रिश्ते आए लेकिन मैंने कहा नहीं मेरा दिल इन पर आ गया है बस।

सवाल: तो वह हंसी अभी बरकरार है या उसमें कुछ फीकापन आ गया है?

जवाब: भगवान ने वह हंसी तो छीन ली। मेरे हस्बैंड को 2005 में ब्रेन हेमरेज हुआ, वह 13 साल पैरालाइज़्ड रहे और अभी 2 साल पहले हमने उन्हें खो दिया।

सुरेन्द्र: सॉरी मैम मुझे एक्चुअली इसका कोई भी आईडिया नहीं था।

सुरेखा: कोई बात नहीं। हंसी तो छीन ली लेकिन मुझे बात का मुझे संतोष है कि उनकी आखिरी साँस तक उस हंसी के लिए जो मैं कर सकती थी वह मैं कर पाई, आई थिंक यह सक्सेस है।

सुरेन्द्र: मैं पाँच भाई बहनों में सबसे बड़ा हूँ तो मेरी जो मदर थीं, वह अब नहीं हैं इस दुनिया में, उनका मेरे पर बहुत विश्वास था। मेरी माता जी हमेशा यह कहती थीं कि मेरा बेटा बड़ा होकर देखना क्या करेगा, और वह जो चीज़ है वह मुझे मोटिवेट करती थी। जब मैं लाइफ में स्ट्रगल कर रहा था उस समय हमें पता चला कि उनकी दोनों किडनी में प्रॉब्लम है, 1 साल तक हमने उनको डायलिसिस पर रखा और मुझे लगता है कि अगर हमारे पास उस वक़्त पैसा होता तो शायद हम उनको कुछ साल और बचा सकते थे। लेकिन वह इस दुनिया को छोड़ कर चली गईं। मेरा यह मानना है कि आज मैं सफल हूँ तो वो वहाँ ऊपर बैठ कर खुश हो रही होंगी कि मेरे बेटे ने जो मैं कहती थी उसको पूरा किया है।

सुरेखा: अरुण भार्गव जी और मैंने मिलकर इस बिज़नेस को किया फिर एक दिन उनको सडनली ब्रेन हेमरेज हुआ। अगर मैं सिंपल हाउस वाइफ होती या वह खाली चार्टर्ड अकाउंटेंट होती तो मैं वो सब नहीं कर पाती जो मैंने किया, जैसे जब वो हॉस्पिटलाइज्ड हुए तीन चार महीनों के लिए और जब 13 सालों तक उनका रिहैबिटेशन चला।

सवाल: इस इंडस्ट्री की वजह से कर पाईं आप इन सब चीज़ों को?

जवाब: हाँ, इस इंडस्ट्री की वजह से मैं कर पाई। हर महीने चेक घर आता था। पहले 6 साल तो ऐसे थे कि मैंने एक भी मीटिंग नहीं की। और खाली पैसे की बात नहीं है इस बिज़नेस है मुझे सिचुएशन हैंडल करना सिखाया है। इसकी वजह से ही मैं मैनेज कर पाई सिचूऐशन को पॉजिटिवली और इतने लंबे समय तक बिना नेगेटिव हुए काम कर पाई। यह बिज़नेस आपको लाइफ से प्यार करना सिखा देता है।

सवाल: एक हाउसवाइफ होते हुए डायरेक्ट सेलिंग जैसा कांसेप्ट जिसमें काम करना बड़ा चैलेंजिंग होता था, इसका चुनाव कैसे किया आपने?

जवाब: सर मैं कितनी भी कहानी बता दूँ, सच तो यही है कि मेरी किस्मत अच्छी थी क्योंकि यह अपॉर्चुनिटी जब कोई लेता है तो कोई बड़े कारण से नहीं लेता या कोई छोड़ता है तो भी किसी बड़े कारण से नहीं छोड़ता। मेरे साथ यूं हुआ की, मेरी सास मुझसे बहुत प्यार करती थी और सभी का बहुत ध्यान रखती थीं, लेकिन हर 12-13 दिन बाद उनका मूड खराब हो जाता था। मेरे ससुर जी बहुत अच्छी पोस्ट पर थे लेकिन फिर भी मेरी सास हर 12-13 दिनों के बाद फ्रस्ट्रेट हो जाती थीं। एक बार मैंने उनसे पूछ लिया की "क्या हो जाता है आपको?" तो उन्होंने बोला, "एक बेटे को सीए करा दिया एक बेटे को एमबीए करा दिया, अब दोनों अपनी अपनी लाइफ में सेटल हैं। मेरी अपनी कोई पहचान नहीं है, मैं जीरो पर खड़ी हूँ, वैक्सिंग भी करानी है तो तुम्हारे पापा से पैसे लूँ। कल को अगर इन्हें कुछ हो गया तो क्या तुम लोगों से पैसे लूंगी?" तब मुझे समझ में आया कि मेरी भी आज जो धूरी है वह मेरा परिवार है। जब मेरी जिंदगी की शाम आएगी तब

जब मुझे सबसे ज्यादा खुश होना चाहिए तब मैं सबसे ज़्यादा दुखी होऊँगी क्योंकि मैंने अपनी कोई पहचान नहीं बनाई, अपनी कोई इनकम नहीं बनाई और मैं दूसरों पर डिपेंडेंट हूँ। उस दिन मैंने फैसला लिया के कुछ तो करूंगी। परिवार का ध्यान रखूंगी, पर साइड बाय साइड कुछ करूंगी। तो यहाँ से शुरुआत हुई। दूसरा जो कड़वा सच था मेरी जिंदगी का की सुबह 7:30 बजे मेरे हस्बैंड चले जाते थे स्कूटर पर, वह वाइट कलर का रुमाल बांधकर, हेलमेट लगाकर चले जाते थे लेकिन आने का टाइम फिक्स नहीं था और जब आते थे तो खांसते हुए आते थे। उनको देख कर मुझे ऐसा लगता था कि मैं इनकी कैसे मदद करूं। मुझे भी कुछ फाइनेंसियल गेन होने लगेगा तो इनका स्ट्रेस थोड़ा काम होगा।

सवाल: मतलब आप उस टाइम भी बड़ा ही सोचती थीं?

जवाब: पहले सपने आते थे मैं सपनों को दबा देती थी लेकिन जब डायरेक्ट सेलिंग की अपॉर्चुनिटी मिली तो ऐसा लगा कि हाँ अब सपने के पूरे करने का टाइम आ गया है।

एक दिन मैं अपने छोटे बेटे के लिए शॉपिंग करने गई। मेरे ढाई साल के बेटे को एक शूज़ पसंद आया वुडलैंड का और यह सोच कर कि नहीं 3 महीने में पैर बड़ा हो जाएगा, शूज छोटा हो जाएगा मैं ₹99 का लिबर्टी का जूता उठाकर घर आ गई। वो लाइफ का टर्निंग पॉइंट था। मन में बात आई की बहुत हो गया। हमने अपने दादा दादी, मम्मी पापा को समझौते करते हुए देखा, हमने समझौते किए, अब यह चौथी पीढ़ी है अब कुछ करना पड़ेगा।

कहते हैं कि जब विद्यार्थी तैयार होता है तब शिक्षक हाज़िर हो जाता है तो मैं पूरी तरह से तैयार थी और तभी नेटवर्क मार्केटिंग आया। हमारे पास एक लेडी का फोन आया, उसने बोला, “मैडम एक बिज़नेस अपॉर्चुनिटी है कोई इन्वेस्टमेंट नहीं है, कोई रिस्क नहीं है, कोई टेंशन नहीं है, कोई टारगेट नहीं है, कोई लॉस नहीं है, घर से होता है और हम सिखाते हैं।” तो मैं अपने आपको लकी मानती हूँ इस बिज़नेस के बारे में जानने का मौका मिला।

सवाल: तो उन पर विश्वास कर लिया आपने?

जवाब: उन पर विश्वास इसलिए कर लिया क्योंकि वो कुछ मांग नहीं रही थीं, सब कुछ दे ही रही थीं। हमारे लिए तो अविश्वसनीय यह था कि यह जो वो कह रही हैं वह सच है। वो अननोन लेडी आईं उन्होंने जो भी छोटी मोटी बातें बताईं, उसमें दो तीन बातें थीं, एक थी एक मोटर मकैनिक को प्लेन मिला हुआ था, वह अपने प्लेन के साथ खड़ा था, एक हैंडीकैप टीचर थीं, व्हील चेयर पर बैठी थीं, वह अपने करोड़ों के बंगले के सामने बैठी थीं, एक हस्बैंड वाइफ की फोटोग्राफ दिखाई थी उन्होंने 4 साल इस बिज़नेस को किया था, हस्बैंड की डेथ हो गई वाइफ पागल हो गई, 30 साल बाद वह बच्चे 37 और 39 साल के हैं और अपनी कंट्री के टॉप रिचेस्ट लोगों में से हैं। वह जो तीन स्टोरी थी उनको देख कर दिमाग में आया, कि अगर मोटर मकैनिक प्लेन खरीद सकता है तो मैं क्यों हस्बैंड को पेंट शर्ट गिफ्ट करती हूँ? मैं भी कार गिफ्ट कर सकती हूँ और अगर एक हैंडीकैप टीचर यह सब कर सकती हैं तो भगवान की दया से मेरे तो हाथ पैर सही सलामत हैं और अगर कोई 4 साल इस बिज़नेस को कर के अपने बच्चों को अपनी कंट्री के टॉप 100 रिचेस्ट लोगों में ला सकता है तो मैं यह जिंदगी भर कर लूंगी पर मुझे इंडिया की टॉप 100 रिचेस्ट वूमेन में आना है।

सवाल: आपको यह नहीं लगा कि आपकी फैमिली में कभी किसी ने यह सब किया नहीं है और आप उस माहौल से निकलकर यह सब कैसे कर पाईं?

जवाब: श्रद्धा बहुत बड़ी चीज़ होती है मतलब जब आप माता रानी की चौकी करवाते हो तो सोचते हो कि कौन क्या सोचेगा, क्या बोलेगा। क्या आप 50 लोगों से पता करते हो तुम उस दिन इतने बजे आओगे तब चौकी रखते हो या चौकी पहले रखते हो?

सुरेन्द्र: चौकी रखते हैं पहले

सुरेखा: चौकी रख लेते हैं फिर इनवाइट करते हैं, जिसको आना है आए जिसको नहीं आना है नहीं आए।

सुरेन्द्र: मतलब आपको इतना भरोसा था अपने सपने पर?

सुरेखा: सपनों में और प्लेटफार्म में मतलब आप खाली सपनों के साथ आगे नहीं बढ़ सकते। लोग मानते हैं मैं बहुत पॉजिटिव हूँ, लेकिन एक मेरा बहुत बड़ा नेगेटिव बिलीव है कि हम अकेले बहुत कमजोर हैं, जो कि सच है। मैंने नेटवर्क मार्केटिंग और इस कायनात पर भरोसा रखा।

सवाल: आपने एक बुक लिखी है 'कलाम सर के सक्सेस पाथ' वो पोअम की कलेक्शन है। कोई एक पोयम जो आपकी फेवरेट है वह हम चाहेंगे कि आप हमारे पाठकों के साथ जरूर साझा करें।

जवाब: डेफिनेटली सर एक कविता है 'राज का राज'-

आकाश की ओर देखिए हम अकेले नहीं हैं
समूचा ब्रह्मांड हमारे अनुकूल है
जो सपने देखते हैं और मेहनत करते हैं
उन्हें प्रतिफल देने की साजिश करता है

यह कलाम सर का कोट है तो इस कोट पर हमने रिसर्च किया कि इससे पहले क्या बोला और बाद में क्या बोला और फिर एक पोयम है इसका नाम है राज का राज

बाहर बिछाई जाने वाली यह न कोई भी बिसात है,
सफलता सिर्फ अंदर की बात है
हाथी घोड़े वजीर नहीं दिलाएंगे जीत,
एक कदम आगे दो कदम पीछे में वक्त जाएगा बीत
जिंदगी कभी सीधी तो कभी टेढ़ी ही चाल है
पर जीत लिया खुद को तो तेरे साथ कायनात है
सफलता सिर्फ अंदर की बात है
जो तुम सोचोगे वह तुम सींचोगें
जो तुम सींचोगें वह तुम खींचोगे
बिखरा है ब्रह्मांड में सब कुछ
क्या पाओगे यह बस तुम्हारे हाथ है

सफलता सिर्फ अंदर की बात है
बिना किसी शर्त के सकारात्मक रहना है
जो तुमने पाना है बस वही कहना है
यह जग जो बोले वह जग वह बोले
तुम खुद से जो कहते हो वही सबसे बड़ी बात है
सफलता सिर्फ अंदर की बात है
जो भी तुमने चाहा है वही तुमने रचा है
अपनी जिन मांगों पर वजन तुमने रखा है
उस वजन के वजन की सारी करामात है,
वही तुम्हारी उपलब्धि वही शह और मात है
सफलता सिर्फ अंदर की बात है
सफलता सिर्फ अंदर की बात है

सुरेन्द्रः आपने तो पूरा जीवन और स्ट्रगल इस कविता में बता दिया।

पूरा एपिसोड देखने के लिए हमारे यू-ट्यूब चैनल 'चैट विद सुरेन्द्र वत्स' के एपिसोड नंबर 15 पार्ट 1 "द MLM लेजन्ड" सुरेखा भार्गव देखें।

सुरेन्द्र वत्स विद सुरेखा भार्गव – एपिसोड 15 पार्ट 2

सवाल: डायरेक्ट सेलिंग का आपका इतना लंबा अनुभव है। आपको क्या लगता है डायरेक्ट सेलिंग का क्या विजन है इस देश में?

जवाब: दो रूप में इसका जवाब दूंगी। एक मेरा विजन जब मैंने ज्वाइन किया था और दूसरा मेरा विजन अब क्या है, दोनों में बहुत अंतर है। जब मैंने ज्वाइन किया था तब मैंने अपने आप को हुक कर लिया था, क्योंकि यह बड़ा हार्ड कोर बिजनेस है और अगर आपने बड़ा नहीं सोचा है तो आप कहीं खो जाओगे। मान लीजिए आपका कोई छोटा सा सपना है, छोटा सा विजन है तो अगर कोई बड़ा ऑब्सटेकल बीच में आ गया तो आपको अपना सपना ही दिखना बंद हो जाएगा। इसलिए सबसे पहली बात आपका गोल बड़ा होना चाहिए दूसरा अगर ऑब्सटेकल आया, भले ही कितना भी बड़ा क्यों न हो, विजन पर बहुत ज्यादा फोकस करना चाहिएऑब्सटेकल पर नहीं। मुझे दो बातें समझ में आईं पहला बूंद - बूंद से समुंदर बनाना है। फॉर एग्ज़ांपल मुझे बूंद मिली एक इंफॉर्मेशन की कि डेवलप्ड कंट्रीज में तकरीबन 4000 प्रोडक्ट्स हैं जो नेटवर्क मार्केटिंग के थ्रू प्रमोट किए जाते हैं। तब मैंने सोचा कि अगर किसी भी कंट्री में यह बिजनेस इतना अच्छा चलता है तो हिंदुस्तान तो इतना बड़ा है, हमारी पापुलेशन ज़्यादा है, हमारे यहाँ ट्रैवल कॉस्ट कम है, हमारे सोशल टाई अप बहुत अच्छे हैं, हमारे यहाँ अपॉर्चुनिटी कम है तो दूसरे देशों में अगर यह बहुत अच्छा चल रहा है तो हमारे यहाँ तो बहुत अच्छा चलेगा। अभी यह सिर्फ एक बूंद थी मेरे पास, मैंने इसको समुंदर कैसे बनाया ये बहुत मोटीवेटिंग कहानी है। मैंने विजुलाइज किया कि बहुत बड़ी बिल्डिंग होगी, 5000 गाड़ियों की पार्किंग की जगह होगी, एक फ्लोर पर वैलनेस होगा, 1 फ्लोर पर ब्यूटी होगा, 1 फ्लोर पर स्कूटी होगी, 1 फ्लोर पर स्कूटर होगा, गाड़ी होंगी, मतलब जिस भी प्रोडक्ट का नाम मेरे माइंड में आया वो मैंने विजुलाइज किया। लोग आएंगे, गाड़ी पार्क करेंगे, ट्रॉली उठाएंगे, समान सेलेक्ट करेंगे, काउंटर पर

जाएंगे, बिलिंग करेंगे और घर चले जाएंगे। मेरा मानना है की जब सोच ही रहे हो तो बड़ा सोचो, अगर फेंकने की कला नहीं सीखोगे तो बटोरने की कला नहीं आएगी।

सवाल: यह आप शुरुआती स्टेज पर सोच रही थीं?

जवाब: हाँ शुरुआती स्टेज पर क्योंकि उसके बिना आगे नहीं बढ़ सकते हैं। हमारे टाइम में क्रिएटिव होना पड़ता था बड़ी सोच के लिए, अब क्रिएटिव नहीं होना पड़ता, किसी भी अच्छे यूट्यूब चैनल पर जाओ, अच्छी वीडियो सुनो, कॉपी कर लो। पहले हमें क्रिएटिव होना पड़ता था। मैंने सोचा कि लोग आते जाएंगे, दिन भर आते जाएंगे, ट्रॉली लाएंगे, सामान सेलेक्ट करेंगे, एमसीए नंबर देंगे, काउंटर पर बिलिंग कराएंगे और घर चले जाएंगे और ये सारे लोग मेरे नीचे होंगे।

डायरेक्ट सेलिंग में जो प्रोडक्ट हैं उनकी क्वालिटी बहुत अच्छी रहती है। और भी बेनिफिट आपको मिलते हैं, जैसे; क्वालिटी अच्छी है, सर्विस अच्छी है और अर्निंग अपॉर्चुनिटी है। नेटवर्क मार्केटिंग में आप अपने खर्चों को आमदनी में बदल सकते हैं।

सवाल: आज चीज़ें बदल गई हैं, बेहतर हो गई हैं तो अब आपका क्या विजन है? क्या आपको लगता है हमारे देश में डायरेक्ट सेलिंग के अच्छे दिन आएंगे?

जवाब: सर अच्छे दिन तो आ चुके हैं। मीडिया इस पर बात नहीं करता लेकिन यह सच है। मेरी एक डाउनलाइन दूध देने आती थी, मैंने उससे पूछा कि पैसा कमाना है? मुझे सिर्फ हिंदी आती है, उसको तेलुगू आती है, लेकिन हमने बॉडी लैंग्वेज में बात की। मैंने समझाया उसे तो उसने ज्वाइन कर लिया। अभी 6 महीने पहले उसने मर्सिडीज खरीदी है। ऐसे स्टोरी की कमी नहीं है पर मीडिया ने कवर नहीं किया।

अब यह हम सब की रिस्पांसिबिलिटी है की हम लोगों को बताएं, अवेयर करें की क्या सही और क्या गलत। हर प्लेटफार्म पर खड़े होकर, हम जितने भी डायरेक्ट सेलर हैं, हमें जब भी मौका मिले हमें बताना है कि सही और

गलत में अंतर क्या है वैसे तो कोई कंपैरिजन नहीं है डायरेक्ट सेलिंग में और चिटफंड में। चिटफंड फ्रॉड है, इल्लीगल है लेकिन हम एक लेजिटीमेट बिज़नेस में हैं, फिर भी ये दोनों मिलते जुलते हैं। जैसे हरे रंग की फसल में, हरे रंग की खरपतवार उगती है तो हमारे यहाँ भी वही है कि दिखने में एक जैसा है।

सवाल: हर किसी के लिए सक्सेस की अलग-अलग डेफिनेशन है-। आपके हिसाब से सक्सेस क्या है?

जवाब: विन विन विन सिचुएशन क्रिएट करना सक्सेस है। यह मेरा बिलीफ है कि जो भी आपको पोटेंशियल मिला है उस पोटेंशियल को एक्सप्लोर करना सक्सेस है। अगर आप में पोटेंशियल है और आपका सपना है कुछ पाने का, उसे पा लेना ही सक्सेस है। और जो भी आपके अरमान अगर आप उन्हें पूरा नहीं कर रहे हैं तो वह फेलियर है। एग्ज़ांपल; मैंने बहुत कमा लिया और मेरा मन है कि मुझे अलास्का जाना है 6 महीनों के लिए और अगर मैं नहीं जा रही हूँ तो वह फेलियर है। आप कहेंगे कि सुरेखा भार्गव बहुत सक्सेसफुल है लेकिन सुरेखा भार्गव की कोई इच्छा है और वह उसके लिए कुछ नहीं कर रही हैं तो वह फेलियर है।

सवाल: मतलब आपकी नज़र में पैसा ही सब कुछ नहीं है, अगर आप अपने हार्ट को फॉलो नहीं कर रहे हैं तो सब व्यर्थ है।

जवाब: एक पर्सनल बात बताती हूँ, मेरे हस्बैंड 13 साल तक पैरालाइज रहे लेकिन फिर भी जो चीज़ वो कर सकते थे वो अच्छे से कर रहे थे। मैंने उस इंसान को जितनी रिस्पेक्ट दी उतनी अपनी लाइफ में किसी को नहीं दी है। क्योंकि जो वह कर सकते थे, जिसमें वह कैपेबल थे, वह अच्छे से कर रहे थे, वह फिजियोथेरेपी अच्छे से कर रहे थे, वह एक हाथ से सिंथेसाइजर बजाते थे, उनकी स्पीच खराब हो गई थी पर गा सकते थे, तो मेरे लिए गाने गाते थे। वह इंसान जो करने में कैपेबल था वह बिना फ्रस्ट्रेट हुए कर रहा था, तो मेरे लिए वह सक्सेस है और अगर अच्छा भला इंसान भी जो

सब कुछ कर सकता है पर हाथ नहीं हिला रहा अपने सपनों के लिए तो वह फेलियर है।

सवाल: आज आप एक सेलिब्रिटी बन गई हैं, इतना बड़ा नाम है लेकिन ऐसी कौन सी चीज़ें थी जो आपको इस मुकाम पर लेकर आईं?

जवाब: मैंने सब कुछ सही सेलेक्ट किया, भगवान ने मुझे सद्बुद्धि दी।

सवाल: पहली चीज़ तो आपने कंपनी का चुनाव सही किया।

जवाब: हाँ, पहला कारण तो यही था, फिर उस पर अडिग रहे। जब आप एक्शन शुरू करते हो तो रातों रात कुछ नहीं हो जाता-टफ टाइम आता ही आता है और जब टफ टाइम आता है तब इंसान डगमगाने लगता है कि मैंने कहीं गलती तो नहीं कर दी। जब आप कमजोर पड़ते हो तो दूसरी ताकत आप को घेरने लगती हैं कि यह तुमसे नहीं होगा, लोग आप को बहकाने लगते हैं उस वक्त आपका कैरेक्टर काम आता है। एक बार एनालाइज करो राइट और रॉन्ग कंपनी और सेलेक्ट करने के बाद उस पर अडिग रहो। इधर से उधर जंप करने में आपकी रेपुटेशन खराब होती है।

सवाल: आखिर में हमसे आपकी लाइफ के सबसे फनी मोमेंट के बारे में जानना चाहेंगे, जिसे आज भी याद कर के आपको हंसी आ जाती है।

जवाब: एक नेटवर्कर की लाइफ का सबसे फनी तब आता है जब वो कोई एक्शन करना शुरू करता है तो उसे पाँच फेज से गुजरना पड़ता है – स्वप्न युग, कर्म युग, धैर्य युग, जीवन युग और फिर प्राप्ति युग। इन पाँच युगों के बिना आप बड़ी सक्सेस नहीं पा सकते। मेरे फनी मोमेंड्स धैर्य युग से हैं। जिस किसी को भी मैंने अपने प्लान के बारे में बताया सबने या तो ना कहा या अजीब सी शक्लें बनाईं। मेरी बेस्ट टीचर ने कहा, “सुरेखा तुम तो समझदार हुआ करती थी”। मेरे रेलटिव ने कहा, “अरुण जी का काम सही नहीं चल रहा है क्या?” फनी मोमेंट तब आया जब मैं सक्सेसफुल हो गई और वही लोग जो शक्लें बनाते थे, कहने लगे “हमें तो पता था की तुम ही कर पाओगी”, “हमें बहुत गर्व है तुम पर”।

हम लोगों को ये सब फनी लगता है की 8 साल पहले भी हम ही थे, अब कैसे बदल गए? ये हर नेटवर्कर की लाइफ में ऐसा होता है।

पूरा एपिसोड देखने के लिए हमारे यू-ट्यूब चैनल 'चैट विद सुरेन्द्र वत्स' के एपिसोड नंबर 15 पार्ट 2 "why passive income?" सुरेखा भार्गव देखें।

Mahaveer Saharan

- *Motivational Speaker*
- *Business Leader*
- *Leader of Leaders*
- *Traveller*
- *An Achiever*

सुरेन्द्र वत्स विद महावीर सहारन - एपिसोड 16

सवालः आप पाकिस्तान बॉर्डर के एक छोटे से गाँव से निकले हैं और आज हिंदुस्तान का कोई ऐसा राज्य नहीं है जहाँ आपका नेटवर्क ना हो। आपका ये सफर क्या आसान था?

जवाबः आसान तो नहीं था, बहुत सारे चैलेंजस थे। जब मैंने इस तरह इंडस्ट्री में कदम रखा तो बहुत सारे लोग इस इंडस्ट्री के बारे में जानते नहीं थे, बहुत सारे लोग इस इंडस्ट्री का मजाक उड़ाते थे, लेकिन जब मैं इस इंडस्ट्री में आया तब इसकी खासियतें पता चलती गईं और मुझे लगा की ये ही एक इंडस्ट्री है जो किसी भी आम इंसान के सारे सपनों को पूरा कर सकती है। पॉजिटिविटी, नॉलेज ये सब चीज़ें मुझे मोटिवेट करती रहीं और उसी से ये सफर धीरे-धीरे आगे बढ़ता रहा। मैं एक छोटे से गाँव से बिलौंग करता हूँ, श्री गंगा नगर डिस्ट्रिक्ट में पाकिस्तान के बिल्कुल बॉर्डर पर ही मेरा छोटा सा गाँव है, मेरे पापा किसान हैं। बी-कॉम करने के बाद मैंने ये बिज़नेस ज्वाइन किया।

सवालः आपके बड़े भाई साहब, राजा राम सहारन इस इंडस्ट्री के एक बहुत कामयाब लीडर हैं, तो आपने भाई की बात मान ली?

जवाबः सर मानी तो नहीं थी पर बड़े भाई साहब थे, हर महीने में कई बार पैसा उधार लेना पड़ता था तो जबरदस्ती ज्वाइन करवाया गया था। पहली बार जब जबरदस्ती ज्वाइन करवाया गया तो बड़ा बुरा लगा था।

सवालः मतलब ज्वाइन नहीं करोगे तो जेबखर्ची बंद हो जाएगी।

जवाबः हाँ जी। उस समय जबरदस्ती फॉर्म भराया गया, जबरदस्ती ज्वाइन कराया गया, मुझे कई बार प्रोग्रामों में इन्वाईट भी किया गया लेकिन मैं अवॉइड करता गया लेकिन धीरे-धीरे जब उनमें बदलाव देखा, चाहे वो पैसे को लेकर हो, चाहे उनकी बातचीत को लेकर या व्यवहार को लेकर, तब मुझे लगा इस इंडस्ट्री में पैसे के साथ बहुत सारी ऐसी चीज़ें है जो बदलाव की तरफ जा रही हैं तो मुझे इस इंडस्ट्री ने बहुत आकर्षित किया।

सवाल: तो भाईसाहब चूंकि पहले जुड़ गए थे तो सारे रिश्तेदारों को पड़ोसियों को तो उन्होंने ही ज्वाइन करवा लिया होगा, आपके लिए कुछ बचा था?

जवाब: ये तो सबसे बड़ा चैलेंज था सर। नॉर्मली ऐसा होता है कि जब आप किसी एमएलएम को शुरू करते हैं तो सबसे पहले आप अपने नजदीकी लोगों के पास जाते हैं, तो मैं जिन भी लोगों के पास जाता था इस सिस्टम के बारे में बताने, तो वो बोलते थे कि देखिए ये हमारे पास कार्ड है और आपके भाई के साथ हम भी इस इंडस्ट्री में आ चुके हैं। बहुत सारे लोगों को लगता है कि जब आपका भाई इंडस्ट्री में होता है तो आपके लिए काम करना आसान हो जाता है लेकिन ये तो मेरा दिल ही जानता है। जब आपका कोई अपना इस इंडस्ट्री में पहले आ जाता है तो आपके लिए बिज़नेस करना थोड़ा मुश्किल हो जाता है क्योंकि जितने भी जानकार लोग होते हैं, वो पहले से ज्वाइन कर लेते हैं, तो नए लोगों के साथ आपको बिज़नेस करना पड़ता है, नयी जगह तलाशनी पड़ती है। लगभग एक साल तक मैंने अपने भाई साहब की गाड़ी ड्राइव की इस बिज़नेस को सीखने के लिए। तो बहुत सारे चैलेंजस थे लेकिन आज अच्छा लगता है, अंत भला तो सब भला।

सवाल: आप बहुत ही कम ऐज में इस बिज़नेस में आ गए थे। आज ऐसे बहुत सारे युवा हैं जो इसमें आना तो चाहते हैं लेकिन कहीं न कहीं उनके अंदर कुछ हेज़िटेशन है, घर वालों का भी प्रेशर है तो उनको आप क्या संदेश देना चाहेंगे?

जवाब: मैं इस इंडस्ट्री में आया, क्योंकि मेरा एक ड्रीम था। मेरा जीवन बहुत अभाव में बीता, मेरे पापा एक किसान थे, हम सात भाई-बहन थे, शुरुआत का जीवन संघर्ष में बीता, बहुत सारी मूलभूत आवश्यकताएं हमारे पास नहीं थीं। तो शुरू से एक ड्रीम था कि अमीर आदमी बनूँगा, कुछ बड़ा करूँगा। कॉलेज पास करने के बाद मैं अपनी डिग्री लेकर मार्केट में गया, तो मुझे पहली बार जिन्दगी में झटका लगा। एक जनरल स्टोर का व्यापारी था, जिसको मैंने अपनी डिग्री दिखायी, मैंने कहा "सर मुझे जॉब चाहिए?" तो उसने मेरी डिग्री देख के कहा, "सुबह सात बजे आना, शाम को सात

बजे तक आपको जो ग्राहक आयेंगे, उनको सामान बेचना है, महीने वाले दिन मेरे अकाउंट का हिसाब-किताब कर देना", तो मैंने उनको पूछा, "सर मुझे सैलरी कितनी मिलेगी?" तो उन्होंने जवाब दिया, "तुम्हें दो हजार रूपये महीना दूंगा"। मेरे पैरों के नीचे से जमीन खिसक गयी, जिन्दगी में सपना था अमीर बनने का और मार्केट में वैल्यू थी दो हजार रूपये की। मैंने बहुत डरते हुए उनसे पूछा कि "सर आप किस क्लास तक पढ़े-लिखे हो", तो उस जनरल स्टोर के मालिक ने कहा "मैं दसवीं तक पढ़ा-लिखा हूँ"। तब मुझे पहली बार ये पता चला कि किताब का जीवन अलग होता है और व्यवाहरिक जीवन अलग होता है। मुझे ये कन्सैप्ट समझ में आ गया था कि अगर कुछ बड़ा करना है तो नौकरी के दम पर नहीं कर सकते। इसी बात ने मुझे मोटिवेट किया कि अपने को कुछ बड़ा करना है। बड़े भाईसाहब मुझे इस बिज़नेस में लेकर आए थे तो मैं उनको देखता था, वो कुछ बुक पढ़ते थे रात को, तो एक दिन मैंने उनसे कहा "भाईसाहब आप जो पढ़ते हो, मुझे भी वो बुक पढ़नी है", उन्होंने मुझे किताब दी और उस किताब ने मेरा जीवन बदल दिया। इस इंडस्ट्री में जो भी व्यक्ति बड़े लेवल पर जाना चाहता है, उसको बुक जरूर पढ़नी चाहिए, वो बुक थी रॉबर्ट कियोसाकी जी की बिज़नेस स्कूल और उस बुक में एक कन्सैप्ट था कि अगर आपको अमीर बनना है तो नौकरी के दम पर आप अमीर नहीं बन सकते, आपको कोई बिज़नेस करना पड़ेगा तो वहीं से मुझे प्रेरणा मिली कि मुझे एक बड़ा सिस्टम खड़ा करना है।

सवाल: सर, आप एक छोटे से गाँव में पैदा हुए, किसान परिवार में, वहाँ से निकल कर आज आप कोलकाता में सेमिनार देते हैं, मुंबई के बड़े ऑडिटोरियम में आपका फंक्शन होता है, तो उस समय ऐसा फील नहीं होता कि मैं कहाँ से आया हूँ और मेरे सामने अच्छे प्रोफेशन के लोग बैठे हैं तो मैं इनसे क्या बोलूँ, क्या बातचीत करूँ?

जवाब: पहले तो मुझे बहुत हेज़िटेशन होती थी सर, जब कोई अच्छा आदमी दिखता था तो उससे बात भी नहीं करता था, कोई फस्ट ग्रेड का अधिकारी

मिल जाता था तो उसका प्लान नहीं दिखाता था, मैं कोशिश करता था कि बड़े ऑफिस के छोटे कर्मचारी को प्लान दिखाऊँ ताकि वो बिज़नेस में आए लेकिन मैं थैंक्स करना चाहूँगा इस इंडस्ट्री का। इसकी एक खास बात होती है कि इसमें जो आपके आगे लोग होते हैं, जो सफल हो रहे हैं, वो लोग नीचे वालों को टाईम टू टाईम पूरी नॉलेज देते हैं, उनको मोटिवेट करते रहते है, पूरी जानकारियाँ देते रहते हैं, उनसे बहुत मदद मिलती है। आज के इस कॉम्पिटिशन के ज़माने में जहाँ भाई भाई को आगे नहीं बढ़ाता है, वहाँ इस इंडस्ट्री की खास बात ये है कि हजारों किलोमीटर दूर से भी कोई अप्लाईन आपकी कामयाबी के लिए प्लान करता है। और हमारे बाऊ जी की बड़ी कृपा रही मेरे ऊपर, मैं उनके बड़ा नजदीक रहा, उनके जीवन से मैं बड़ा प्रभावित हुआ, सातवीं क्लास में मैं जब था, तब वो गुनगुनाते थे - करत करत अभ्यास जन्मति हो तो सुजान, रसरि आवत-जावत शीला पड़त निशान। मैं उनको पूछता था “पापा इसका मतलब क्या है?” तो वो बताते थे “जो कुएं की मुंडेर होती है ना, वो पत्थर की होती है और एक रस्सी नाजुक सी बार-बार उसके नीचे जाती है, ऊपर आती है, वो कुएं की मुन्डेर उससे कहती है कि मैं मजबूत हूँ, तू बहुत कमजोर है, तू कहाँ मेरे साथ पंगे ले रही है, लेकिन वो रस्सी अपना काम करती रहती है और एक वक्त ऐसा आता है कि उस कुएं की पत्थर वाली मुंडेर पर वो अपना निशान छोड़ के चली जाती है।”

मुझे लगता है कि इस इंडस्ट्री में कोई भी इंसान अगर अपने हार्ड वर्क और काम पर फोकस करने लग जाए तो इस इंडस्ट्री में वो अपने पैरों के निशान ज़रूर छोड़ के जाएगा।

सवाल: वो एक टाईम था जब आपको हेज़िटेशन होती थी, आज क्या स्थिति है?

जवाब: आज तो सारे डर निकल गए है सर। आज फर्क नहीं पड़ता सामने पांच लोग हैं, पांच सौ लोग हैं, या पचास हजार लोग हैं, इस इंडस्ट्री में मैंने लाखों लोगों को भी अड्रेस किया है।

सवालः मैं आपका यू-ट्यूब पर के विडिओ देख रहा था, त्यागराज स्टेडियम, दिल्ली के कार्यक्रम का, जिसमें आप गोल्स के बारे में बात कर रहे थे और वो काफी अच्छा प्रेज़न्टैशन था। आपके हिसाब से गोल की हमारी जिन्दगी में क्या इम्पॉरटैन्स है?

जवाबः मेरा मानना है कि मानव शरीर के लिए जितनी सांस की ज़रूरत है, इस इंडस्ट्री के लिए उतनी ही गोल की ज़रूरत है। अगर इस इंडस्ट्री में कोई व्यक्ति बहुत बड़ी ऊँचाई पर जाना चाहता है तो उसका पहला काम ये ही है कि वो अपना गोल सेट करे। अगर इस इंडस्ट्री में आपका कोई गोल नहीं है तो फिर इस इंडस्ट्री में आपका कोई बड़ा रोल नहीं होने वाला है। मुझे लगता है इस इंडस्ट्री में आपका काम बाद में स्टार्ट होता है, पहले गोल डिसाइड होता है। गोल सेट करना चाहिए हर इंसान को। इस दुनिया में दो चीज़ें होती हैं पहली, इच्छाएं, और दूसरा गोल। इनमें अंतर क्या है? इच्छाएं तो 100 परसैन्ट लोगों की है, लेकिन जो इच्छाओं पर अपनी डेट डाल देता है सक्सेस की, वो गोल बन जाता है।

सवालः मतलब कार कब तक चाहिए? इस डेट तक चाहिए तो गोल बन गया?

जवाबः हाँ, डेट डलते ही वो गोल बन गया और गोल बनते ही हमारा काम स्टार्ट होता है सर। जब तक आपका कोई गोल नहीं है, आपका कोई डिरेक्शिन नहीं है।

ड्रीम्स को गोल में कनवर्ट करो और फिर गोल को पूरा करने के लिए टार्गेट बनाओ और उसको टुकड़ों में तोड़ों।

सवालः जब हम गोल्स की बात करते हैं तो गोल्स कई तरह के होते हैं।

जवाबः हाँ जी। गोल्स कई तरह के हैं, जीवन में लोगों के अलग-अलग तरह के गोल होते हैं। इस इंडस्ट्री में खास बात ये है कि इस इंडस्ट्री में सभी तरह के गोल अचीव होते हैं, चाहे वो आपका आर्थिक गोल हो, चाहे सामाजिक गोल हो या चाहे राजनीतिक गोल हो। आपका जो भी लाईफ में गोल होगा, वो इस इंडस्ट्री में अचीव किया जा सकता है, चाहे वो हैल्थ

को लेके हो, स्टेज को लेके हो, पैसे को लेके हो, सम्मान को लेके हो, घूमने-फिरने को लेके हो, सब कुछ अचीव किया जा सकता है।

सवाल: मान लीजिए व्यक्ति ने अपना गोल सेट कर लिया कि उसे क्या करना है, अब वो कौन सा मंत्र है जिससे वो अपना गोल टाइम पर अचीव कर ले?

जवाब: इसमें दो चीज़ें है, पहली चीज़ तो है कि जिस ऑर्गेनाइजेशन में हम काम करते हैं, वो किन सिद्धान्तों पर काम करता है? उसके थम्ब रूल क्या है? उसके बेसिक स्टैप्स क्या हैं? सबसे पहला काम उस ऑर्गेनाइजेशन के बेसिक स्टैप्स को अपने पूरे जीवन में धारण कर लेना चाहिए। सचिन तेंदुलकर से किसी ने पूछा कि "सर आपका इतना बड़ा नाम है, लोग आपको क्रिकेट का भगवान कहते हैं, आपकी सक्सेस का क्या राज है? वर्ल्ड का कोई भी ऐसा ग्राउण्ड नहीं है जिसमें आपने सैन्चुरी नहीं मारी है?" तो सचिन की मुझे वो बात बहुत मोटिवेट करती है, सचिन ने कहा कि "मैंने मुंबई के वानखेड़े स्टेडियम में क्रिकेट के सारे बेसिक्स सीख लिए और जब आप किसी चीज़ के सारे बेसिक्स सीख जाते हो तो फिर कोई फर्क नहीं पड़ता कि कौन से देश का ग्राउन्ड है, वहाँ आपकी सैन्चुरी बनती ही है"।

सवाल: हार्ड वर्क का मतलब क्या है सर?

जवाब: एक होता है साधारण काम, एक होता है हार्ड वर्क। हार्ड वर्क मेरी लैंग्वेज में उसको कहते हैं जब काम करके आपका जिस्म थक जाए, पैर जवाब दे जाएं, नींद से शरीर बोझल हो जाए, उसके बावजूद भी आप अपने गोल की तरफ चार-पाँच कदम बढ़ाते हो तो वो हार्ड वर्क संज्ञान में आता है सर।

सवाल: डायरेक्ट सेलिंग के भविष्य को लेकर हिन्दुस्तान में बहुत बात होती है कि आने वाले समय में ये इंडस्ट्री इतने करोड़ की हो जाएगी, चाईना और यू0एस0 से कम्पैरिजन किया जाता है। आपको क्या लगता है कि आने वाले समय में डायरेक्ट सेलिंग के अच्छे दिन आयेंगे?

जवाब: बहुत-बहुत अच्छे दिन आयेंगे सर। मुझे लगता है हिन्दुस्तान की सारी समस्याओं का समाधान अगर कोई एक फील्ड कर सकता है तो उस फील्ड का नाम है डायरेक्ट सेलिंग। मैं इस इंडस्ट्री को इसीलिए बहुत लाईक करता हूँ क्योंकि आप एक कलैक्टर हो सकते हैं, आप एक डॉक्टर हो सकते हैं, आप एक इंजीनियर हो सकते हैं लेकिन आप लाखों लोगों को रोजगार नहीं दे सकते और इस इंडस्ट्री को अगर आज कोई ज्वाइन करता है तो कल वो लाखों लोगों को रोजगार दे सकता है, ये इस इंडस्ट्री की सबसे पॉवरफुल चीज़ है। मुझे लगता है कि ये इंडस्ट्री चलेगी नहीं, आने वाले समय में लोग इसके पीछे पागल हो जायेंगे, लाईन लगा के लोग इस इंडस्ट्री में आयेंगे।

सवाल: जब मैं आपके बारे में थोड़ा खोजबीन कर रहा था तो मेरी कई सारे लोगों से बातचीत हुई और उन्होंने बताया कि महावीर जी की खास बात ये है कि वो बहुत बिंदास रहते हैं, कभी मायूस नहीं रहते, निराश नहीं रहते और उनका जो एटमोसफियर है वो सबको एकदम ऊर्जावान बना देता है। ये इतनी एनर्जी कहाँ से आती है आप में?

जवाब: सर एनर्जी का स्रोत तो आपको खुद से डैवलप करना पड़ेगा। जिस दिन आप अन्दर से पॉजीटिव होकर किसी फील्ड पर 100 परसैन्ट भरोसा करेंगे उस दिन के बाद से आप में नेगिटिविटी आ ही नहीं सकती है।

सवाल: अच्छा कुछ लोग जब परेशान होते हैं कि उनके रिजल्ट नहीं आ रहे है तो वे थोड़ा दुखी हो जाते हैं, अपलाइन से भी बुझी-बुझी सी बातें करते हैं, डाउनलाइन के सामने बॉडी लैंग्वेज ही चेंज हो जाती है, तो ऐसा नहीं होना चाहिए?

जवाब: ऐसा बिल्कुल नहीं होना चाहिए। मुझे स्वामी विवेकानंद जी एक बात याद आती है, वो बोलते थे कि "जीवन की इस यात्रा में जब आप चलते हो, अगर आपको कोई समस्या नहीं आ रही है इसका मतलब आप गलत रस्ते पर जा रहे हो" और वो आगे बोलते थे, "अगर आपको छोटी समस्या आ रही है तो आपको सक्सेस भी छोटी मिलने वाली है और अगर

समस्या बड़ी आ रही है, इसका मतलब परमात्मा ने आपके लिए एक बड़ी उपलब्धि रखी हुई है"।

सुरेन्द्रः मतलब जितना ज्यादा संघर्ष, उतनी ज्यादा तालियाँ।

सवालः अब बारी है फनी मूमेंट ऑफ दा लाईफ, आप तो वैसे ही इतने बिंदास है तो आपकी लाईफ में भी कुछ ऐसे मूमेंट, ऐसी कुछ घटनायें रहीं होंगी जो बहुत अच्छी लगती हैं?

जवाबः फनी मूमेंट लाईफ में जब भी आता है ना सर तो चेहरा अपने आप ही खिल जाता है सर। मुझे ऐसी दो-तीन घटनायें याद आ रही हैं। जब हम ने सिस्टम को शुरू किया था तब हमारा प्रोडक्ट एक स्टेट से दूसरे स्टेट में जाता था लेकिन हिन्दुस्तान के हर कोने में हमारे डिलीवरी प्वाइंट नहीं होते थे तो हम प्रोडक्ट को राजस्थान से ही कैरी करके लेकर जाते थे। तो उस समय हमें ये पता नहीं था कि ट्रेन में कुछ सामानों को बिल्टी के द्वारा भी भेजा जाता है तो हम साथ में बड़े-बड़े प्रोडक्ट के कार्टून लेकर जाते थे। उनको इधर-उधर छुपा देते थे ताकि बीच में कोई टीटी या पुलिस वाला आए तो तंग ना करे। एक बार ऐसा हुआ कि जब हम बड़े कार्टून लेके जा रहे थे तो बारिश आ रही थी बहुत तेज। उस समय पैसे तो होते नहीं थे तो हम लोग लोकल डिब्बे में ही सफर करते रहते थे, तो वो कार्टून जो थे वो हमने सीटों के नीचे छुपा रखे थे तो जब बारिश आयी तो उसमें पानी घुस गया। अब दो चीज़ों की दुविधा हो गयी, कार्टून को बाहर निकालें तो टीटी को पैसा देना पड़ेगा और अगर बाहर नहीं निकालें तो माल खराब हो जाएगा। थोड़ी देर हम वेट करते गए फिर हमने उन सामानों को बाहर निकाला हिम्मत करके, अब सामानों में पानी घुस गया तो उनको ठीक कैसे करें, तो उनको हमनें उठा कर ट्रेन में वो जो लकड़ी के गैपे लगे होते हैं, वहाँ डाल दिया, तो वो नीचे से सामान पानी से आधे भीगे हुए और ऊपर से पानी टपक रहा है। टीटी आए उसको देखे, पूछे "ये किसका है?" साथ में पुलिस वाले भी आए पूछ रहे है किसका है? मन में आया कि बोलें लेकिन फोकट का पैसा देना पड़ता, इसलिए हंस ही रहे थे। आखिर में

हिम्मत कर के बताया और तब टीटी ने ही बताया कि ये सामान बिल्टी से भी भेज सकते हैं। वो बात जब भी हमें याद आती है तो बड़ी हंसी आती है।

पूरा एपिसोड देखने के लिए हमारे यू-ट्यूब चैनल 'चैट विद सुरेन्द्र वत्स' के एपिसोड नंबर 16 "गोल है तो रोल है" महावीर सहारन देखिए।

SP Bharill

- *Powerfull motivational speakers*
- *Author*
- *Legend of Direct Selling Industry*

सुरेन्द्र वत्स विद एसपी भारिल - एपिसोड 17 पार्ट 1

सुरेन्द्र वत्स के सवाल एसपी भारिल के जवाब:

सवाल: आपको डायरेक्ट सेलिंग इंडस्ट्री में 20 साल हो गए। तो 20 सालों तक डायरेक्ट सेलिंग की यात्रा करने के बाद आपको क्या लगता है हिन्दुस्तान में इसका भविष्य क्या होने वाला है?

जवाब: भविष्य तो उज्जवल हो चुका। किसी भी इंडस्ट्री को डैवलप होने में और अपनी जवानी तक आने में 20 साल तो लगते हैं। अगर हम 1999-98 को शुरुआती दौर मानें तो 20 साल में अभी तो यह सिर्फ जवान ही हुआ है। मेरा बेटा तब 8 साल का था और मेरी बेटी 3 साल की थी और आज वो बराबरी के हो गए हैं और मेरा जूता उनके पैर में आने लगा। एक पूरी सदी हो गयी, एक पूरी पीढ़ी निकल गयी और मैं देख रहा हूँ कि लोगों की जिन्दगियाँ बदल रही हैं डायरेक्ट सेलिंग से। अगर मैं विज़न की बात करूँ तो केपीएमजी की रिपोर्ट है कि 2025 तक डायरेक्ट सेलिंग इंडस्ट्री 65 हजार करोड़ की होगी। अगर ये इंडस्ट्री 65 हजार करोड़ की होगी तो सोचो हिन्दुस्तान की पर कैपिटा इनकम कितनी बढ़ जाएगी? लोगों की जेब में कितना पैसा जाएगा? यहाँ का टर्नओवर बढ़ने का मतलब है कि लोगों की इनकम बढ़ना, तो फ्यूचर तो बहुत जबरदस्त है और मैं इसे ऐसे देखता हूँ कि ये एक इंटरप्रेनरशिप है। हमारे प्रधानमंत्री कहते हैं कि आप नौकरी देने वाले बनो, नौकरी लेने वाले नहीं। मैं उनसे एक कदम और आगे की बात कह रहा हूँ, ना नौकरी लेने वाले बनो, ना नौकरी देने वाले बनो, तुम एक इंटरप्रेनर हो और एक इंटरप्रेनर बनो। यहाँ पर तो फ्यूचर तो बहुत ब्राइट है, खास तौर से हिन्दुस्तान में जहाँ सवा सौ करोड़ लोग हैं।

सवाल: तो जो लोग डायरेक्ट सेलिंग से जुड़े हुए है, उन्होंने सही डिसीजन लिया है?

जवाब: अगर वो सही तरीके से काम कर रहे हैं तो उन्होंने परफैक्ट डिसीजन लिया है।

सवाल: मतलब 65 हजार करोड़ में से कितना हिस्सा किसको मिलेगा वो अलग बात है लेकिन टर्नओवर और बिज़नेस तो बढ़ने वाला है।

जवाब: बिल्कुल। 65 हजार करोड़ में कितना टर्नओवर किस कंपनी का होगा? उस कंपनी में आपका टर्नओवर कितना होगा? और उसमें आपकी पॉकेट में कितनी इनकम आएगी? ये सब आप पर डिपेन्ड करता है।

सवाल: कई बार ऐसा होता है की मनी सर्कुलेशन कम्पनियाँ आ जाती हैं जो दिखने में डायरेक्ट सेलिंग कम्पनियों की तरह ही लगती हैं। ऐसे क्या पैरामीटर्स हैं जिन्हें देख कर एक व्यक्ति, जो इससे जुड़ना चाहता है, वो दोनों में फर्क कर पाए।

जवाब: ये फ़र्ज़ीवाड़ा और मनी सर्कुलेशन स्कीम कभी बंद नहीं होंगी। लेकिन एक आम आदमी को सोचना पड़ेगा कि कौन सी कंपनी सही है, कौन सी सही नहीं है और मेरा भविष्य कहाँ पर अच्छा है, सुरक्षित है। मैं लोगों से कहना चाहता हूँ कि जिन लोगों के पास कोई अपॉर्च्युनिटी आती है, पहले वो ये समझ लें कि उनको अपना लालच खत्म करना पड़ेगा। लोग ऐसे लालच में फंसते है; एक लाख रुपये जमा करवाओ, तीन महीने में पाँच लाख हो जाएंगे। बैंक देता है 6%, स्टॉक मार्केट, म्यूचल फंड देता है 12-14%, कोई आदमी तुमको सैकड़ों परसेंट कैसे दे रहा है? एक लाख के पाँच लाख तीन महीने में और लोग लगा देते है लालच में। तो सबसे पहले लालच को कम करो।

सवाल: इसको हम यूं समझें कि जहाँ पर लालच दिखायी दे रहा है वो सही डायरेक्ट सेलिंग कंपनी नहीं है। अगर इस प्रकार का प्रलोभन है तो बचकर रहना चाहिए।

जवाब: अननैचुरल गेन हो रहा है तो पहले तो वो गलत है। कोई भी प्रोडक्ट जो बेचा जा रहा है वो वैल्यू फॉर मनी होना चाहिए।

सवाल: आपका बहुत बड़ा तजुर्बा है डायरेक्ट सेलिंग का और आपका देशी और विदेशी दोनों कंपनियों के साथ में जुड़ाव रहा है तो जिस प्रकार सभी

कंपनी के लोग आपसे प्यार करते हैं आप लीडर्स को और कंपनीज़ को क्या संदेश देना चाहते हैं?

जवाब: मैं कंपनियों से तो यही कहना चाहता हूँ कि गलत इन्टेन्शन के साथ काम मत करो। ये बहुत परम पवित्र बिज़नेस है। लोग आपको भगवान मानते हैं, अपनी सफलता आपकी आँखों में देखते हैं और आपने बिज़नेस की शुरूआत ही ऐसी की है कि हम थोड़ी देर में बंद कर देंगे, पैसा लूट के चले जायेंगे। मैं कंपनीज़ से कहना चाहता हूँ कि आपका इन्टेन्शन बहुत परम पवित्र होना चाहिए। अगर आपको करियर बनाना है डायरेक्ट सेलिंग में तो पहले आपको चेक करना चाहिए कि कंपनी के प्रोडक्ट्स की रेंज क्या है? वैल्यू फॉर मनी है या नहीं है? तीसरी बात आपको ये देखनी पड़ेगी जो प्रोडक्ट्स है, उनमें रिक्रियेशन है या नहीं। अगर रिक्रियेशन नहीं है तो इनकम कैसे होगी?

सवाल: रिक्रियेशन मतलब एफएमसीजी प्रोडक्ट्स?

जवाब: एफएमसीजी प्रोडक्ट्स होने चाहिए, फूड सप्लिमेंट्स होना चाहिए, फास्ट मूविंग होने चाहिए।

सवाल: डायरेक्ट सेलिंग में हम अक्सर इस प्रकार का ट्रेंड देखते हैं कि एक आदमी कंपनी से जुड़ता है। 3-4 महीने में ही उसको लगता है की यहाँ बात नहीं बन रही फिर उनको कोई और मिलता है जो दूसरा ऑफर देता है। तो ऐसे लोगों का क्या होगा?

जवाब: ऐसे लोग कभी कुछ नहीं कर पायेंगे। आपको जो काम करना है, उसे आपको 100% डेडिकेशन के साथ करना पड़ेगा। डायरेक्ट सेलिंग बिलीफ का बिज़नेस है, फेथ का बिज़नेस है और अगर आपका फेथ 99% भी हो गया तो आप वो बिज़नेस नहीं कर पाओगे।

सवाल: सर आपकी नज़रों में सफलता की क्या परिभाषा है?

जवाब: सफलता की परिभाषा मैं एक लाइन मैं नहीं दे सकता हूँ क्योंकि अकेला पैसा आ जाना सफलता नहीं कहलाता। पैसे के साथ-साथ आपके पास फाइनेंशियल हैल्थ होनी चाहिए, आपकी मैन्टल हैल्थ अच्छी होनी

चाहिए, आपका करैक्टर अच्छा होना चाहिए। मैं ऐसा मानता हूँ कि योग्यता से आप सफल बनते हैं, पर चरित्र से आप सफल बने रहते हैं। अगर चरित्र नहीं है तो आप टिके नहीं रहेंगे। आपकी स्पिरिचुअल हैल्थ भी अच्छी होनी चाहिए, ये बहुत इंपॉर्टेंट है। आप जितने बड़े होते जा रहे हैं, उतना आपको हम्बल होना चाहिए।

सवाल: सर आप ड्रीम्स की बहुत बात करते हैं, गोल्स की बहुत बात करते हैं, तो एक डायरेक्ट सेलर के लिए कितनी इम्पोर्टेंस है ड्रीम की और गोल की?

जवाब: डायरेक्ट सेलर के लिए ही नहीं, दुनिया में किसी भी फील्ड में सफलता के लिए सपनों का होना बहुत ज़रूरी है और मैं बहुत धन्यवाद करना चाहता हूँ अब्दुल कलाम साहब का जिन्होंने इसकी बात शुरू की और जन-जन तक पहुँचाई। हमें उनसे बल मिला वरना पहले तो लोग तो कहते थे कि सपने बेकार हैं, ज्यादा सपने मत देखो। सपने का मतलब होता है लक्ष्य। जब तक सपना नहीं होगा तो किसके पीछे भागोगे? मैं कहता हूँ एक पेनफुल ड्रीम का होना बहुत ज़रूरी है। वो पेनफुल ड्रीम होगा तभी उसको अचीव करने के लिए आप ताकत लगाओगे।

मैंने अपनी किताब '18 चैप्टर्स' में सपने की परिभाषा लिखी है। मुझे 3 दिन लगे उस परिभाषा को लिखने में।

सवाल: क्या परिभाषा लिखी है आपने सर?

जवाब: मैंने उसमें सपने की परिभाषा लिखी है सुरेन्द्र- वर्तमान में असंभव सी, असंभव नहीं असंभव सी (सीम्स टू बी इम्पॉसिबल, नॉट इम्पॉसिबल) क्योंकि अगर असंभव होगा तो कभी संभव ही नहीं हो सकता। असंभव सी दिखाई देने वाली चीज़ के बारे में सोचना, वो है सपना। 1962 में कैनेडी ने सोचा हम चाँद पर जायेंगे और वापिस आयेंगे। कैसे जायेंगे मालूम नहीं, कौन जायेगा मालूम नहीं, बस सोचा और सपना बन गया, जब सपना बना तो पूरा हो गया।

सवाल: मतलब पहला स्टेप लेना ज़रूरी है।

जवाबः हाँ। आज तक दुनिया में जितने भी काम हुए हैं; चाहे बिजली बनी हो, चाहे रेलगाड़ी बनी हो, चाहे हवाई जहाज बना हो, वो असंभव सा था, जब वो सब नहीं हुआ था। किसी ने सपना देखा, किसी ने सोचा, तब यह पूरा हुआ। मैं आपसे कहना चाहता हूँ बड़ा सोचो।

सवालः इसी से जुड़ा एक सवाल है, एक आदमी ने ड्रीम देख लिया, एनर्जी भरपूर है, 20 घंटे काम करने के लिए तैयार है लेकिन वो करे क्या?

जवाबः इसे हम दो तरह से डिवाइड करते हैं; एक होता है वाई (Why), एक होता है हाऊ (How)। काम क्यों करना है और काम कैसे होगा? वाई में ही प्रॉब्लम है। हाऊ में प्रॉब्लम नहीं है। 98% - 99% वाई है, हाऊ तो 1% है। क्योंकि हाऊ तो टैक्निकल चीज़ है। आपके अप्लाईन तैयार बैठे हुए हैं आपको बताने के लिए, बुक्स हैं, आपके लोग है आपको बता देंगे, एक ही चीज़ को बार-बार रीपिट करना है लेकिन प्रॉब्लम ये है कि अगर ड्रीम पेनफुल नहीं है तो हाऊ होगा ही नहीं। वो पेनफुल ड्रीम चाहिए, वो इमोशनल ड्रीम चाहिए, अगर वो किसी के पास है, तो वो अनस्टॉपेबल हो गया। ड्रीम के साथ फिर उसको चाहिए फेथ, उसमें जो वो कर रहा है, फेथ चाहिए उसे अपने आप पर, अपने अप्लाईन पर, जिस कंपनी में वो काम कर रहा है उस कंपनी पर, अपने सिस्टम पर, अपने प्रोडक्ट्स पर चाहिए फेथ। फिर चाहिए एक मैसिव एक्शन उसके बाद वो कुछ भी अचीव कर सकता है।

सवालः मैसिव एक्शन तो व्यक्ति लेता है सर लेकिन उसको वैसे परिणाम नहीं मिलते हैं, जैसा उसने उम्मीद किया था कि तीन महीने बाद वहाँ पहुँच जाऊंगा तो फिर कहीं ना कहीं निराशा आती है। उसको कैसे संभालें?

जवाबः एक उदाहरण से समझिए; अगर मैं आपसे कहूँ कि इस दीवार को तोड़ दो, तो आप सौ बहाने करोगे, फिर जाओगे कोशिश करोगे, हाथ पैर मारोगे, फिर कहोगे कुछ नहीं हुआ और अगर मैं कहूँ कि इसके पीछे सौ करोड़ रुपये हैं, तो मेरा सेन्टेन्स पूरा नहीं होगा उससे पहले वह दीवार टूट

जाएगी। मैंने देखा है लोग उतना काम नहीं करते जितना ज़रूरी होता है। अगर आपके पास अगर ड्रीम है तो आपकी आँखों में दिखेगा।

सवाल: मतलब सर अगर कोई व्यक्ति कह रहा है कि मैं बड़ा परेशान हूँ, मुझे परिणाम नहीं मिल रहे हैं तो कहीं ना कहीं या तो उसका वाई क्लियर नहीं है या तो उसको विश्वास नहीं है सिस्टम पर, चीज़ों पर या फिर वो एक्शन में कहीं ना कहीं कमजोर है।

जवाब: बिल्कुल कमजोर है, उससे पूछिए कि तेरे सपने बता। मैं जब काउंसिलिंग करता हूँ तो मैं लोगों से सबसे पहले यही पूछता हूँ तुमने किया क्यों ये बताओ? पता चलता है वहीं कमजोरी है।

सवाल: हर इंसान की तरह आपकी भी ज़िंदगी में टफ टाइम आया होगा, उसको आपने कैसे फेस किया?

जवाब: मुझे तो याद है वो दिन जब हम एक-एक आदमी के घर जाया करते थे, वाइट बोर्ड लगाते थे, वाइट बोर्ड नहीं होता तो कलेन्डर के पीछे लिखा करते थे, कभी ब्लैक बोर्ड पर लिखते थे, चॉक से लोगों को समझाते थे, लोग मना कर देते थे, हंसते थे, अच्छा साबुन तेल बेचने के लिए आ गया एसपी भारिल। वो सब मैंने देखा है, सुना है, भुगता है। टफ टाईम भी बहुत आया, मैं जमीन से टॉप पर गया, टॉप से फिर जमीन पर आया और ना जाने कैसे समय बीता लेकिन इन सारे टफ टाईम में मेरे जो सिद्धान्त हैं उन्होंने मुझे संभाल लिया। कुछ भी हो जाए जिन्दगी में पर मैं अपने सिद्धान्तों से नहीं डिगूंगा, क्योंकि मैं जानता हूँ कि समय तो आएगा जाएगा, सबके साथ ऊपर-नीचे होता है, लेकिन अगर आपने कन्वीनियंस के हिसाब से अपनी जिन्दगी के सिद्धान्त को बदल लिया तो आप कभी कहीं नहीं पहुँचोगे।

पूरा इंटरव्यू देखने के लिए हमारे यू-ट्यूब चैनल 'चैट विद सुरेन्द्र वत्स' पर एपिसोड नंबर 17 पार्ट 1 "सही MLM कंपनी व मनी सर्कुलेशन कंपनी में फर्क?" एसपी भारिल देखिए।

सुरेन्द्र वत्स विद एसपी भारिल - एपिसोड 17 पार्ट - 2

सवालः हम लोग बार-बार सुनते हैं कि इस बिज़नेस के कुछ नियम हैं, कायदे कानून हैं और अगर आपको इसमें सक्सेसफुल होना है तो उनको फॉलो करना पड़ेगा और जेनरली बेसिक कोर और कार्डिनल की बात होती है। यह क्या है और क्या इंपोर्टेंस है इनकी?

जवाबः सबसे बड़ी बात यह है कि हम यहाँ निर्जीव चीज़ों का बिज़नेस नहीं कर रहे हैं, हम सजीव चीज़ों का बिज़नेस कर रहे हैं, हम लोगों का बिज़नेस कर रहे हैं और लोग बहुत ही टिपिकल होते हैं इसलिए हमें कुछ बंधन बांधना होगा, कुछ कार्डिनल रूल बनाने होंगे की बिज़नेस को कैसे ट्रीट करना है। अगर हमने कुछ स्टेप नहीं बनाए तो लोग बिखर जाएंगे। लोगों का सिंक्रोनाइज होना बहुत ज़रूरी है इस बिज़नेस में। हर व्यक्ति को अपने फील्ड में कुछ ना कुछ गाइडलाइन को फॉलो करना पड़ता है लेकिन अगर आप उस को कंट्रोल मानोगे तो आप परेशान रहोगे अगर उसे सेल्फ डिसिप्लिन मान लोगे तो आप सुखी रहोगे।

सवालः यह तो हुई बात कार्डिनल रूल्स की इंपोर्टेंस की, नियम कानून हर व्यक्ति को फॉलो करना है। इसके अलावा बेसिक की क्या इंपोर्टेंस है?

जवाबः बेसिक वह चीज़ है जो आपको रोज करनी है और बेसिक बिज़नेस में कभी खत्म नहीं होंगे। एक लीडर धीरे-धीरे बड़ा होता है तो वह बेसिक से दूर हो जाता है, बेसिक से दूर हो जाता है तो उसकी ग्रोथ रुक जाती है। तो बेसिक बहुत ज़रूरी हैं ग्रोथ के लिए और वह बेसिक में आपको लिस्ट तैयार करनी है, लोगों को इनवाइट करना है, उनको अपना प्लान दिखाना है, अपने प्रोडक्ट यूज करने हैं।

सुरेंद्रः अक्सर ऐसा देखा जाता है एक व्यक्ति जब बड़े लेवल पर पहुँच जाता है उसको लगता है बेसिक को करना मेरा काम नहीं रहा, मैं ट्रेनिंग दूंगा, भाषण दूंगा, लोग तालियां बजाएंगे और ऐसा होता है जब वह बेसिक करना

छोड़ता है तो डुप्लीकेशन का बिज़नेस है नीचे वाले भी छोड़ देते हैं और शायद वहीं से प्रॉब्लम स्टार्ट होती है।

भारिल: बिल्कुल इसीलिए मैं इसे कहता हूँ कि आप कभी भी अपनी लीग से हटो नहीं।

सवाल: कोर जो है इस इंडस्ट्री का वो क्या है और इस बिज़नेस में इसकी इंपोर्टेंस है?

जवाब: कोर वह होता है जो आपको सेल्फ डेवलपमेंट के लिए करना है। बेसिक और कोर में बहुत ज्यादा डिफरेंस नहीं हैं। बेसिक आपका एक्शन प्लान है, जो आपको सेल्फ डेवलपमेंट के लिए करना है, अपनी पर्सनालिटी को, अपने थॉट को इंप्रूव करने के लिए करना है। घर में चार लोग भी एक साथ नहीं रह सकते हैं तो आपको इतने सारे लोगों को एक साथ ले के चलना है उसके लिए आपको एटीट्यूड डेवलप करना पड़ेगा, अकाउंटेबल होना पड़ेगा, ऑनेस्ट रहना पड़ेगा और यही सब कोर के पार्ट्स हैं।

सवाल: ये आप ही के एक फैन का सवाल है - ड्रीम जब हम बनाते हैं उसमें इमोशन होने चाहिए या नहीं?

जवाब: बिल्कुल होने चाहिए। दो तरह के ड्रीम होते हैं एक इमोशनल और एक सुपरफिशियल। इससे फर्क नहीं पड़ता कि ड्रीम कौन सा है, किसी के लिए मर्सिडीज का ड्रीम इमोशनल हो सकता है, किसी के लिए सुपरफिशियल। मान लीजिए मेरे लिए मर्सिडीज सुपरफिशियल ड्रीम है, मैं काम कर रहा हूँ और मैं बोलूँ चूल्हे में जाए मर्सिडीज, मारुति ही बढ़िया है। लेकिन आपके लिए मर्सिडीज इमोशनल ड्रीम है क्योंकि आपकी साले ने आपको ताना मारा है की "तुम हमारी बहन को जिंदगी भर मोटरसाइकिल पर ही घूमाओगे? तुम मर्सिडीज नहीं ले सकते?" वो बात आपको चुभ गई है अब आपका यह पेनफुल ड्रीम है कि मर्सिडीज खरीदनी है। इमोशनल ड्रीम आपके लिए फोर्स का काम करेगी।

सुरेन्द्र: इमोशनल ड्रीम से जुड़ा अपनी ज़िंदगी का एक किस्सा मैं भी शेयर करना चाहूँगा। मैं केबल टीवी के बिज़नेस में था, उस समय अचानक मेरी

मदर बीमार हो गईं और पता चला कि उनकी दोनों किडनी खराब हो गईं हैं। हम उन्हें दिल्ली के गंगा राम हॉस्पिटल में ले आए। ट्रीटमेंट चला, 1 साल डायलिसिस चलता रहा, पैसे नहीं थे पिताजी के पास और जो भी पैसा था वह 1 साल के अंदर खर्च हो गया, छोटी बहन की शादी भी थी करनी थी। उसके लिए भी पैसे नहीं थे। तब पहली बार मैंने जिंदगी में पैसे का महत्व जाना और अंत में हम उनको बचा नहीं पाए, वह एक्सपायर हो गईं। मुझे ऐसा लगा कि जैसे मेरी जिंदगी खत्म हो गई है मेरी मदर को मुझ पर बहुत विश्वास था। धीरे-धीरे चीज़ें ठीक होने लगीं, मैं डायरेक्ट सेलिंग में आया और जब मैंने लोगों को पैसे की बात करते हुए सुना तो मुझे लगा की अगर मेरे पास उस समय पैसा होता तो शायद मैं अपनी माँ को कुछ टाइम तक बचा सकता था। उसके बाद इमोशन जुड़ गया पैसों से और बहुत मेहनत की उसे कमाने में। कई बार 24-25 घंटे जनरल ट्रेन में सफर किया।

सवाल: जब हम मार्केटिंग प्लान की बात करते हैं तो शुरुआत कहाँ से करें? पहले प्रोडक्ट के बारे में बात करें या पहले कैलकुलेशन पार्ट शेयर करें?

जवाब: प्रोडक्ट और कैलकुलेशन की बात तो बाद में करो, उसे यह काम करना क्यों है पहले यह बात करो, खरीदने की बात करो, उसकी ड्रीम एक्सरसाइज करो। जिंदगी में क्या चाहिए उसे पता ही नहीं है क्योंकि उससे आज तक किसी ने यह प्रश्न पूछा ही नहीं है, तुम पूछो तो सही क्यों चाहिए, क्या चाहिए। जब वह तुम्हें बताए कि मुझे यह चाहिए तो आप उसकी मदद करो, कहो “मेरे पास एक ऑप्शन है, अगर आप चाहो तो मैं बताऊं”। फिर उसके बाद अपना प्लान समझाओ।

सवाल: आपकी एक विदेशी कंपनी के साथ एसोसिएशन थी जहाँ आपको बहुत मान सम्मान मिला, पहचान मिली फिर वह कंपनी आपने क्यों छोड़ दी?

जवाब: मेरी लड़ाई किसी कंपनी के साथ नहीं है, किसी व्यक्ति के साथ नहीं है, मैं सब की रिस्पेक्ट करता हूँ पर जिन चीज़ों के लिए मैं इंडस्ट्री में आया

अगर वह चीज़ मेरी पूरी नहीं हो रही है तो आपको उसे सुधारने की कोशिश करनी होगी और अगर वह नहीं सुधर रही है तो आपके पास तीन ही रास्ते हैं या तो आप इंडस्ट्री छोड़ दो या सामने वाले को सुधार लो या अगर वो न सुधरे तो चेंज कर लो। मैंने पूरी कोशिश की सुधारने की लेकिन जब उम्मीद टूट जाए कि यह सुधरने वाले नहीं हैं और मैं इंडस्ट्री को छोड़ नहीं सकता तो मुझे चेंज करना पड़ेगा, चेंज की कीमत चुकाई मैंने।

सवाल: सिर आप ही के एक और फैन का सवाल है- ये कहते हैं कि मैं दिव्यांग हूँ, हकलाता हूँ लेकिन इंडस्ट्री को लेकर मेरा बहुत फेथ है, बहुत एक्साइटिड रहता हूँ, लेकिन डरता हूँ कि मैं अगर लोगों के पास जाऊंगा, बात करूंगा तो लोग मेरा मजाक उड़ाएंगे। क्या करूँ?

जवाब: मैं उन्हें बताना चाहूँगा कि इस इंडस्ट्री की सबसे बड़ी पावर टीम वर्क है। तुम चिंता मत करो दोस्त, तुम्हारा अगर एक पैर काम नहीं कर रहा है तो ऐसे आदमी को स्पॉन्सर करो जिसके दोनों पैर हैं। हम टीमवर्क में काम कर रहे हैं। तुम्हारी अप लाइन में कोई प्रॉब्लम नहीं है तुम्हारी डाउन लाइन में कोई प्रॉब्लम नहीं है तो तुम कर सकते हो। जिस दिन आप सक्सेसफुल होंगे और स्टेज पर आएंगे तो लाखों लोगों के लिए आप एक इंस्पिरेशन बनेंगे।

सुरेन्द्र: सर इसी से संबंधित एक चीज़ मुझे भी याद आ रही है। किसी दूसरी कंट्री की घटना है। एक अंधा व्यक्ति 1 डायरेक्ट सेलिंग कंपनी में बहुत बड़ा अचीवर बन गया, जब वह अचीवर बना तो लोगों ने उससे पूछा कि आप तो सूरदास हैं, आपको तो दिखाई नहीं देता लेकिन उसके बावजूद भी आपने इतना बड़ा मुकाम कैसे हासिल किया? तो उसने कहा कि मैंने कभी भी एक अंधे व्यक्ति को स्पॉन्सर नहीं किया, मैंने उन लोगों को स्पॉन्सर किया जो देख सकते थे और वे मेरी आँखें बन गए और यही मेरी कामयाबी का राज़ है।

सवाल: अमेरिका के राष्ट्रपति डोनाल्ड ट्रंप डायरेक्ट सेलिंग को प्रमोट करते हैं, वे मानते हैं कि यह बहुत अच्छा व्यवसाय है, देश की प्रगति में इसका

सहयोग होगा तो हम ऐसी उम्मीद कर सकते हैं कि हमारे देश में भी ऐसा होगा?

जवाब: अभी इस इंडस्ट्री को हिंदुस्तान में सिर्फ 20 साल ही हुए हैं और ये दिन भी ज़रूर आएगा।

सवाल: अगर एस पी भारिल नेटवर्किंग लीडर नहीं होते तो क्या होते?

जवाब: यह तो मैंने कभी सोचा ही नहीं क्योंकि जब मैंने पहली बार प्लान देखा तो मुझे दो चीजें बहुत इंस्पायर कीं, एक के इस बिज़नेस में रेगुलर इनकम है और दूसरा इसमें बहुत सारा पैसा है तो मुझे नहीं पता की क्या होता।

सवाल: तो आप इसी इंडस्ट्री के लिए बने थे?

जवाब: हाँ ऐसा मुझे लगता है। 20 साल हो गए मुझे इस इंडस्ट्री में, मेरा बेटा और पूरा परिवार इस इंडस्ट्री में काम कर रहा है तो इतना फेथ है मुझे इस इंडस्ट्री पर।

सवाल: आपका लाइफ मेंटर कौन है सर?

जवाब: मेरे लाइफ मेंटर, मेरे फादर हैं जो बहुत स्पिरिचुअल हैं। उन्होंने 50 से ज्यादा किताबें लिखी हैं। उनका जीवन एक आदर्श जीवन है और हम तो सोचते हैं कि हमारा जीवन उनके जैसा हो जाए। उन्होंने जो भी हमें संस्कार दिए हैं वह वास्तव में इस जिंदगी के लिए और इसके बाद आने वाली जिंदगी के लिए भी बहुत इंपोर्टेंट हैं।

सवाल: अब सबसे आखिर में हम आपसे आपके लाइफ के सबसे फनी मोमेंट के बारे में जानना चाहेंगे।

जवाब: एक फनी मोमेंट याद है मुझे। एक बार ऐसा हुआ कि मैं ट्रेन में जा रहा था। सामने एक व्यक्ति बैठा और वह बात करते-करते बोला कि "आपकी इंडस्ट्री में एक एस पी भारिल भी तो है।" वह पहचान नहीं पाया मुझे तो मैंने कहा "हाँ हैं भाई", तो बोला "कैसे इंसान हैं?" मैंने बोला "अच्छे इंसान हैं। तुम जानते हो उन्हें?" वो मुझे घूरते हुए बोला के "सर आप ही तो हैं"। बहुत बार ऐसा हुआ मैंने बुक स्टॉल पर जाकर बुक उठाई

और बोला कि "यह बुक कैसी है?", सामने वाला बोला "अच्छी है", मैंने पूछा "किसने लिखी है?" वो बोला "किसी एस पी भारिल ने लिखी है" और मैं फटाफट निकल गया कहीं पहचान न जाए मुझे।

पूरा इंटरव्यू देखने के लिए हमारे यू-ट्यूब चैनल 'चैट विद सुरेन्द्र वत्स' पर एपिसोड नंबर 17 – पार्ट 2 "आपने वो कंपनी क्यों छोड़ी?" एस पी भारिल देखें।

Ratan Paria

- *Successful Networker*
- *Renowned Leader*
- *Traveller*
- *Leader of Leaders*
- *Achiever*

सुरेन्द्र वत्स विद रतन पारिया - एपिसोड 18

रतन पारिया कोलकाता से हैं। इस चैप्टर में हम उनके जीवन और करिअर के बारे में और जानेंगे।

सुरेन्द्र वत्स के सवाल रतन पारिया के जवाब:

सवाल: सर सबसे पहले हमारे पाठकों को अपने बैकग्राउंड के बारे में बताइए।

जवाब: मैं बंगाल के कैप्टिल कोलकाता से अदंर 200 किमी से दूर एक गाँव है ढोलमारी वहाँ से हूँ, यह ईस्ट मिरदापुर डिस्ट्रिक में हैं। मैं जब कोलकाता आया था 1990 में उस टाइम मुझे अच्छे से बांगला बोलना भी नहीं आता था। मेरा जन्म सन 1970 में हुआ। हम लोग गांव में रहते थे मैं, मेरी मम्मी, मेरे पिताजी और मेरा भाई। प्रिताजी का कोलकाता में होटल रेस्टोरेन्ट का बिज़नेस था, उससे ठीक-ठाक इनकम हो जाया करती थी। उस टाईम मेरी उम्र 6 साल थी और मेरे भाई की उम्र 4 साल थी उसी टाईम मेरे पिताजी को लीवर कैंसर डिटेक्ट हुआ। पिताजी को समझ में आया कि ये बिज़नेस को बेच करके गांव लौटना पड़ेगा क्योंकि बिज़नेस कोई संभाल नहीं सकेगा, तो पिताजी ने वो दुकान बेच दी और जो कुछ पैसा मिला उसे ले कर गाँव लौट आए। 5-6 महीने के अन्दर ही पिताजी का डेथ हो गई।

सवाल: उम्र क्या थी आपकी?

जवाब: उस समय मेरी उम्र 6 साल थी और मेरे भाई की उम्र 4 साल थी। पिताजी के जाने के बाद घर की इनकम ज़ीरो हो गई। उस टाईम मतलब पेट भर खाना भी एक सपना बन गया था और ये जो लड़ाई थी, ये एक दिन के लिए नहीं थी हर दिन के लिए थी। और ऐसे समय में अक्सर देखा जाता है की दोस्त या रिश्तेदार सब दूर चले जाते हैं, हमारे साथ भी ऐसा ही हुआ। हमारे सब रिश्तेदार दूर हो गए क्योंकि एक फैमिली को एक बार सपोर्ट करना आसान है, लेकिन कंटिन्यू करना नहीं।

मेरे पड़ोसियों ने मेरी मम्मी को यह सलाह दी कि अपने बड़े बेटे यानी की मुझे किसी चाय की दुकान में काम करने के लिए डाल दो। चाय के दुकान में कम से कम उसको अपना खाना तो मिल जायेगा। और जब बड़ा हो जायेगा तो थोड़ा इनकम करके सब को दे सकता है लेकिन मम्मी को ये अच्छा नहीं लगा। मम्मी ने खेत में मजदूरों की तरह काम किया। हमारा बचपन ऐसे ही गरीबी में बीता। मुझे पढ़ने की इच्छा थी तो मम्मी ने उसमें भी मेरी मदद की। पढ़ाई के दौरान मुझे काम भी करना पड़ा।

मेरी मम्मी लोगों के घर से धान ले कर उसमें से चावल निकाल कर बाज़ार में बेचती थी जो की गाँव से डेढ़ घंटा दूर था। चावल की बोरी मैं और मम्मी अपने अपनी पीठ पर लाद के बाज़ार ले के जाते थे। इसी तरह मम्मी ने हम लोगों के लिए बहुत दर्द सहा।

दसवीं कंप्लीट करने के बाद पैसे कमाने के लिए मैंने ट्यूशन किया। 1990 में मैंने ग्रेजुएशन किया बायोकेमेस्ट्री से। मेरी मास्टर डिग्री करने की बहुत इच्छा थी लेकिन मुझे लगा कि अब पैसे कमाने हैं। यह विचार लेकर मैं गाँव से कोलकाता आ गया। ज़िंदगी में इतना संघर्ष देखने के बाद मेरा सपना बड़ा हो गया की मैं इतना बड़ा आदमी बनूँ की जिन लोगों ने मुझे रिजेक्ट किया वो लोग मुझे ऊपर देखें।

ग्रेजुएशन के बाद मैंने मिठाई दुकान में सेल्समैन का काम किया। कोलकाता में जब आ गया था तो दो रास्ते थे; एक शॉर्टकट रास्ता था डिसऑनेस्टी का और एक रास्ता स्ट्रगल करके आगे बढ़ने का था। मुझे लगता था कि कोई गवर्नमेंट नौकरी मिले तो अच्छा होता और वैसा ही हुआ। एक सीबीआई डिपार्टमेंट के ऑफिसर से मेरा संपर्क हुआ, उन्होंने मुझसे बोला कि "तुम ग्रेजुएट हो हमारे सीबीआई डिपार्टमेंट में तुमको कैंटीन बॉय के रूप में तीन चार महीना काम करना पड़ेगा उसके बाद परमानेंट कर देंगे। उसके बाद हमारे डिपार्टमेंट में जो डिपार्टमेंटल एग्ज़ाम होते हैं, उस एग्ज़ाम से भी बहुत लोग ग्रुप डी में ज्वाइन करते हैं और उनका प्रमोशन हो जाता है और वो ऑफिसर बन सकते हैं।" यह विचार लेकर मैं कैंटीन बॉय के काम में लग

गया और कैंटीन का जो रूप था उसको मैंने बदल दिया। मुझे लगता था कि कोई भी काम करो वह अपना काम है। कैंटीन को 3 महीने में प्रॉफिट में लेकर आ गया, सब कुछ चेंज कर दिया। 3 महीने के बाद वो ऑफिसर मुझसे कहते हैं कि "रतन तुम जनरल कास्ट से बिलॉन्ग करते हो, तुम परमानेंट हो जाओगे, तुम्हें गवर्नमेंट से सैलरी मिल जाएगा, तुम्हें क्वार्टर मिलेगा लेकिन ग्रुप डी रैंक में ही तुम्हें जिंदगी गुजारना पड़ेगा प्रमोशन नहीं मिलेगा।" उनके सर्कुलर में कोई चेंज आया था। मैं दुखी हो गया क्योंकि मुझे लगा कि 3 महीने चाय बनाया ठीक है, ऑफिसर को पानी दिया वह भी ठीक है, सबको सर कहा वह भी ठीक है, लेकिन मैंने जिंदगी भर यह काम करने के लिए जन्म नहीं लिया है। मैंने बोला "सर यह नौकरी मुझे नहीं चाहिए।" वह बोले कि "तुम पागल हो क्या? मुझसे तुमने बोला था कि इतनी गरीबी से लड़ कर आया मैं तुमको एक मौका दे दूँ।" मैंने बोला कि "सर मैं तो करना चाह रहा था लेकिन जिंदगी भर पानी देने के काम के लिए जन्म नहीं लिया।"

यह नौकरी जब मैं छोड़ कर आ गया तो मेरे परिवार ने मुझे कहा कि मैंने गलत किया है। मैंने गलत और सही का कोई आंसर नहीं दिया लेकिन मुझे लगा कि दूसरा कुछ करना है। मैंने नौकरी शब्द को अपनी जिंदगी से हटा दिया। एक रास्ता था मेरे पास बिज़नेस करने का लेकिन मेरे पास पूंजी नहीं थी। एक और रास्ता था जो था सेल्स का, लेकिन उससे मैं दिल से बहुत नफरत करता था क्योंकि लोगों को जाकर अप्रोच करने में मुझे शर्म आती थी, मुझे वह इंसलटिंग लगता था। लेकिन चूंकि वही एक रास्ता था तो मैंने सेल्समैन की जॉब के लिए कई जगह इंटरव्यू दिए लेकिन मेरा कोई एक्सपीरियंस नहीं था इसीलिए उन लोगों ने मुझे रिजेक्ट कर दिया। लास्ट में एक जगह गया, वह भी मुझे रिजेक्ट करने वाला था तब ही मैंने उनको बोला कि "सर मुझे मौका दीजिए। यह सेल्स का जो फंडा है आपका जो सामान बिक्री करना है उससे कोई प्रॉफिट आएगा तो एक हिस्सा आप मुझे देंगे। आप अपनी जेब से कुछ मत दीजिएगा। मुझे मौका दीजिए अगर मैंने

नहीं किया तो मैं खुद चला जाऊंगा।" मेरी बात से वह संतुष्ट हुआ और उसने मुझे मौका दिया। वहीं से मैंने एक सेल्समैन के तौर पर शुरुआत की।

सवाल: तो सेल करते करते आप डायरेक्ट सेलिंग में कैसे आए?

जवाब: कोलकाता में मैं घूम घूम कर सेल करता था और उसी दौरान मैंने रिश्ते भी बनाए बहुत से लोगों से। लोग मुझसे पूछते थे की तुम्हारा और कोई प्रोडक्ट आया? हालांकि मैं बहुत सेल्स करता थ और बहुत पैसे भी हो गए थे लेकिन मन में कहीं लगता था कि जिस रास्ते पर मैं चल रहा हूँ यह सही नहीं है, जो मैं यह कर रहा हूँ इसका कोई फ्यूचर नहीं है। मुझे एक ट्रेडिशनल बिज़नेस में आना है यह सोचकर मैं एक जींस मैन्युफैक्चरिंग बिज़नेस में आया। कैपिटल छोटा था फिर भी मैंने क्वालिटी प्रोडक्ट मैन्युफैक्चर करना स्टार्ट किया। लगातार लगभग 10-15 सालों तक यह काम किया। मुझे इस बिज़नेस के बारे में कुछ पता नहीं था, मेरा कोई एडवाइजर नहीं था, लेकिन करते-करते वर्ष 2010 में मैंने उस बिज़नेस को बहुत बड़ा कर लिया, कैपिटल लगभग 70 से 80 लाख हो गया। उस इनकम से मैंने कोलकाता में 2 स्टोरी बिल्डिंग बना लिया, मेरा खुद का इंफ्रास्ट्रक्चर बन गया था। महीने में 50-60 हजार इनकम आ रही थी। उस टाइम पर मेरी शादी भी हो गई थी, मेरे दो बच्चे हो गए थे। फिर भी मैं यह सोचता था मैं मेहनत कर रहा हूँ तो इनकम आ रहा है। बचपन की कहानी मुझे याद आती थी मेरे पापा इनकम करते थे, हमारा घर अच्छे से चल रहा था लेकिन पापा नहीं रहे तो हम रास्ते पर आ गए थे, मैं भी शादीशुदा हूँ, मेरे भी दो बच्चे हैं, मैं भी बिज़नेस कर रहा हूँ, अगर अचानक मुझे कुछ हो गया तो मेरी बीवी बिज़नेस को नहीं संभाल पाएगी। मुझे लगता था जो मैं यह कर रहा हूँ, यह एक्टिव इनकम है, मैं मेहनत कर रहा हूँ तो इनकम आ रही है, मैं नहीं रहूँगा तो इनकम नहीं आएगी। मुझे एक ऐसी इनकम चाहिए जो पैसिव हो, मेरे नहीं होते हुए भी मेरी फैमिली के लिए इनकम आती रहे, सिक्योरिटी बन जाए, मैं ऐसी तलाश में था। डायरेक्ट सेलिंग के बारे में उस समय मैं नहीं जानता था। मेरे दोस्त डायरेक्ट

सेलिंग करते रहते थे तो मुझे लगता था कि अगर कोई अच्छा डायरेक्ट सेलिंग मिल जाए तो मैं भी करूंगा। 2010 में मुझे 1 डायरेक्ट सेलिंग कंपनी मिल गई यह मुझे बिज़नेस रूप में समझ में आया कि यह पूरे इंडिया में मैं कर सकता हूँ, इसमें बहुत सारा पैसा होगा यह सही कैरियर है मेरे लिए। इसे मैंने स्टार्ट तो कर दिया लेकिन मुझे पता नहीं था कि मैं कैसे करूँ क्योंकि मेरा कोई अपलाइन नहीं था। 15 साल में जो बिज़नेस खड़ा किया था जहाँ से ₹60000 इनकम आ रहा था मुझे यह समझ में आया था कि दोनों काम एक साथ नहीं कर सकता हूँ, दोनों काम एक साथ करने से सक्सेस नहीं मिलेगा। मैंने यह निर्णय लिया मैं यह छोड़कर इधर करूंगा, मेरी फैमिली ने मुझे बहुत समझाया लेकिन मैंने सोच लिया था।

सवाल: आपको विजन दिखाई दिया कि यह जो मॉड्यूल है डायरेक्ट सेलिंग का यह आपको पैसिव इनकम दे सकता है, एफर्टलेस इनकम दे सकता है?

जवाब: जो प्रोडक्ट था वह सर्विस रिलेटेड प्रोडक्ट था, नई इंवेंशन थी, मुझे लगा मैं इसे कामयाब बना सकता हूँ। लेकिन एक घर में बैठ कर सोचना और एक फील्ड में उतर कर काम करना दोनों अलग चीज़ें हैं। जब मैं इस फील्ड में उतरा तो मुझे समझ में आया कि हर फील्ड में 1 लीडर होता है तो जिस कंपनी में मैं काम कर रहा था उसको मैं प्रमोट करने लगा। कुछ लीडर्स थे जिन्होंने मुझे रिजेक्ट कर दिया यह कहकर कि तुम्हारे अंदर क्वालिटी नहीं है। जो विचार लेकर में उधर चला था एक टीम बनाने के लिए, अच्छी एक इनकम जोन में आने के लिए उसमें 3 साल लगे मुझे।

सवाल: मतलब जब आपने डिसाइड किया कि अपने 15 साल पुराने जींस वाले बिज़नेस को लगभग बंद करके डायरेक्ट सेलिंग में आने का, तो आपको 3 साल खुद से खर्च करना पड़ा?

जवाब: हाँ, मैंने अपने दुकान के कैपिटल को लेकर एक टीम खड़ा किया।

सवाल: उस समय शारदा घोटाला, रोज वैली घोटाला जैसे घोटाले बंगाल में हुए थे, जिसकी वजह से वहाँ की तो सरकार हिल गई थी। इन सब चीजों को लेकर तो उस समय लोगों के पास जाना और उन्हें बताना कि

हम चिटफंड नहीं है, हम मनी सरकुलेशन नहीं हैं, हम भागेंगे नहीं, क्या ये आसान था?

जवाबः नहीं, यह बहुत मुश्किल था। जो आम जनता है उनको लगता है लोगों को जोड़ना मतलब नेटवर्क मार्केटिंग मल्टी लेवल मार्केटिंग है। तो उस टाइम लोगों को जो नेटवर्क मार्केटिंग मल्टीलेवल मार्केटिंग के बारे में लोगों की बहुत खराब धारणा थी, विश्वास दिलाना उतना आसान नहीं था। मैं उनको समझा रहा था कि आपको जो मैं दे रहा हूँ वह सही वैल्यू है, आपसे मैं कुछ ले नहीं रहा हूँ, कुछ कमिटमेंट नहीं कर रहा हूँ, मैं वापस देने का आपको कुछ प्रॉमिस नहीं कर रहा हूँ, आप प्रोडक्ट इंजॉय करो, एक सर्विस का यूटिलिटी इन्जॉय करो।

सवालः मतलब आपके पास सच्चाई थी और आपने उस सच्चाई को लोगों के सामने रखा और लोगों ने मान लिया?

जवाबः हाँ

सवालः लगभग पूरे इंडिया में धीरे-धीरे आपका नेटवर्क बढ़ रहा है। लोगों को साथ में लेकर चलना, यह कैसे संभव है?

जवाबः डायरेक्ट सेलिंग का थॉट यह है कि कंपनी और कस्टमर जब डायरेक्ट आते हैं तो कंपनी का जो बेनिफिट है वह कस्टमर के पास जाता है। एक थ्योरी मुझे समझ में आती है 'ऑल अचीवर आर प्रोडक्ट यूज़र बट ऑल यूज़र आर नोट अचीवर'। जो डिस्ट्रीब्यूटर लोग हमारे साथ जुड़ते हैं वो हमारा प्रोडक्ट यूज कर सकते हैं। कुछ ऐसे डिस्ट्रीब्यूटर निकल कर आते हैं जो यूज़ भी करते हैं और थोड़ा थोड़ा शेयरिंग भी करते हैं मतलब सेल भी करते हैं और जो सेल कर रहा है वह भी एक टीम बना रहा है, वह यूज़र है। एक सच्चा यूज़र बहुत सारे यूज़र बना सकता है, उनका यूज़र उनके लिए एक टीम है। उनके नीचे भी और लीडर तैयार होते हैं। जो टू लीडर होता है डुप्लीकेशन करता है

सवालः मतलब अपने जैसे लोगों को तैयार करता है?

जवाब: लीडर मल्टीप्लाई करेगा तो ही इतनी बड़ी टीम को पकड़ पाएगा। जो टू लीडर होता है वह पावर हाउस है वह मल्टीप्लाई करता है। डुप्लीकेशन करने का तीन स्टेज है - पहला मैं जो कर रहा हूँ उसको तुम फॉलो करो, मैं करूंगा तुम देखो। उसके बाद होता है तुम स्टार्ट करो कोई गलती होगा तो मैं फिनिश करूंगा। उसके बाद उन्हें कॉन्फिडेंस आता है। उसके बाद लास्ट में जो होता है तुम करो मैं देखूँगा। डुप्लीकेशन में तीन चीज़ों की ज़रूरत होती होता है- एक होता है शुरुआत में डुप्लीकेशन के टाइम में फाइनेंशियल, फिजिकल और मेंटल सपोर्ट।

सवाल: इस सफर में आपके मेंटर कौन रहे?

जवाब: मेरा मेंटर है खुद के अंदर का अंतर्यामी रूप। यह अंतर्यामी रूप हमें सही रास्ता दिखाता है, अकेले रहकर सवाल करने पर जवाब देता है। जब भी कोई प्रॉब्लम हुई तो मैंने अपने अंदर से पूछा। इसके अलावा संदीप गज्जर हैं, मैंने उनसे भी बहुत कुछ सीखा, वह ट्रेनर हैं मल्टी लेवल मार्केटिंग से बिलॉन्ग नहीं करते हैं।

पूरा: इंटरव्यू देखने के लिए हमारे यू-ट्यूब चैनल 'चैट विद सुरेन्द्र वत्स' पर जाकर एपिसोड नंबर 18 "MLM में Duplication कैसे करें?" विद रतन पारिया देखें।

Surya Sinha

- ***Author***
- ***Human Trainer***
- ***Motivational Speaker***

सुरेन्द्र वत्स विद सूर्या सिन्हा - एपिसोड 20

विश्वविख्यात, मानव प्रशिक्षक और प्रेरक सूर्या सिन्हा किसी परिचय के मौहताज नहीं है। मानव प्रशिक्षक, प्रेग्क और लेखक होने के साथ-साथ सूर्या सिन्हा करियर तथा व्यक्तित्व विकास के भी प्रशिक्षक है। दिल्ली, मुम्बई, कोलकाता सहित भारत के अन्य शहरों के प्रतिष्ठित, शैक्षणिक डैवलपमेंट के कार्यक्रमों में अपनी प्रेरणादायक व्याख्यानों के लिए चर्चित सूर्या सिन्हा की अब तक कई प्रेरणादायक पुस्तकें बाजार में बेस्ट सेलर बन चुकी हैं और इनकी विभिन्न विषयों पर प्रेरणादायक ऑडियो कैसेट्स भी मार्केट में अपनी छाप छोड़ चुकी है। इन्होंने नेटवर्क मार्किटिंग और सैल्फ डैवलपमेंट से जुड़े कई विषयों पर अब तक 15 किताबें लिखी हैं, जो 12 भाषाओं में प्रकाशित हुई हैं। इन्हें भारत के बेस्ट सेलिंग ऑथर के रूप में भी जाना जाता है। वे लोगों को प्रेरित करने के अलावा कई सारे सामाजिक कार्य भी करते हैं। सूर्या सिन्हा नेटवर्क मार्किटिंग की दुनिया के बेताज बादशाह माने जाते हैं।

सुरेन्द्र वत्स के सवाल सूर्या सिन्हा के जवाब:

सवाल: मैंने आपके बारे में रिसर्च किया, आपने बहुत सारे काम किए हैं जिन्दगी में, आपने लेखक के रूप में काम किया, आपने फिल्म इंडस्ट्री में भी बहुत दिनों तक काम किया है। फिर अचानक ऐसा कैसे दिमाग में आया कि चलो डायरेक्ट सेलिंग में काम किया जाए?

जवाब: मैं पहले फिल्म इंडस्ट्री में था, वहाँ मैं बहुत बड़े मुकाम पर पहुँचा मगर फिल्म इंडस्ट्री कभी भी सेफ एण्ड सिक्योर नहीं है, वहाँ कभी भी कुछ हो सकता है, रातों-रात बदलाव आ जाता है, राजा से कोई रंक बन सकता है, रंक से राजा बन सकता है, वहाँ पर कुछ पता नहीं। मैं इंडस्ट्री में अच्छे मुकाम पर पहुँचा और एक दिन ऐसा आया कि मैं भी बैंकरप्ट हो गया। जब मैं बैंकरप्ट हुआ तो मेरे पास कुछ काम नहीं था, मुझे तीन उपाय नजर आ रहे थे, एक उपाय ये नजर आ रहा था कि मैं मुम्बई इंडस्ट्री में ही रहूँ और

वहाँ पर दोबारा से काम करूँ और अपने आप को दोबारा से स्टैबलिश करूँ। जब मैंने इस विषय पर सोचा तो मुझे थोड़ा ये टफ लगा, टफ इसीलिए लगा क्योंकि मैं दुबारा से जीरो बनके काम करूंगा और लोगों के पास काम मांगने जाऊंगा जिन्हें कभी मैं काम दिया करता था। मेरे एसिसटैन्स बड़ी-बड़ी जगह पर स्टैबलिश हो चुके हैं, बहुत पैसा कमा रहे हैं, बड़े मुकाम पर पहुँच गए हैं। मैंने अपने आप को झुकाना या गिराना उचित नहीं समझा तो इसीलिए इस पहले ऑप्शन को मैंने कांटा लगा दिया। दूसरा ऑप्शन बहुत आसान था, ऑप्शन ये था कि मैं आत्महत्या कर लूँ। ये मेरे लिए बहुत आसान था कि खत्म हो जा, सारी जिन्दगी के झमेले खत्म और मुझे आगे जिन्दगी में कुछ नहीं करना पड़ेगा और विश्वास मानिए मैंने आत्महत्या करने की कई कोशिशें कीं। मगर मैं आत्महत्या नहीं कर पाया क्योंकि जब भी मैं आत्महत्या करने जाता, कोई ऐसी घटना होती जो मुझे आत्महत्या करने से रोक देती। जैसे जब मैं छत पर पहुँचा नीचे कूदने के लिए, मेरे दिमाग में एक विचार आया कि, "सूर्या छलांग मारने तो जा रहे हो, अगर छलांग मार दी, नहीं मरे और हाथ-पैर टूट गए तो क्या करोगे? पैसे भी नहीं हैं, अस्पताल में जाऊंगा, इलाज कैसे होगा? अगर मैं नहीं मरा, हाथ-पैर टूट गए फिर मैं क्या करूंगा, सारी जिन्दगी अपाहिज"। तब मैंने सोचा, "नहीं यार, ये वाला तो सही नहीं है, इस उपाय को छोड़ो"।

अब तीसरा ऑप्शन था कि मैं मुम्बई शहर छोड़ दूँ, किसी दूसरे शहर में जाऊँ और वहाँ पर नए सिरे से नए काम को स्टार्ट करूँ। जहाँ मुझे कोई ना जानता हो, वहाँ पर दुबारा से अपनी पहचान बनाऊँ। ये तीसरा विचार मुझे सही लगा, मैंने मुम्बई शहर छोड़ दिया और छोड़कर दिल्ली में, एक जगह है, बदरपुर और वहीं एक छोटे से कमरे में रहने लगा। उस छोटे से कमरे में मैंने अपनी पहचान छुपा ली, ना अड़ोसी से मिलता ना पड़ोसी से मिलता, किसी को मैंने कुछ नहीं कहा कि मैं कौन हूँ, क्या करता हूँ और वहाँ पर एक अनजान व्यक्ति की तरह मैं रहने लगा। समय बीतता गया, अचानक मेरे एक दोस्त ने कहा कि "यार मैं वैष्णो देवी जा रहा हूँ, चलोगे क्या?"

मैंने उससे कहा "भई मेरे पास पैसे नहीं हैं, किराया नहीं है मेरे पास जाने का, मैं नहीं जा सकता"। उसने कहा "कैसी बात कर रहे हो यार, वैष्णो देवी जा रहे हैं, मैं लेकर चलूँगा, किराया मैं खर्च करूँगा, मेरे साथ चलो"। मैंने उससे कहा, मैं "फिर भी नहीं जा सकता", उसने पूछा, "क्यों?" मैंने कहा "मेरी माँ और मेरे पिताजी मेरे साथ हैं"। उसने कहा "माँ-पिताजी की भी चिंता छोड़ो, मैं लेकर चलूँगा उनको भी, मेरी तरफ से चलो।" उसने इतनी जिद की तो मैंने हाँ कह दिया। हम सब वहाँ गए और माता के दरबार में जाने के लिए हम सब लाइन में खड़े थे। मन ही मन में मैं रो रहा था, माता से बोल रहा था "माँ तूने मुझे इतना गरीब बनाया है, मेरे पास इतना पैसा भी नहीं कि मैं तेरे दरबार पर अपने पैसे से आ सकूँ, माँ आज तो मैं तेरे दरबार में आ गया। अब तुमुझे इस लायक बना कि मैं अपने परिश्रम से पैसा कमा सकूँ और अपने पैसे से खुद भी आ सकूँ, अपने माँ-बाप को भी ला सकूँ और दूसरों को भी तेरे पास ला सकूँ। उससे पहले मैं तेरे दरबार में अब कभी नहीं आऊंगा"।

उस दिन माता के दर्शन किए और वापस दिल्ली आया। माता ने एक चमत्कार किया, उसके बाद जैसे ही मैं दिल्ली आया, मालूम नहीं कैसे मेरा मस्तिष्क दोबारा से खुल गया और मेरे सामने अच्छे-अच्छे सुझाव आने लग गए। मैं उन सुझावों को दूसरों को देने लग गया, लोगों ने कहा आप सुझाव बहुत अच्छे देते हैं। जो मैं सुझाव देता था, वो किन्हीं किताबों से सीख कर नहीं, अपने व्यक्तिगत जीवन में जो मैंने सीखा था, मेरे व्यक्तिगत अनुभव के आधार पर देता था। लोगों ने कहा आप हमारे यहाँ पर भी आईये और कुछ स्पीच दे दीजिए और उसके लिए लोग मुझे पैसे देने लगे। पहले तो फ्री में किया, फिर लोग थोड़ा-थोड़ा पैसा देने लगे, 500-1000 रुपए मिलना शुरू हुआ। फिर 2000 पर आया, 2000 से 5000 पर आया, 5000 से 10000 पर आया, फिर 10000 से 20000 पर आया। मुझे अभी भी अमाउंट याद है और 20000 के बाद डायरेक्ट जम्प किया और 50000 रूपये मैं लेने लगा हर मीटिंग के। मैं मशहूर हो गया, प्रशिक्षक

और प्रेरक के रूप में। सिर्फ कंपनियों में ही नहीं, मुझे तिहार जेल में बुलाया गया, ट्रेनिंग देने के लिए, अपराधियों को सुधारने के लिए। मुझे दिल्ली पुलिस हैडक्वार्टर में बुलाया गया ट्रेनिंग देने के लिए, कई बड़ी-बड़ी कंपनियों में मुझे इनवाईट किया गया आप आईये। नेटवर्क मार्किटिंग कंपनीज़ में मुझे बुलाया जाने लगा, मगर हर कंपनी में मैं नहीं जाता था, जब तक मैं कंपनी को जान नहीं लेता था तब तक। कहाँ मैं फिल्म इंडस्ट्री में था, फिल्म डायरेक्शन में और एडिटिंग में था और कहा मैं एक प्रेरक बन गया। साथ ही साथ मैं खाली समय में किताबें लिखने लगा और उसी दौरान मैंने कई मैडिटेशन कैम्प अटैन्ड किए, मैडिटेशन मेरी जिन्दगी में एक बदलाव लेकर आया, वो अनुभव मैं बयां नहीं कर सकता सिर्फ महसूस कर सकता हूँ। उसके बाद मैं वैष्णो देवी के दरबार पर गया, माता को बोला, "माँ आज मैं स्वयं लायक हो गया हूँ, तूने मुझे लायक बनाया, देख मैं अपने पैसों से, अपने खर्चे से तेरे पास आया हूँ"। मुझे बहुत खुशी मिली।

सवाल: फिर डायरेक्ट सेलिंग से कैसे कनेक्शन बना सर?

जवाब: समय बीतते जा रहा था, मेरी किताबें आती जा रही थी, मेरी किताबें लोग पसन्द कर रहे थे, मैं एक सफल लेखक बन गया। एक के बाद दूसरी किताब, दूसरी के बाद तीसरी, तीसरी के बाद चौथी, इस तरह से मैंने करीब पन्द्रह किताबें लिखी। विशेष़ तौर पर मैं किताबें लिख रहा था नेटवर्क मार्किटिंग बिजनेस पर, क्योंकि मैं जान चुका था कि भारत के अन्दर अगर किसी का भविष्य उज्जवल होने वाला है तो वो नेटवर्क मार्किटिंग बिजनेस ही है। लोग मेरी बातों को मान नहीं रहे थे, मगर मेरी आत्मा से एक जवाब आ रहा था कि आने वाले समय में नेटवर्क मार्किटिंग बिजनेस ही भारत में राज करेगा। हमारे इण्डिया के अन्दर स्थिति कुछ अलग थी, लोगों को नेटवर्क मार्किटिंग का नाम बोलकर, लोगों के साथ धोखाधड़ी कर रही थी। बल्कि अभी भी चल रही है। कई ऐसी कंपनियां है लोगों को कहती है कि आप 1000 रूपये लगाओ, आपको कुछ नहीं करना है सिर्फ लाइकिंग करनी है, फेसबुक पर और आपको पैसे आने शुरू हो जायेंगे। आप एक

लाख रूपये लगाओ, एक साल बाद आप दो लाख रूपये ले लो। अब सोचिए बिना कुछ किए, बिना किसी प्रोडक्ट के, ये कैसे हो सकता है? आज की तारीख में भी क्या है, हर इंसान को देखो नेटवर्क मार्किटिंग कंपनी खोल रहा है। मेरे पास बहुत ऑफर आते हैं, सर हम एक नेटवर्क मार्किटिंग कर रहे है, कंपनी खोल रहे है, आप उसके मैनेजिंग डायरेक्टर बन जाईये। मैंने उनसे पूछा कि क्या चीज़ है? कहते हैं ये-ये प्रोडक्ट है, 1000 का प्रोडक्ट है, लोगों को हम 6000 में देंगे 10000 में देंगे, लोगों को नेटवर्क मार्किटिंग बतायेंगे और पैसा ले लेंगे।

सवाल: अपॉरच्यूनिटी सेल करते है बेसिकली वो।

जवाब: हाँ। कहते है हम अपॉरच्यूनिटी सेल कर रहे हैं। लोगों को बेवकूफ बनाया जा रहा है और लोग बेवकूफ बने जा रहे है, लोगों को मालूम ही नहीं है नेटवर्क मार्किटिंग बिजनेस है क्या? ये इतना अच्छा बिजनेस और यहाँ पर लोग चीटिंग कर रहे है, धोखाधड़ी कर रहे है, बेईमानी कर रहे हैं। ऐसे लोग जिन्होंने कोई पढ़ाई नहीं की और नेटवर्क मार्किटिंग के ट्रेनर बने बैठे हुए हैं।

नेटवर्क मार्केटिंग बिज़नेस के बारे में कुछ बताना चाहूँगा कि सिर्फ ये ही एक इंडस्ट्री है आपको कुछ मिले चाहे ना मिले, आप एक अच्छे इंसान ज़रूर बन जाते हैं, आपका व्यक्तित्व विकास ज़रूर हो जाता है। आपका कॉन्फिडेंस लेवल बढ़ जाता है, आपका व्यक्तित्व टोटली बदल जाता है, आपके उठने का ढंग, बैठने का ढंग, चलने का ढंग, लोगों से बात करने का ढंग बदल जाता है। बेशक आर्थिक रूप से आप सफल ना बने मगर जहाँ भी जायेंगे लोग आपको सम्मान करेंगे।

सवाल: आप बहुत अच्छा पैसा कमा रहे थे, नाम हो गया था, किताबें आ गयी थीं विभिन्न भाषाओं में तो उस समय ये निर्णय लेना कि मैं डायरेक्ट सेलिंग में उतरूंगा, एक डायरेक्ट सेलर के रूप में काम करूंगा, घर-घर जाकर प्रोडक्टस सेल करूंगा, लोगों से मिलूंगा। ये डिसिज़न आपने कैसे लिया?

जवाब: ये डिसिज़न आसान भी था, कठिन भी था और ये डिसिज़न मैंने जानबूझ के लिया। मैं चाहता हूँ कि भारत तरक्की करे, विकास करे मगर एक चीज़ देख रहा हूँ कि हमारे भारत में नेटवर्क मार्किटिंग के नाम पर धोखाधड़ी बहुत हो रही है, लोगों को बेवकूफ बनाया जा रहा है, जबकि नेटवर्क मार्किटिंग बिजनेस दुनिया का सबसे खूबसूरत बिजनेस है। मेरा व्यक्तिगत रूप से ये मानना है कि इस धरती पर अगर सबसे अच्छा कोई काम है, तो वो नेटवर्क मार्किटिंग बिजनेस का है। इससे अच्छा ज्ञान, इससे अच्छे संस्कार और इससे अच्छी इनकम कहीं नहीं आ सकती लेकिन शर्त ये है कि सही कंपनी को चुनना। मगर आज की तारीख में भी अनगिनत कंपनिया लोगों को ठग रही है, बेवकूफ बना रही है, चिटिंग कर रही है। वो सिर्फ एक कॉन्सैप्ट को बेच रही हैं, नेटवर्क मार्किटिंग के कॉन्सैप्ट को, लोगों को लालच दे रही हैं। मैंने तो ऐसा भी देखा है कि लोगों ने टीम को तैयार किया, लोग लीडर बनें, बहुत बड़ी इनकम जब आने लगी तो कंपनी ने उन्हें टर्मीनेट कर दिया, पूरी टीम कंपनी के पास आ गयी। अब वो अपनी ही टीम को बोल रहा है कि मेरे साथ ऐसा हुआ मगर उसकी टीम के लोग कुछ कर नहीं सकते। और आगे आने वाले लीडर्स के साथ भी कंपनी यही करती है। वो कंपनी सिर्फ पैसा बनाने के लिए है।

सवाल: इन सारी चीजों को देखकर आपने सोचा कि आपको आना चाहिए इंडस्ट्री में

जवाब: मैंने सोचा कि अब समय है, मुझे आकर लोगों को बताना चाहिए कि सही कंपनी कौन सी है और गलत कंपनी कौन सी है। एक कंपनी का मैंने भी चुनाव किया और मैं उससे 2012 में जुड़ गया। तीन साल के अंदर मैं उस कंपनी का नम्बर 1 डिस्ट्रीब्यूटर बना और आज तक नम्बर 1 डिस्ट्रीब्यूटर हूँ।

सवाल: सर जिस कंपनी में आप 2012 में जुड़े वो कंपनी कब से इण्डिया में है?

जवाब: वो कंपनी इण्डिया में करीब सन् 2000 से है।

सवाल: इसका मतलब ये है कि जो एक मिथ है कि डायरेक्ट सेलिंग में जो पहले आ गया उसी को मिलेगा जो बाद में आ गया उनको कुछ नहीं मिलता, आपने उस मिथ को तोड़ा?

जवाब: बिल्कुल। हमारे इण्डिया में एक बहुत बड़ा भ्रम है, जिसे किन्होंने फैलाया है फ्राड कंपनियों ने। वो कहती हैं जो पहले जुड़ गया उसके पास इनकम आएगी, जो बाद में जुड़ेगा उसे कुछ नहीं मिलने वाला। ये बिल्कुल गलत बात है। असली नेटवर्क मार्किटिंग कंपनी वो है जिसमें अगर आप आज भी जुड़ते हैं तो कल आप करोड़पति बन सकते हैं, बड़े मुकाम पर पहुँच सकते हैं।

असली कंपनियां सपने साकार करती हैं, नकली कंपनियां सिर्फ सपने दिखाती हैं।

पूरा एपिसोड देखने के लिए हमारे यू-ट्यूब चैनल 'चैट विद सुरेन्द्र वत्स' के एपिसोड नंबर 20 "सूइसाइड से सक्सेस तक का सफर" सूर्या सिन्हा देखिए।

Anurag Aggarwal

- ***International Business Coach***
- ***Public Speaking Trainer***
- ***Motivational Speaker***
- ***YouTuber***

सुरेन्द्र वत्स विद अनुराग अग्रवाल - एपिसोड 21

इस चैप्टर में हम ऐसी पर्सनैलिटी के बारे में जानेंगे जिन्होंने बहुत सारे लोगों को पब्लिक स्पीकिंग सिखाई है, बिज़नेस के टिप्स सिखायें हैं। कॉर्पोरेट जगत के बहुत से लोगों ने इनसे ट्रेनिंग ली है और ये मेरे भी गुरु हैं, इनसे मैंने बहुत कुछ सीखा है।

सुरेन्द्र वत्स के सवाल अनुराग अग्रवाल के जवाब:

सवाल: हमारे पाठकों को अपने बैकग्राउंड के बारे में बताइए।

जवाब: मैं 19 साल से ट्रेनिंग दे रहा हूँ और इससे पहले, 1989 से दिसम्बर 2003 तक मैं एक फैशन डिजाइनर था। 1986 से 1989 तक मैं एक फैक्ट्री चलाता था और उससे पहले मैं पुश्तैनी काम करता था। मैंने बीकॉम और एमकॉम किया है।

सवाल: आपका बैकग्राउण्ड ट्रेडिशनल बिज़नेस रहा है, इसके बाद आप ट्रेनर बन गए, आपने अपनी लाइन ही चेंज कर दी, तो यह रूपान्तरण कैसे हुआ?

जवाब: मेरी बिज़नेस सेन्स बहुत अच्छी है। मैं बनिया हूँ और बिज़नेस सेन्स मेरे डीएनए में है। मेरी कई पुश्तें बिज़नेस में रही हैं और अभी भी मेरा पूरा खानदान बिज़नेस में है। बिज़नेस करना मेरी स्ट्रेन्थ थी और इसे मैंने कोर्स में बदल दिया।

सवाल: सर, स्पीच कि तैयारी कैसे करनी चाहिए?

जवाब: अपने स्पीच को वर्ड टू वर्ड कभी मत लिखो। अपने स्पीच को पहले की-वर्ड, बुलैट पाइंट में लिख लो। प्रैक्टिस कर लो और स्टेज पर चढ़ने से पहले ऑडियंस के सामने देखो और अपने मन में कहो कि इस पूरे हॉल में डेढ अक्ल है, एक अक्ल मेरे पास और बाकी का आधा ऑडियंस के पास। कॉन्फिडेंस होना चाहिए क्योंकि अगर मन में आ गया कि मैं नहीं कर पाऊँगा तो आप वाक़ई नहीं कर पाओगे। जिंदगी की लड़ाई वो नहीं जीतता जिसके

बाजुओं में बहुत दम होता है या जो बहुत तेज़ भागता है जिंदगी की लड़ाई वो जीतता है जो सोच ले कि मैं ही जीतूँगा।

सवाल: जब हम पब्लिक स्पीकिंग की बात करते हैं तो सबसे बड़ी प्रोब्लम जो है वो है कान्फिडन्स, तो उसे कैसे बिल्डअप किया जाये?

जवाब: एक पूरी स्पीच के तीन पार्ट होते हैं; एक होती है बिगिनिंग, एक होती है मिडल बॉडी और एक होती है क्लोजिंग। और अगर प्रजेंटेशन है तो उसके चार पार्ट होते हैं; इंट्रोडक्शन, मिडल बॉडी, क्लोजिंग एंड कॉशचन आंनसर राउण्ड। तो बिगिनिंग बहुत सारी हो सकती है आप स्टोरी सेट कर सकते हैं, आप क्वोटैशन सेट कर सकते हैं, आप हयूमर सेट कर सकते हैं। अपने स्टार्टिंग को बोरिंग मत होने दीजिए, उसको इंटरेस्टिंग बनाइये।

सवाल: बॉडी लैंग्वेज बहुत इम्पोर्टटैंट है स्पीच में, तो आप जैसी बॉडी लैंग्वेज कैसे हो सकती है?

जवाब: कुछ बातों का ख्याल रखिए, जैसे; क्रॉसलेग कर के मत बैठिए, अच्छा नहीं लगता, अगर आपको अपनी बॉडी लैंग्वेज इम्प्रूव करना है तो आप आपने किसी भी फेवरेट स्पीकर, चाहे हो इंडिया का हो या बाहर का, के वीडियो को वॉच करो और उसकी ऑडियो को म्यूट कर दो। म्यूट नहीं करोगे तो सुनने में तल्लीन हो जाओगे, इसलिए उसको म्यूट कर दो और उसकी बॉडी लैंग्वेज पर ध्यान दो, वो कैसे बोल रहा है, उसके बैठने का पोश्चर, हाथ मिलने का तरीका, खड़े होने का तरीका वगैरह। आपको कॉपी नहीं करना है सिर्फ सीखना है।

सवाल: स्पीच में पॉज़ का कितना रोल है?

जवाब: स्पीच में पॉज़ का बहुत बड़ा रोल है। अगर आपको कोई भी चीज़ इंटरेस्टिंग बनानी है आपको पॉज़ हर हालत में लेना पड़ेगा। पॉज़ का मतलब है कि आप बोलते-बोलते एकदम रुक गए। पॉज़ का डूरेशन थोड़ा कम या ज़्यादा हो जाता है लेकिन अगर आप एक ऐसे स्पीकर हैं जिसे मोटिवेट भी करना है, एजुकेट भी करना है, कन्विन्स भी करना है और इंटरटेन भी करना है तो आपको अपनी स्पीच में पॉज़ लेना बहुत ज़रूरी है।

सवालः आपके एक फैन का आपसे सवाल है – एक अच्छे स्टोरी टेलर कैसे बन सकते हैं?

जवाबः अच्छा स्टोरी टेलर बनने के लिए आपको वह तरीक़ा पता होना चाहिए कि कैसे आप अपने ऑडियंस की उत्सुकता को बढ़ाएं। एक अच्छा स्टोरी टेलर बनना है तो आपको कभी भी बिगनिंग में यह नहीं बताना है कि उस स्टोरी का क्रक्स यानी मूल बिन्दु क्या है, उसका क्रक्स एकदम लास्ट में बताना है, आपको अपने ऑडियंस का इंटरेस्ट बढ़ाते जाना है और लास्ट में बताना है कि उसका एंड क्या था।

सवालः यह सवाल आपके दूसरे फैन कि तरफ सेः पब्लिक स्पीकिंग सीखने के दो तरीक़े हैं; एक तो हिट एंड ट्रायल और दूसरा प्रॉपर कोचिंग के साथ। दोनों में क्या अंतर है?

जवाबः फर्क सिर्फ इतना है कि हिट एंड ट्रायल में ज़्यादा टाईम लगता है और कोचिंग में बहुत कम टाईम लगता है।

सवालः आपकी फेवरेट क्कोटेशन कौन सी है?

जवाबः मेरी फेवरेट क्कोटेशन है- “हमारा मुख्य ध्येय यह देखना नहीं है कि हमसे दूर क्या है बल्कि वह करना है जो हमारे हाथ में है। हम आज क्या हैं? जो हमने कल किया। हम कल क्या होंगे? जो हम आज कर रहे हैं। तो आज ही दिन है जीने का, हमें आज में रहना है।”

सुरेन्द्रः ये थे अनुराग अग्रवाल जिनका एक बहुत अच्छा यू-ट्यूब चैनल है जिस पर आपको पब्लिक स्पीकिंग और बिजनेस कोचिंग की इंफॉर्मेशन मिल जायेगी।

पूरा एपिसोड देखने के लिए हमारे यू-ट्यूब चैनल ‘चैट विद सुरेन्द्र वत्स’ के एपिसोड नंबर 21 “अच्छा वक्ता कैसे बनें?” अनुराग अग्रवाल देखिए।

KC Chabbra

- *Master of System*
- *Motivational Speaker*
- *Leader of Leaders*

सुरेन्द्र वत्स विद के सी छाबड़ा - एपिसोड 22

सवालः सर, आपको मास्टर ऑफ दा सिस्टम के नाम से जाना जाता है लेकिन आपकी बैकग्राउंड के बारे में कम लोग जानते हैं, सबसे पहले आप हमारे पाठकों को अपने बैकग्राउंड के बारे में बताइए।

जवाबः मेरा जन्म राजस्थान के एक छोटे से गाँव में हुआ और जब मेरी स्कूलिंग हुई तो मेरे गाँव में बिजली भी नहीं थी। आगे की पढ़ाई के लिए मैं शहर आ गया। हमारा पुश्तैनी व्यापार बहुत छोटा सा था फिर परिवार के सदस्यों ने मिलकर व्यापार को आगे बढ़ाना शुरू किया, धीरे-धीरे कपड़े की दुकान ले ली और कपड़े की दुकान धीरे-धीरे एक इन्डूस्ट्री में बदल गई क्योंकि काम करने ललक थी। परिवार में सबने मिल कर एक टैक्सटाईल इंडस्ट्री डिवेलप कर ली। उसी दौरान मेरा आना-जाना पूरे भारत में रहा और कारोबार राजस्थान Bhilwara से निकल कर महाराष्ट्र तक पहुँच भी गया। फिर सन 2000 में मौका मिला और मैं डायरेक्ट सेलिंग बिज़नेस में आ गया।

सवालः आप एक वैल स्टैबलिश्ड टैक्सटाइल बिज़नेस में थे, आपका अपना ब्रांड था। वहाँ से निकलकर डायरेक्ट सेलिंग में आना, इसके पीछे क्या वजह थी?

जवाबः देखिए एक होता है रिज़न कि आपके पास कोई न कोई कारण होता है किसी काम को करने का और एक होता है विज़न। मुझे जब डायरेक्ट सेलिंग कॉनसेप्ट समझ में आया तो मुझे लगा कि यह आने वाले वक़्त का वो बिज़नेस है जो आपको वो सब चीज़ें देता है जो जीवन के लिए बहुत ज़रूरी हैं। यहाँ पर आपको नाम, सम्मान, शोहरत, फ्रीडम सब देता है। आपके अंदर जो भी क्षमताएं हैं उसको पूरे देश और दुनिया तक ले जाने की पूरी आजादी देता है, अच्छी खासी इंकम देता है और ये चीज़ें जो डायरेक्ट सेलिंग में मिलती हैं वो शायद दुनिया के किसी बिज़नेस में संभव

ही नहीं है। जब यह बात मुझे समझ में आई तो दिल से आवाज आई कि मुझे इस पर काम करना चाहिए।

सवाल: आपने डायरेक्ट सेलिंग की शुरूआत की लगभग 20 साल पहले की थी और उस समय तो हिन्दुस्तान में इस इंडस्ट्री कि शुरुआत ही थी। आज आप इस मार्केट का साईज और पोटेंशियल क्या देखते हैं?

जवाब: पहले तो मैं यह सोचता था कि एक बिज़नेस है जो हमें फ्रीडम देगा लेकिन जैसे-जैसे मैं इस बिज़नेस में आगे बढ़ता गया यह समझ में आता गया कि यह बिज़नेस कितना ज़रूरी है लोगों के लिए और मैं जहाँ तक समझता हूँ हिन्दुस्तान की इतनी बड़ी आबादी को सही ढंग से चलाने के लिए डायरेक्ट सेलिंग बहुत महत्वपूर्ण रोल निभा सकती है। और उसके पीछे बहुत बड़ा रिज़न यह है कि आज इण्डिया की जो पोपूलेशन है उसमें 91.8 परसेंट पोपूलेशन नॉन ग्रेजुएट है।

सुरेन्द्र: अगर हम चीन की बात करें तो उसकी पोपूलेशन हमारे देश से ज़्यादा है और डायरेक्ट सेलिंग के मामले में यह अमेरिका के बाद दूसरा बड़ा देश है जहाँ पे डायरेक्ट सेलिंग का बिज़नेस बहुत तेजी से बढ़ रहा है। मुझे लगता है कि अगर चीन ने ग्रो किया है तो डायरेक्ट सेलिंग का वहाँ एक बड़ा योगदान रहा होगा।

के सी छाबडा: और डायरेक्ट सेलिंग का जितना पोटेंशियल इंडिया में है उतना इस दुनिया में कहीं हो ही नहीं सकता है। यहाँ पर लोगों की इनकम ज़्यादा नहीं है और डायरेक्ट सेलिंग धीरे-धीरे लोगों को इनकम देना शुरू करता है और उसके लिए यह ज़रूरी नहीं है कि कोई कहाँ रहता है, क्या करता है, उसका क्या बैकग्राउण्ड है, कितनी फैमली साईज है।

सवाल: अमेरिका, जहाँ से इस इंडस्ट्री की शुरुआत हुई, वहाँ के प्रेसीडेंट बिल क्टिंन ने सार्वजनिक तौर पर बोला था कि हर नागरिक को डायरेक्ट सेलिंग से जुड़ना चाहिए, इसके यह बैनिफिट्स हैं। आपको क्या लगता है, आने वाले समय में डायरेक्ट सेलिंग इंडस्ट्री हमारे पॉलिटिक्स पर असर डालेगी?

जवाब: बिलकुल। अभी तो इस इंडस्ट्री की साईज हिन्दुस्तान में बहुत छोटी है यह लोगों की निगाहों में नहीं है और दूसरी बात ये कि पिछले 15-20 सालों से कोई अच्छे बिज़नेस बाहर निकल के नहीं आये तो उसकी ईमेज कोई बहुत अच्छी नहीं बनी है लेकिन जैसे-जैसे अच्छी कम्पनियाँ आएंगी, यह बहुत रीस्पेक्टेड बिज़नेस बनेगा और पूरी दुनिया इसको जानेगी। भारत सरकार के लिए भी यह रेविन्यू जनरेट करेगा। हर आदमी अगर अपनी इच्छा से, अपनी पूरी क्षमताओं के साथ काम करता है तो यह एक परिवार बन जाएगा, इसमें छोटे बड़े का कोई भेदभाव नहीं होगा।

सुरेन्द्र: कलाम साहब का जो सपना था विकसित भारत का वो डायरेक्ट सेलिंग पूरा करेगी?

के0सी0छाबडा- डायरेक्ट सेलिंग सबसे बडा रोल अदा करेगा उस सपने को पूरा करने में।

सवाल: आपको मास्टर ऑफ दा सिस्टम कहा जाता है, तो डायरेक्ट सेलिंग में सिस्टम की क्या इम्पोटेंस है और इसको कैसे अप्लाई किया जाये?

जवाब: उदाहरण के तौर पर समझाऊँ तो जैसे आपको अपने बच्चे को पढ़ाना है तो आपको ये चिंता करने कि ज़रूरत नहीं है कि उसकी स्कूलिंग कहाँ होगी, कॉलेज कहाँ होगा क्योंकि ये सिस्टम ऑलरेडी बना हुआ है। आपको पानी चाहिए तो चिंता करने की ज़रूरत नहीं है क्योंकि पानी आयेगा, बारिश से, क्योंकि यही सिस्टम बना हुआ है, और आपको यह सिस्टम समझना पड़ता है, इसके रूल को फॉलो करना पड़ता है। अगर सिस्टम को फॉलों करें तो लोग धीरे-धीरे फ्री हो जायेगें और काम आपका अपने आप चलता रहेगा और यही वजह है कि हम जो रॉयल्टी इनकम की बात करते हैं, रॉयल्टी इनकम कंपनी नहीं देती है रॉयल्टी इंकम सिस्टम की वजह से मिलना शुरू हो जाता है।

सवाल: मतलब हर कम्पनी के पास अपना एक ऐसा ऐजुकेशनल सिस्टम होना चाहिए जिस को डिस्ट्रीब्यूटर एक बार अपना लें तो सिस्टम ऑटोमैटिक काम करता रहे।

जवाबः धीरे-धीरे वो सिस्टम अपने आप काम करने लगता है लोग फ्री हो जाते हैं और उनके नीचे उनका बिज़नेस डवलप करता है।

सवालः बिज़नेस में एक शब्द बार-बार आता है काउन्सलिंक तो काउन्सलिंक की डेफिनेशन और इम्पोर्टेंस क्या है?

जवाबः काउन्सलिंक हर व्यक्ति के जीवन में सबसे बड़ा रोल है, माँ और बेटे के बीच में भी काउन्सलिंक होती है ताकि माँ अपने बच्चे को उसकी जरूरत के हिसाब से सही दिशा दे सके, पति-पत्नी के बीच में होती है ताकि उनके बीच में अच्छे तालमेल रहे। काउन्सलिंक मतलब सलाह। एक दूसरे से सलाह लेना ताकि किस को क्या चाहिए तो उन सब चीजों का निदान मिल सके। इसी तरह हमें भी ये करना चाहिए अपनी टीम के साथ, अपलाइन के साथ बैठ कर ताकि किसी भी समस्या का कोई हल निकले।

सवालः आपकी टीम पूरे हिंदुस्तान में हैं, तो यह कैसे सम्भव हुआ, पूरे देश में अपना नेटवर्क फैलाना?

जवाबः मैं इस तरह की बुक पढ़ता हूँ जिसमें मैं टीम मैनेजमैंट और टाईम मैनेजमैंट के साथ बिज़नेस को कैसे स्प्रेड करना है यह सीख सकूँ। मैंनें जब बिज़नेस स्टार्ट किया था सन 2002 में तब मुझे लगा कि इस बिज़नेस को इण्डिया लेवल पर स्प्रेड करना है तो यह ज़रूरी था कि में पहले कुछ ऐसे की पाइंट बनाऊँ जहाँ से इस बिज़नेस लेवल को पूरे इण्डिया में स्प्रैड करना आसान हो जाये। दिल्ली का चुनाव किया, हिन्दुस्तान का मेप रखा उसमें मार्क किया, उसके बाद कोलकाता, मुंबई, नागपुर जैसी और मेजर सिटीस को चुना, ऐसी मेट्रो सिटीस जहाँ ट्रांसपोटेशन ईज़ी है, जहाँ पर सारी व्यवस्थाएं हैं, जैसे मीटिंग और सेमिनार के लिए सारा मैनेजमैंट मिलता है। तो इन सारी चीज़ों का ध्यान रखते हुए बिज़नेस प्लान किया। और मेरा एक ड्रीम है कि हिन्दुस्तान का ऐसा कोई गांव ना हो जहाँ पर हम लोग एक नेटवर्क की पहचान ना बना पाएं।

सवालः आपकी तरह अच्छा वक्ता बनने के लिए आप पाठकों को क्या टिप्स देंगे?

जवाब: मैंने इस पर बहुत सारी बुक्स पढ़ी हैं स्पेशली पब्लिक स्पीकिंग के लिए और मैं समझता हूँ कि बहुत बडा रोल है पैशन का, वो भी आपके अंदर होना चाहिए। और स्पीकिंग का सिर्फ ये मतलब नहीं है कि स्टेज पर खड़े होकर तेज-तेज आवाज में बात करें आप क्या बोलना चाहते हो यह इतना इम्पोर्टटैंट नहीं है, पब्लिक क्या सुनना चाहती है वो इम्पोर्टटैंट हैं।

पूरा एपिसोड देखने के लिए हमारे यू-ट्यूब चैनल 'चैट विद सुरेन्द्र वत्स' के एपिसोड नंबर 22 "क्या एमएलएम देश की राजनीति पर असर डालेगी?" के सी छाबड़ा देखिए।

Anurag Aggarwal

- *Serial Entrepreneur*
- *Educator*
- *Networking & Life Skills Coach*
- *Public Figure*
- *Author*

सुरेन्द्र वत्स विद अनुराग अग्रवाल - एपिसोड 23

सवाल: हमारी इंडस्ट्री में बहुत सारे लोग है जो अनुराग अग्रवाल के बारे में शायद उतना नहीं जानते जितना उनको जानना चाहिये तो अपने बारे में थोड़ा सा बताये सर।

जवाब: जहाँ तक मेरे बैकग्राउड का सवाल है एन्टरपरेन्यूरशिप की दुनिया में लगभग 20 साल मुझको हो गया है, मैं 20 साल की उम्र में एमबीए कर रहा था और तीसरे समेस्टर में था उस समय मेरा प्रोग्राम था कि यूएस मूव कर जाऊ, पर एक बहुत अच्छा बिज़नेस अवसर मेरे सामने आया और उस समय इस इंडस्ट्री की इंडिया में शुरूआत थी।

सवाल: क्या टाईम रहा होगा ये?

जवाब: यह मई 1998 मेरा चौथा समेस्टर चल रहा था और जब मेरे सामने यह अवसर आया तो जिस ओरगनाजेशन से अवसर आया उसका नाम, हमारे लिए कुछ नया नहीं था क्योंकि फीलिप कोटलर में हमेशा वो नाम डिसकस किये जाते थे। यह जाने माने नामो में से एक था, मैं एक मिडिल क्लास फैमिली से आता हूँ हमेशा एक टॉपर रहा हूँ और जिंदगी में कुछ बड़ा ही करने का इरादा रखा था और करना भी था इसलिए आज भी रखते है तो उस ऑरगनाइजेशन से मुझे जॉब का ऑफर आता तो भी मैं बहुत खुश होता पर मुझे पता चला यह बिज़नेस का अवसर है और जब बिज़नेस का अवसर मुझको आया तो मैने कुछ ओर नहीं सोचा ओर क्यूँ ना यूएस जाया जाये 2 साल क बाद। इनफेक्ट मेरे यूएस के दोस्तों ने मुझसे बोला यूएस आना है 2 साल बाद आ जाना कौन सा फर्क पड़ता है अभी इंडिया में कुछ स्टार्ट अप दे दो। मैने र्स्टाट किया और भगवान की दया से बिज़नेस पहले ही साल में बहुत बड़ा हो गया! मैं जब 21 वर्ष का था तब लोग बायोडाटा बनाते है मैं फ्री हो गया था और इसलिए आज मेरी कई कपंनियाँ हैं।

सवालः सर आपका बहुत बड़ा तर्जुबा है आप डेयरक्ट सेलिंग से तब जुड़े जब इंडिया में डायरेक्ट सेलिंग की शुरूआत थी 20 साल का आपका एक्सपीरियन्स है, डायरेक्ट सेलिंग का हिन्दूस्तान में आप क्या भविष्य मानते हैं।

जवाबः देखिए इस इंडस्ट्री का भविष्य बहुत बड़ा है, और बड़ा हो सकता है, और होगा। लेकिन इसका भविष्य हम लोगों के हाथ में है। डायरेक्ट सेलर और लीडर के हाथ में है, कही न कही हमारी गर्वमेंट के हाथ में है, क्योंकि उसको भी समझना है कि जहाँ वो स्किल एमप्लाईमेन्ट की बात करते है तो ये इंडस्ट्री कितना बड़ा एमप्लाईमेन्ट जनरेट कर सकती है और कर रही है, अगर डेटा की बात करे तो आज 12 - 13 हजार करोड़ का टर्नओवर है पूरी इंडस्ट्री की पॉसिबिलिटी तो कई लाख करोड़ की है और बहुत बड़ा होने वाला है।

अगर वालर्माट इस मार्किट को देखकर एक्साइटेड होता है। अगर अमेजन इस मार्किट को देखकर एक्साइटेड होता है तो जो उनका भविष्य है वही हमारा भविष्य है। हमारा भविष्य या हमारा स्कोप उनसे कहीं भी कम नहीं है और इनफैक्ट वहाँ पर लिमेटिड लोगों को एम्प्लॉयमेंट मिलता है यहाँ अनलिमिटिड लोगों को एम्प्लॉयमेंट मिलता है तो इसके रियल स्कोप का तो कैलकुलेशन इनफैक्ट इंडिया में नहीं कर सकते।

अगर हम इसको इस प्रकार से कम्पेयर करें, जैसे यूएस एक मेचयोर मार्केट है और इंडिया पोपूलेशन वाइज उनसे 4 गुना ज़्यादा है तो हमारे देश में डायरेक्ट सेलिंग की संभावनाएं बहुत बड़ी हैं।

सवालः कितनी बड़ी संभावनाएं देखते है आप ?

जवाबः संभावनाएं बहुत बड़ी हैं, अगर सोप अमेजन से बिकता है, सोप फिल्पकार्ट से बिकता है, तो सोप डायरेक्ट सेल इंडस्ट्री से भी बिकेगा और बहुत ज़्यादा बिकेगा क्योंकि उसकी क्वालिटी बहुत अच्छी होगी और उसको समझाने वाला अच्छा होगा, सर्विस बहुत अच्छी होगी, जिसका कोई कम्पेरिजन नहीं होगा। स्काइ इज़ द लिमिट।

सवालः बहुत बढ़िया सर भविष्य बहुत अच्छा है। लेकिन कही कोई चेलेज दिखता है?

जवाबः चैलेंज है मनी सर्कुलेशन कम्पनीज, आज एमएलएम के नाम पर मनी सर्कुलेशन कम्पनीज काम कर रही हैं, लोगों को सेम मोडयूल दिखता है; लोगों से पैसा लिया जा रहा है, वायदे किये जा रहे हैं, आप इतना दे दिजिये इतना मिल जायेगा, लोगों को लूट जा रहा है, हालांकि, नियम कानून भी धीरे धीरे बन रहे हैं लेकिन उसके बावजूद भी ये चीज़ें रूक नहीं रही हैं।

सवालः तो अगर एक डायरेक्ट सेलर अभी नया बना है या वो बनना चाहता है उसके सामने कोई प्रपोजल आता है तो वो कैसे अतंर करे कि ये सही कम्पनी है या ये मनी सर्कुलेशन कम्पनी है?

जवाबः अभी गवर्नमेंट डायरेक्ट सेलिंग को लेकर काफ़ी गंभीर है, जैसे पिछले दिनों रियल एस्टेट को लेकर थी। जब गर्वमेंट स्ट्रीक हुई, उस पर एक ऑथोराइज्ड बॉडी आ गया तो बहुत कुछ इर्म्पूव हो गया। रियल स्टेट में तो बहुत सी चीज़ें इम्प्रूव हो रही हैं बहुत सारे अच्छे बिल्डर हिन्दुस्तान में हैं।

इसी तरह हमारी इंडस्ट्री को भी एक बॉडी की ज़रूरत है जो कंट्रोल करे, गर्वन करे, गलत को पनीश करे और सही को रिर्वाड करें। अगर ऐसा होगा तो चीज़ें सुधरती चली जायेगी बट ये सब गर्वमेंट लेवल की चीज़ें है मोदी जी के हाथ में है पासवान जी के हाथ में है आज की डेट में, मैं उनको बधाई देना चाहूँगा क्योंकि पिछले पाँच साल में उन्होंने इस इंडस्ट्री की तरफ देखा है समझा है इसको बहुत टाईम दिया है।

मुझे लगता है किसी भी इंडस्ट्री में किसी भी बिज़नेस में घुसने से पहले हमें थोड़ा सा जानकारी लेना ज़रूरी है, मैं इस इंडस्ट्री को इसके लिए जहाँ तक गलत मानता हूँ उतना ही रीस्पान्सबल वो डायरेक्ट सेलर भी है। वो अपने आप को मायूस ना करे ये सोचकर कि यार मैं रीस्पान्सबल नहीं हूँ, मुझे किसी ने कुछ समझा दिया। आप किसी स्कूल में एडमिशन भी लेने

जाते हो तो देखते हो कि किस टाईप का स्कूल है अपने बच्चे का एडमिशन भी कराने जाते हो तो देखते हो। आप गाड़ी भी खरीदते हो तो थोड़ा चैक करते हो। अगर आप किसी इंडस्ट्री में जा रहे हो पहले आपको उस इंडस्ट्री के बारे में पता होना चाहिए ये आप नोलिज लेंगे और हमारा 20 साल पहले वाला भी जमाना नहीं है जहाँ कोई गूगल नहीं था इन्फोरमेशन बड़ी लिमिटेड होती थी इनफैक्ट इन्फोरमेशन आने से रोक दी जाती थी, अब आप किसी भी चीज़ को गूगल कर सकते हो बैकग्राउड थोड़ा सा स्टडी करना उसके बारे में जानना बहुत ज़रूरी है क्योंकि अंत में आप अपना इर्म्पोटेंट टाइम मनी और एनर्जी ये आप ही इन्वेस्ट करने वाले हैं।

सवालः सर कुछ लोग ऐसे हैं आज एक कम्पनी में काम कर रहे हैं, आज उसकी बहुत तारीफ करेंगे अगले दिन अगले की करेंगे और पाँच सालों में वो पाँच कपंनियाँ चेंज कर देते हैं और बहुत सारे रिजन है। जहाँ हलका सा उन्हें प्रोफिट ज़्यादा मिलेगा उसकी तारीफ करेगा पुरानों को छोड़कर निकल जायेगा क्या ये सही है?

जवाबः यहाँ पर मैं आपको छोटा सा इन्सीडेंट बताना चाहूँगा क्योंकि वो शायद सबसे ज़्यादा इर्म्पोटेंट चीज़ होगी बिना नाम लिए मैं जिस औग्रानाइजेशन में काम करता हूँ, वो बहुत रिस्पेक्टेड ऑर्गनाईज़ेशन है। मैं 22 की ऐज में उसका एडवाइजरी काउंसल मेम्बर बना था और वहाँ पर कम्पनी के ओनर आए थे उनको 60 साल का एक्पीरियन्स है ओनर के बेटे थे तो उन्होंने बोला जब ये कंपनी शुरू हुई थी तब इसने सबसे ज़्यादा मेरी नीदें खराब की है, मैं उस टाईम छोटा सा था, कंपनी का कोई बड़ा सेटअप नहीं था और मेरा ही बैडरूम उनका स्टॉक रूम हुआ करता था तो वहाँ से उन्होंने इसे देखा, उनके प्रींसिपल बिल्ड हुये उन्होंने हम से पूछा “अच्छा एक बात बताओ कि हम लोग जो बिज़नेस बिल्ड कर रहे है उसको लेकर आपका विज़न क्या है?” हम लोगों ने बड़ी बड़ी बुक पढ़ रखी है तो हम लोगों को जितना बोलना था हमने बोला लेकिन उनका जो आसंर था उन्होंने जो बोला वो हमारे सोच से बहुत बड़ा था।

सर, उन्होंने बोला कि आज इम्पॉर्टेन्ट ये नहीं है कि आप क्या कर रहे हो इम्पॉर्टेन्ट ये भी नहीं है कि आज के पांच साल बाद क्या करोगे लेकिन आज के 30 साल बाद जब आप अपनी नेक्स्ट जनरेशन को ये बिज़नेस दे रहे होंगे तो आपके चैस्ट का साइज क्या होगा। ये सोच के बिज़नेस करो।
अब इसमें कितनी बातें छुपी हुई है कि 30 साल बाद ये बिज़नेस होगा हम होगे। अच्छे तरीके से करेंगे तो ही पूरे सम्मान के साथ में सीना चौड़ा करके उसको दे पाएंगे कि देख बेटा, हमने ये क्रिएट किया है दस माला बिल्डिंग बना दी अब तू सौ माला बना। लेकिन ज़्यादातर केस में जहाँ से आपका सवाल निकल के आ रहा है मैं 20 साल से इस इंडस्ट्री को देख रहा हूँ कई हजार कम्पनियाँ जो आई और कोई 2 साल में चली जाती है कोई 3 साल में चली जाती है। जब कम्पनी ही नहीं रहेगी तो क्या तो चेस्ट रहेगी और क्या तो साइज होगा। ये बिज़नेस फ्रीडम देता है जो आप सही कंपनी चुने भी धैर्य के साथ नेटवर्क बिल्डअप करें।

सुरेन्द्र: इस बिज़नेस की ब्यूटी ये ही है ये बिज़नेस आपकी नेक्ट जनरेशन में जायेगा उससे नेक्ट जनरेशन में जायेगा और कई सारे एग्ज़ापल हैं, हमारे पास हमने एक व्यक्ति को इन्वाइट किया है इन्टरव्यू के लिए उनकी बड़ी अच्छी स्टोरी है सर उसके फादर ने डायरेक्ट सेलिंग में काम किया 15-16 साल मेहनत से काम किया नेटवर्क बनाया, उनकी डेथ हो गई काफी बड़ी पोस्ट पर थे लेकिन 16 साल के बाद उनका जो नेटवर्क था वह उनके बेटे के नाम ट्रांसफर हो गया। उन्होंने जीरो से स्टार्ट नहीं किया जहाँ से उनके फादर ने छोड़ा था, वहाँ से शुरू किया। यही इस इंडस्ट्री की ताकत है लेकिन शायद लोगों की समझ में नहीं आती।

अनुराग: अगर इस इंडस्ट्री में आकर भी जॉब की तरह काम करना है कि मुझे यहाँ 200000 का पैकेज मिल रहा है यहाँ काम कर लेता हूँ कहीं और 225000 का मिलेगा तो वहाँ जंप कर जाऊंगा कहीं ढाई लाख का मिलेगा फिर मैं वहाँ जंप कर जाऊंगा। इस माइंडसेट से आप कभी एंटरप्योर नहीं बन सकते और ऐसे लोगों के लिए ये इंडस्ट्री नहीं है।

पूरा एपिसोड देखने के लिए हमारे यू-ट्यूब चैनल 'चैट विद सुरेन्द्र वत्स' के एपिसोड नंबर 23 "एमएलएम इंडस्ट्री को मोदी जी से उम्मीदें" अनुराग अग्रवाल देखिए।

Abby Viral

- *Entrepreneur*
- *Youtube Sensation*
- *Rapper*
- *Motivational Speaker*
- *Network Marketer*

सुरेन्द्र वत्स विद एबी वायरल - एपिसोड 24

इस चैप्टर में हम अभिनव प्रतीक उर्फ एबी वायरल के बारे में जानेंगे जो यंगस्टर्स में काफी लोकप्रिय हैं और मोटिवेशनल स्पीकर भी हैं।

सुरेन्द्र वत्स के सवाल एबी वायरल के जवाब:

सवाल: आप एक जाने माने रैपर हैं, अपने बारे में रैप के स्टाइल में बताइए।

जवाब: मेरी बाते फुल पावर मेरा माइंड फुल पावर,
मैं रहता फुल पावर, मैं बंदा फुल पावर
मेरी जनता फुल पावर बरसे ऐनर्जी का शावर
जिसमें करने लगे बात सोच मजबूत और क्लियर मेरा पाथ
तो ये सारी जनता हमारी फुल पावर है।

सवाल: अपने यू-ट्यूब विडिओज़ में आप बहुत ही अलग रूप में नज़र आते हैं। हमारे पाठकों को अपने बैकग्रांरूड के बारे में कुछ बताइये?

जवाब: आज से लगभग 7-8 साल पहले जब मैंने 12 वीं पास की थी तो मुझे नहीं पता था कि आगे मुझे क्या करना है, क्योंकि मेरी फैमिली में मम्मी गवर्नमेंट जॉब में है और, किसी ने मेरे घर में बिजनेस नहीं किया या फिर किसी ने कुछ ऐसा अनकन्वेंशनल काम भी नहीं किया। मैंने सोचा कि बस कैसे भी अच्छे मार्क्स ले आऊँ, कुछ जुगाड़ हो जाये, जिससे मेरी 20-30 हजार की नौकरी लग जाये जिससे मैं स्टेबल हो जाऊँ लाइफ में। मैंने बहुत स्ट्रगल देखा लाइफ में मतलब मुझे जब साइकिल चाहिये थी तो पापा से पहले पूछा कि पापा घर में पैसों की दिक्कत तो नहीं चल रही? उन्होंने कहा नहीं तब मैंने डिमांड मेरी स्टाइल में किया। जो हमारा एमएलएम एन्थम है उसमें भी मैंने यह बात बोली है।

मैं नेटवर्क मार्केटिंग के एक सेमिनार में गया, वहाँ पर एक 17 साल का लड़का खड़ा हुआ और बोला, “पीछे पीपीटी पर वोल्स वेगन गाड़ी दिख रही है, वह मैंने खुद के पैसे से खरीदी है ”।

उस समय मुझे लगा कि ये तो नेक्स्ट लेवल चीज़ है, ये 17 साल की उम्र में कर रहा है मैं तो 18 का हूँ, तो मैंने उस पर एक रैप लाइन बोली थी कि-

गया एक सेमिनार में जहाँ लोग सारे मैड, उसने पढ़ी थी किताब 'रिच डैड पूअर डैड'

सारे उड़ाते थे मजाक सब करने लगे पोक, उसके पैशन का सबने बनाया कोई जोक !

इस सेमिनार का असर था कि मैंने नेटवर्क मार्किटिंग इन्डस्ट्री में काम करना शुरू किया। यहाँ पर मैंने 3 साल दिये अपनी जिंदगी के, 3 साल में काफी अच्छी ग्रोथ की। सब कुछ ठीक चल रहा था लेकिन हर इंसान का माइंड सेट हर दो तीन साल पर चेन्ज होता रहता है। हम म्चयोर होते हैं टाइम के साथ, थोट प्रोसेस बदलता है, फिर मैंने सोचा क्यों न मैं और इन्डस्ट्रीज की नॉलेज लूँ क्योंकि डेथबैड पर जब में लेटे हों तो ये ना सोचूँ कि सिर्फ एक ही काम करते रह गये। मैंने आंट्रेप्रेनुर के बारे में स्टडी करना शुरू किया, फिर मैंने एक प्राइवेट कंपनी शुरू की 8000 रू से जिसकी आज लगभग 15 करोड़ के आसपास की वल्यू है।

सवाल: वो आपका अपना स्टार्ट अप है, तो उसमें आप क्या करते हैं?

जवाब: हमारी गिफ्टिंग इ-कार्मस वेबसाइट है, हमारे कॉर्पोरेट क्लाइंट्स हैं जिन्हें जब भी गिफ्ट्स की रिक्वायरमेंट होती है हम पूरी करते हैं और हमारी ऑनलाइन ऑडियंस भी है।

सवाल: डायरेक्ट सेलिंग के बाद आप ने गिफ्टिंग की लाइन चुनी, जो थोड़ा हटकर थी इसके पीछे कोई विशेष कारण?

जवाब: सर बॉलीवुड लोगों का थोड़ा दिमाग खराब करता है। मैंने जिंदगी ना मिलेगी दोबारा फिल्म देखी और उसमें एक डायलॉग था कि "मैंने सोचा जब मैं डेथबैड पर लेटा हूँगा, आज से कुछ सालों बाद मैं ये ना सोचूँ की मैंने जिंदगी में हर चीज़ को एक्सपीरियंस नहीं किया"। मैं काफी चीज़ें एक्सप्लोर करना चाहता हूँ इसलिए मैं अभी भी काफी सारी चीज़ें कर रहा

हूँ। ये डाइरेक्ट सेलिंग इंडस्ट्री मेरे आंट्रेप्रेनुर से रेलिवेंट है, इसलिए हमने उसे स्टार्ट किया और कहीं न कहीं नेटवर्क मार्किटिंग इंडस्ट्री में होने की वजह से मुझे बिज़नेस में काफी सारे फायदे हुये। जब हमने कंपनी स्टार्ट की तो पोर्टल्स पर जा कर रजिस्टर कराया, पहले से ही बहुत कंपनियाँ मार्केट में थीं, उनसे हम प्राइस के लिए कम्पीट नहीं कर सकते थे क्योंकि हम खुद वहीं से सामान लेते थे लेकिन हम अपने सेलिंग स्किल, माइन्ड सेट और ऐटिटूड से उन लोगों को काम्पिटिशन दे सकते थे। और ये सब हमें नेटवर्क मार्केटिंग इंडस्ट्री ने दी थी। मेरे गुरु राहुल वालिया सर ने मुझे सिखाया था कि जब तक आपका प्रोस्पेक्ट आपका नंबर ब्लैकलिस्ट में ना डाल दे तब तक आपको गिवअप नहीं करना चाहिये। उस माइड सेट के साथ मैंने काम किया।

सवाल: अगर हम दोनों इंडस्ट्रीज़ की आपस में तुलना करें तो डाइरेक्ट सेलिंग में आदमी अपने अपलाइन से सीधे बात कर सकता है, कोई भी प्रॉब्लेम होती है तो उसको डाइरेक्शन मिल जाता है। लेकिन जब आप आंट्रेप्रेनुर के रूप में काम करते हैं तो आपका कोई गॉडफादर नहीं होता है। आपका भी नहीं था, लेकिन आपके सामने चैलेंज़ेस तो आए होंगे, उनको आपने कैसे फेस किया?

जवाब: कुछ एडवांटेज मुझे मिला मेरे पुराने अपलाइन्स से, मैं उनके संपर्क में रहा मुझे कोई भी प्रॉब्लेम होती थी तो वो लोग मुझे गाइड करते थे।

सवाल: आपने एमएलएम ऐन्थम बनाया है, जिसमें एक डायरेक्ट सेलर के स्ट्रगल को आपने दिखाया है इसके पीछे आपका मकसद क्या था?

जवाब: बहुत सारी ऑनलाइन ऑडियंस हमें सपोर्ट करती है, उन में से बहुत से लोग डायरेक्ट सेलिंग में काम करते हैं। मेरे वीडियो के कमेन्ट में लोगों ने बोला कि इस टॉपिक पर वीडियो बनाओ, इसलिए मैंने बना दिया।

उसकी रैपर लाइंस कुछ ऐसी हैं-

उसके सपने थे बड़े उसे खुदपे था यकीन,
कोई और नहीं था वो मोटिवेशन की मशीन

शुरू किया जो सफर उसके साथ था हुनर,
वो सेल्फ मेटिवेटिड अपने सपनों की फिक्र
गया एक सेमिनार में जहाँ लोग सारे मैड,
उसने पढ़ी थी किताब रिच डैड पुअर डैड,
सब उड़ाते थे मज़ाक लोग करने लगे पोक,
उसके पैशन का सबने बनाया कोई जोक
घर वाले थे नाराज देख उसका ये अदांज,
रिश्तेदारों ने भी उसकी फिर दबा दी आवाज़
जिनकी बातों पे यकीन तुझे छोड़ जा जाएंगे,
देखे सपने जो तूने उसे तोड़ जाएंगे

सवाल: यू-ट्यूबर बनने का आइडिया आपके दिमाग में कैसे आया?

जवाब: मैं जिंदगी में बहुत फ्रस्टेट हो गया था क्योंकि जब मैंने बिज़नेस शुरू किया तो पता चला कि काफी सारी चीज़ें होती हैं, जैसे 1 तारीख को सबकी सैलरी देनी पड़ती है, बिल्डिंग का रेन्ट होता है, वाईफाई बिजली सर्वर का रेन्ट। हमारी ई-कामर्स वेबसाईट की पैसों की थोड़ी दिक्कत चल रही थी उस टाईम, मैं गिव अप करने वाला था पर फिर अचानक से दिमाग में कुछ आया मैंने कुछ चीज़ें लिखनी शुरू की, कि एक आंट्रेप्रेनुर क्या होता है, उसकी फीलिंग क्या है, उसकी जेब में पैसे नहीं होते फिर भी काम करता है। जब मैंने अपनी सारी फिलिंग्स को लिखा तो मैंने सोचा कि इसको रिकार्ड करके यू-ट्यूब पर डालना चाहिए, शायद कुछ और लोग रिलेट करें। पर मुझे कुछ आइडिया नहीं था, मुझे लगा कि 100-200 लोग ही देखेंगे। मैंने रिकार्ड किया, अपलोड किया और अगले दिन देखा उस पर 89 व्यूज थे और 3 कमेंट थे जिसमें से एक कमेंट था कि “सर आपने तो मुर्दे में भी जान डाल दी”। तो मैंने सोचा कि मैं तो खुद लाइफ से फ्रस्ट्रैटड हूँ और ये लोग मुझसे इन्सपाइर हो रहे हैं। वो एक इमोशनल पार्ट था जिसने मुझे ड्राइव किया और मैंने उसके 3 - 4 दिन बहुत मेहनत की, काफी सारी

सेल्स ले कर आया और सारी फाइनैन्शल प्रॉब्लेम सोल्व कर दी। उस एक कमेंट की वजह से मेरी ज़िंदगी 360 डिग्री से बदल गई।

सवाल: ऐबी आप यंगस्टर्स के लिए इन्स्पीरेशन हैं। वो आपसे रिलेट भी करते हैं तो हमारे युवा एनर्जेटिक रहें, मोटिवेटेड रहें, उनको आप क्या मैसेज देना चाहेंगे?

जवाब: सर इसका एक प्रोस्पेक्टिव है, मैं समझाता हूँ, मेरा एक दोस्त है सैंडी, वह पढ़ाई में बहुत अच्छा था, साथ में खेलता भी बहुत अच्छा था लेकिन मेरे मार्क्स कम आते थे। मेरे पेरेंट्स मुझे अपने तरीके से समझाते थे कि पढ़ाई नहीं कर रहा है, मार्क्स क्यों कम आए। परंतु मेरा दोस्त मुझे बहुत ही अलग तरीके से समझाता था। तो ये कान्सेप्ट मुझे समझ में आया कि जो जैसा है उसे उसी तरीके से समझाया जाए। जैसे यंगस्टर्स को रैप पसंद है तो रैप के थ्रू ही उन्हें समझाया जाए, मोटिवेट किया जाए।

सवाल: आपने अपनी शुरुआत डायरेक्ट सेलिंग इन्डस्ट्री से की थी और आप इसमें सक्सेसफुल भी हुए। आप अपने एक्सपीरियंस से बताइए कि डायरेक्ट सेलिंग में कैसे कामयाब हो सकते हैं?

जवाब: मैंने अपने मेन्टोर मि. राहुल वालिया के साथ मिलकर एक पूरी आडियो बुक बनाई है जिसमें 17 एपीसोड हैं, उसमें मेरी जर्नी है डायरेक्ट सेलिंग इंडस्ट्री की। जो भी चीज़ मैंने की, स्टेप बाई स्टेप उस बुक में है, जिसका नाम है 'नेटवर्क मार्किटिंग गलत स्कील'।

गलत का कान्सेप्ट ये है सर कि अगर कोई इंसान सोचता है कि मैं जॉब नहीं करूँगा, मैं वो बिज़नेस करूँगा, डायरेक्ट सेलिंग करूँगा तो लोग कहते हैं, गलत है, कोई कहता है कि मैं पढ़ाई नहीं करूँगा, अपने पैशन को फॉलो करूँगा तो लोग कहते हैं, गलत है। तो अगर गलत यही है तो गलत ही सही है, ये हमारी एक आइडोलोजी है हैशटैग गलत।

सवाल: आपके एक फैन का आपसे सवाल है - घर वाले बिज़नेस को बकवास मानते हैं तो उनको कैसे समझाया जाए?

जवाब: ये ही आपका पहला चैलेंज है। अगर आपने घर वालों को कन्विन्स कर लिया तो आप दुनिया को कन्विन्स कर लोगे और जो आपको जानते हैं अगर वही नहीं मानेंगे तो दुनिया को कैसे मनाओगे? मैंने जब कॉलेज ड्रॉप किया था तो मेरी मम्मी ने दो हफ्तों तक ढंग से खाना नहीं खाया था। पेरेंट्स को एक्सेप्ट करने में टाइम लगता है लेकिन ऐसा नहीं है कि वो साफ मना कर देंगे और उसी फैसले पर स्टिक रहेंगे। आप जो करना चाहते हो करो, पेरेंट्स को मनाते रहो, कुछ समय बाद आपको खुश देख कर वो मान जाएंगे।

सवाल: फनी मोमेंट ऑफ द लाईफ ?

जवाब: मैं बहुत ही फनी मोमेंट बताता हूँ, उससे इंस्पिरेशन भी मिलेगी लोगों को। एक टाईम था जब मैं लाईफ में स्ट्रगल कर रहा था और मुझे पैसों की ज़रूरत थी तो मैं एक व्यक्ति के पास गया मिटिंग के लिए और मैंने उनको बोला कि मैं आपका पूरा बिज़नेस ऑनलाइन मैनेज कर सकता हूँ, फेसबुक पेज, इंस्टाग्राम पेज, कैम्पेन वैगरह सब कुछ कर सकता हूँ। उस टाईम मैंने अपने स्टार्ट अप शुरू नहीं किया था और नेटवर्क मार्केटिंग से कुछ दिन पहले ही निकला था। अपॉर्च्युनिटी ढूंढ रहा था। तो उन्होंने मुझसे पूछा कि "तुम्हें फोटोशॉप ग्राफिक सब आता है?" मैंने बोला "फोटोशॉप तो ऐसा आता है कि आपका दिमाग खराब हो जायेगा देखकर", जबकि फोटोशॉप का मुझे "पी" भी नहीं आता था। कान्फिडन्स से बोला और वो डील क्रेक कर ली। मैंने 10000 रुपए उनसे एडवांस लिये और पैसे गिनता हुआ मैं वापस आया। मैंने रातों-रात यू-ट्यूब से फोटोशॉप सीखा फिर कुछ क्रिएटिव बना के दिया जो उन्हें पसंद या गया।

मंतलब अगर कुछ नहीं आता है लेकिन आपके अंदर कान्फिडन्स है तो उसे कुछ भी सीखा जा सकता है। नथिंग इज़ इम्पॉसिबल।

पूरा एपिसोड देखने के लिए हमारे यू-ट्यूब चैनल 'चैट विद सुरेन्द्र वत्स' के एपिसोड नंबर 24 "एबी वाइरल जोश मशीन" एबी वाइरल देखिए।

Zakir Hussain

- *Director (Ministry of Heavy Industries & Public Enterprises), Government of India |*
- *Ex Director (Ministry of Internal Trade, Ministry of Consumer Affairs), Government of India*

सुरेन्द्र वत्स विद ज़ाकिर हुसैन - एपिसोड 25

इस चैप्टर में हम जाकिर हुसैन साहब, डायरेक्टर, हैवी इंडस्ट्रीज मंत्रालय, गवर्नमेंट ऑफ इंडिया के बारे में जानेंगे। 2012-13 के बाद डायरेक्ट सेलिंग के लिए बहुत टफ टाईम था। मनी सर्कुलेशन कंपनियाँ बहुत तेज़ी से बढ़ रही थीं। सही कंपनी और गलत कंपनी में फ़र्क कैसे किया जाए, उसके लिए कोई डेफिनेशन नहीं थी, कोई पैमाना नहीं था। उस समय कुछ एसोसिएशन्स ने आगे बढ़ कर काम करना स्टार्ट किया। एक आरटीआई लगा के पूछा गया कि डायरेक्ट सेलिंग बिज़नेस मॉडयूल किस मंत्रालय के अधीन आता है? कई आरटीआई लगायी कई, हर डिपार्टमेंट ने ये कहा कि डायरेक्ट सेलिंग मॉडयूल हमारे अधीन नहीं आता है। मैं भी एसोसिएशन का पार्ट था। हम लोगों ने वो सारी आरटीआई एक साथ प्राइम मिनिस्टर ऑफिस में लगायी। उसके बाद इन्टर मिनिस्ट्री कमिटी बनी, बहुत सारे मंत्रालय उसका हिस्सा थे और ये तय हुआ चूंकि डायरेक्ट सेलिंग मॉड्यूल, कंज्यूमर से रिलेटेडस है, इसलिए ये कंज्यूमर मिनिस्ट्री का पार्ट होना चाहिए और फिर गाईडलाईन रिलीज हुई 9 सितम्बर, 2016 को और जब आप गाईडलाईन का नोटिफिकेशन पढेंगे तो उसमें आपको एक नाम दिखता है डायरेक्ट आईटी मो.जाकिर हुसैन साहब।

सवाल: सर, जब आपके सामने ये काम आया कि डायरेक्ट सेलिंग के लिए गाईडलाईन बनानी है तो आपका रिएक्शन कैसा था और ये जर्नी कैसी रही? किन लोगों ने आपको सपोर्ट किया?

जवाब: डायरेक्ट सेलिंग नाम तो मुझे मालूम था, कि डायरेक्ट सेलिंग होता है लेकिन इसके बारे में बहुत ज़्यादा जानकारी नहीं थी। मेरे आने से पहले ही, मेरे डिपार्टमेंट में इस पर थोड़ा काम शुरू हो चुका था, फिर आप लोग से मिलना हुआ। जब मैं आपसे और आपके साथ आए राजीव जी से मिला तो लगा कि ये तो बहुत ही जेन्युइन लोग हैं और बातचीत के द्वारा मुझे ये मालूम चला कि आप लोग अपने लिए नहीं आए हैं, आप एक कम्यूनिटी

सर्विस के लिए आए हैं, जो आज के जमाने में लोग नहीं करते। मैंने फाईल वगैरह देखा तो उसमें बहुत सारे कम्प्लेंट्स थे, डायरेक्ट सेलिंग के बारे में नेगेटिव चीज़ें थीं।

इस इंडस्ट्री के बारे में बहुत ज़्यादा आईडिया नहीं था। लेकिन आप लोगों से मिलने के बाद मैं बहुत देर तक सोचता रहा। मुझे लगा कि ये डायरेक्ट रोज़गार से जुड़ा हुआ मुद्दा है, इससे कई सारी परेशानियाँ दूर की जा सकती हैं। नम्बर 1, अनइम्प्लॉइमन्ट दूर किया जा सकता है, दूसरा सोशल मोबिलिटी को चेन्ज किया जा सकता है। आप देखते हैं हमारे समाज में जो काम पैरेन्ट, फादर, ग्रान्टफादर कर रहे होते हैं, वही काम बच्चों को भी करना पड़ता है, जो कारपेन्टर है वो कारपेन्टर का ही काम करता है क्योंकि पैसे के अभाव में अपने बच्चों को एजुकेट नहीं कर पाता है। इसमें कोई बेसिक क्राईटेरिया नहीं था, क्वालिफिकेशन की ज़रूरत नहीं था, ना कोई एज लिमिट था, जिस व्यक्ति में टैलेंट है, वो व्यक्ति इस काम को करके अपनी पूरी ज़िंदगी बहुत अच्छे तरीके से गुज़ार सकता है और अपने आने वाली जनरेशन को चेन्ज कर सकता है। माईग्रेशन जो होता है, गांव से बच्चे आते है शहर में काम ढूँढने, ये उसे भी रोक सकता था।

इतना सोचने के बाद मैंने बोला कि इसमें कुछ किया जा सकता है। मैंने इसके बारे में पढ़ना शुरू किया। मैंने चीज़ों को समझा तो लगा कि इसमें काम करना चाहिए। जब राजीव जी और आप मुझसे मिलने आए तो मैंने कहा कि मैं उन लोगों से मिलना चाहता हूँ जिन्हें इससे बेनेफिट हुआ है।

इसी दौरान एक बार मुझे कलकत्ता जाने का मौका मिला। वहाँ एक प्रोग्राम ने मेरे दिल को छू लिया। बहुत बच्चे आए थे उसमें, खासकर की लड़कियां। मैंने देखा कि ये वुमैन इम्पावरमेंट है, हम तो सिर्फ अनएम्प्लॉयमेंट देख रहे थे, यहाँ तो वुमैन इम्पावरमेंट की भी बात है। बहुत सारी औरतें थीं जो अपना घर गृहस्थी भी चला रही थीं और ये काम भी कर रही थीं। वहाँ मैंने बहुत लोगों से बात की और तब लगा कि अब हमें इसको एक सही रूप देना है। और फिर इस दिशा में काम आगे बढ़ा।

कोई भी आदमी जो इस रोजगार से जुड़ा हुआ है उसको एक बार ज़रूर गाईडलाइन्स पढ़ लेना चाहिए, फिर उसको किसी से भी कुछ पूछने कि ज़रूरत नहीं पड़ेगी।

सवाल: क्या आपके लिए आसान था दूसरे लोगों को कन्विन्स करना कि इस इंडस्ट्री के लिए गाईडलाइन्स आनी चाहिए?

जवाब: जब आप कुछ लेके आते हैं तो लोग आपसे सवाल पूछते हैं कि इसका इंटैन्शन क्या है, जो काम कर रहे हैं वो किस लिए कर रहे हैं, इसके क्या बैनिफिट्स हैं । तो अगर आपका कान्सेप्ट क्लियर है, आपकी इंटैन्शन क्लियर है, और अगर आप ये चीज़ें बता पाते हैं तो कोई इशू नहीं है, आपको लोगों का सपोर्ट मिल जाता है।

सवाल: अगर हम डायरेक्ट सेलिंग की मूल बातों को समझें तो वो कौन सी बातें हैं जो एक डायरेक्ट सेलर को ज़रूर समझनी चाहिए?

जवाब: डायरेक्ट सेलिंग की मूल बातें इस गाईडलाईन में बहुत विस्तार से हैं। डायरेक्ट सेलर, डायरेक्ट सेलिंग एजेन्ट, सबको हमने प्रोटैक्ट किया है और डायरेक्ट सेलिंग के बारे में भी हमने बताया है। डायरेक्ट सेलिंग और डायरेक्ट सेलिंग एन्टिटी और डायरेक्ट सेलर के बीच में क्या रिश्ता रहेगा, वो भी हमने बताया है। हमने ये बता दिया है जैसे कि अगर कोई डायरेक्ट सेलर किसी डायरेक्ट सेलिंग कंपनी से जुड़ता है तो उन दोनों के बीच में एक एग्रीमेंट साईन होगा, ताकि कल को कोई कंपनी ऐसा ना बोल सके कि ये मेरी लायबिलिटी नहीं है।

सवाल: आपके एक फैन का आपसे डायरेक्ट सवाल है – सरकार ने डायरेक्ट सेलिंग कंपनीज़ की एक लिस्ट जारी की है, उस लिस्ट में 317 कंपनियाँ हैं अभी। उस लिस्ट में नाम होने के बावजूद कुछ कंपनियाँ ऐसी हैं जो लोगों को चीट कर रही हैं, ऐसा क्यों हो रहा है? और इसको अगर हम थोड़ा सा और बढ़ाएं तो क्या जो 317 कंपनियाँ हैं, क्या हम ये मानें कि वो लीगल कंपनियाँ हैं?

जवाबः देश में कौन कौन सी डायरेक्ट सेलिंग कंपनी हैं और अगर कोई कंपनी इंडिया में बिज़नेस अगर करना चाहती है तो उसको क्या करना पड़ेगा, हमने अपने गाईडलाईन्स में काफी विस्तार से दिया हुआ है।

जो भी कंपनियाँ कंज्यूमर अफेयर की वेबसाईट पर लिस्टेड हैं उन सभी के डॉक्युमेंट्स चेक किये हैं, बहुत ही ट्रान्स्पैरेंट प्रोसेस के थ्रू लेकिन फिर भी अगर आपको कोई ऐसी फ्रॉड कंपनी मिलती है तो सरकार के नोटिस लाएं, उसके खिलाफ कार्यवाही की जाएगी।

सवालः अगर इन 317 कंपनियों में से कोई कंपनी ऐसी है जिसने एफीडेविट तो दे दिया है की हम गाईडलाईन को फॉलो कर रहे हैं, लेकिन वो गाईडलाईन को फॉलो नहीं कर रहे हैं, तो क्या कोई व्यक्ति उसकी शिकायत विभाग में कर सकता है?

जवाबः बिल्कुल कर सकता हैं। इस गाइडलाइन में हमने ये प्रावधान दिया है कि इसे स्टेट गवर्नमेंट एडॉप्ट करेगी और उसमें अपना मेकैनिज़्म डैवलप करेगी, कि किस तरह से कंज्यूमर के इंटरेस्ट को प्रोटैक्ट किया जाए। उसमें एक कमिटी भी बनाने की बात कही गयी है।

लगभग 13-14 स्टेट्स ने इसे अडाप्ट कर लिया है जिस भी स्टेट में इस तरह की चीज़ें नोटिस में आ रही है, वहाँ के गवर्नमेंट एजेंसी के पास जाकर अपना डॉक्यूमेंटरी एविडेन्स दें, डैफिनेटली उस पर कार्यवाही की जाएगी।

सुरेन्द्र वत्सः अगर आप इस इंडस्ट्री को प्यार करते हैं और आपको लगता है कि कहीं गलत हो रहा है तो आप चुप मत बैठिए, आवाज उठाईये, आप लोकल डिपार्टमेंट में जाईये, पुलिस थाने में जाईये और अपनी शिकायत दर्ज कीजिए।

सवालः जैसे सरकार समय-समय पर जागो ग्राहक जागो जैसे मुहीम चलाती है क्या उसी तरह से मनी सर्कुलेशन कंपनियों के बारे में पब्लिक को जागरूक कर सकते हैं?

जवाब: समय- समय पर जो इशूस हमारे पास आते हैं, हमें लगता है कि इस बारे में हमें लोगों को अवेयर करना चाहिए तो हम करते है, और इस तरह की बात अगर हमारे सामने आएगी तो हम उस पर भी काम करेंगे।

पूरा एपिसोड देखने के लिए हमारे यू-ट्यूब चैनल 'चैट विद सुरेन्द्र वत्स' के एपिसोड नंबर 25 "एमएलएम गाइड लाइन क्या है?" मो. ज़ाकिर हुसैन देखिए।

Surya Sinha

- ***Author***
- ***Human Trainer***
- ***Motivational Speaker***

सुरेन्द्र वत्स विद सूर्य सिन्हा – एपिसोड 27

सुरेन्द्र वत्स के सवाल सूर्य सिन्हा के जवाब:

सवाल: सर 2012 में आप डायरेक्ट सेलिंग में आ गए और तीन साल में आप कंपनी में नम्बर 1 डिस्ट्रीब्यूटर बन गए। एक नाम था आपका मार्केट में, सारी जानकारियाँ आपके पास थीं, तो क्या हम ये समझें कि आपको स्ट्रगल नहीं करना पड़ा?

जवाब: बिल्कुल गलत बात। मुझे बहुत ज़्यादा स्ट्रगल करना पड़ा, मुझे आम लोगों से ज़्यादा स्ट्रगल करना पड़ा। क्योंकि जब मैंने स्टार्ट किया तो सबसे पहले मेरे घर वाले ही मेरे खिलाफ हो गए और सबसे ज़्यादा खिलाफ थे मेरे पिताजी, उन्होंने कहा "ये लड़का पागल हो गया है"। जाकर अपने जानने वालों से बोलते थे कि "मेरे बेटे को समझाओ, सही काम कर रहा था, पता नहीं क्या समझाने लगा है लोगों को, मेम्बर बनाने की स्कीम कर रहा है आजकल, लोगों को जुड़ने-जुड़ाने की बात कर रहा है, प्लान कर रहा है"। वो ऐसा बोलने लगे क्योंकि उन्हें समझ नहीं आता था कि नेटवर्क मार्केटिंग क्या है? उन्हें लग रहा था लोगों को जोड़ना, जुड़ाना, चैन बनाना ये सब गलत है यही उन्होंने समाज में सुना था, वो कहने लगे मेरा बेटा भी गलत चक्कर में पड़ गया। मेरी छोटी बहन, बहनोई, बड़ी बहन और जीजाजी सब आ के समझाते थे कि ये सब काम न करो, उलटे सीधे चक्करों में न पड़ो, पहले ही मुंबई में इतना बड़ा नुकसान हुआ है, फिर से नुकसान हो जाएगा। उस वक्त थोड़ी देर के लिए मेरे दिमाग में बात आयी कि वाकई में मैंने गलत तो नहीं किया इस इंडस्ट्री में आकर? सिर्फ एक इंसान ने मेरा साथ दिया, वो थीं मेरी मदर। सिर्फ उन्हें ही मुझ पर भरोसा था। अगर मेरे पिताजी कुछ बोलते थे तो मेरी मदर चिल्लाती थीं, कहती थीं, "इसे डिस्टर्ब मत करो, जो कर रहा है करने दो"। उस वक्त हमारी आर्थिक स्थिति इतनी अच्छी नहीं थी, मैं पहले ही बैंकरप्ट हो चुका था मुम्बई से आकर, मैं मानव प्रशिक्षक प्रेरक बना, लेखक बना, तब जाकर इनकम आनी शुरू हुई थी,

वो भी रूकने वाली है, लेकिन मेरी मदर ने कहा, "चिंता मत कर, तेरे पापा का पेंशन मिलता है ना, उस पेंशन से घर चलायेंगे"। मैं काम करता गया और मैंने अपनी पहली टीम तैयार की असम में।

सवाल: यह आइडिया कैसे आया कि असम में शुरू करते हैं?

जवाब: असम में इसलिए काम करने का सोचा क्योंकि वहाँ पर मैं ट्रेनिंग दिया करता था, मेरे फॉलोवर्स बहुत थे। वहाँ एक शख्स मुझे मिले जो आज भी मेरे साथ जुड़े हुए हैं और मेरी टीम के सबसे पावरफुल लीडर हैं, उनका नाम है गयासुद्दीन अहमद। उनके सामने मैंने ये प्रपोजल रखा, क्योंकि वो पहले से ही किसी नेटवर्क मार्केटिंग कंपनी में काम कर रहे थे, उन्होंने मुझसे कहा कि "सर अगर आप नेटवर्क मार्केटिंग में जुड़े हुए है तो मैं आपके साथ जुड़ने को तैयार हूँ।" वो अपनी कंपनी छोड़कर मेरे साथ आ गए। जब हमने साथ में काम करना स्टार्ट किया तो एक ही साल के अंदर हमारी बहुत बड़ी टीम तैयार हो गयी असम के अंदर। मैंने सोच लिया था कि मुझे अपनों के साथ काम नहीं करना है क्योंकि वही मेरे सबसे बड़े दुश्मन बने बैठे हैं। मैंने ऐसी जगह जाने की सोची जहाँ कोई मुझे न जनता हो, इसलिए मैं असम से कोलकाता चला गया। कोलकाता आने से पहले ही मैं बहुतों को बोल चुका था कि मैं कोलकाता आ रहा हूँ, अगर आपके कोई जानकार हो तो उन्हें मेरे पास भेजिएगा मिलने के लिए। इतने में, एक व्यक्ति का फोन आया मेरे पास कि "मैं आपसे मिलना चाहता हूँ"। मैंने उसे बुलाया और उससे पूछा, "आप क्या करते हैं?" तो उसने कहा कि "मैं बेरोजगार हूँ, मैं बस काम की तलाश में हूँ", मैंने पूछा, "अच्छा क्या काम कर सकते हो?" उसने जवाब दिया, "कुछ भी कर सकता हूँ", मैंने कहा "अच्छा, मेरे साथ काम करोगे?" उसने कहा, "ज़रूर करूँगा"। उसे मैंने अपने साथ जोड़ा और कहा कि अपने साथ सिर्फ अच्छे लोगों को लाकर मुझे मिलाने लग जाओ बस, बाकी मैं करूंगा, वो लोगों को बुलाता रहा, मेरे पास मिलाता रहा और मैं उन्हें समझाता रहा। इस तरह से कोलकाता में मैंने काम शुरू किया और आज इसी कोलकाता शहर में लाखों लोग मेरे दोस्त हैं।

सवालः मतलब हम लोग ये मानें सर, कि अगर एक आदमी ईमानदारी से काम कर रहा है, तो देर सवेर उसको इस इंडस्ट्री में कामयाबी मिलेगी।

जवाबः अगर आप सही व्यक्ति हैं, तो मैं कहता हूँ धैर्य के साथ यहाँ पर काम करते रहें, हिम्मत ना हारें, देर सवेर आपके घर में भी उजाला होगा। धैर्य मत खोइए, रात हुई है तो सुबह होगी, प्रकृति का नियम है।

सवालः आप डायरेक्ट सेलिंग इंडस्ट्री में आए और महज़ 3 साल में अपनी कंपनी के टॉप अचीवर बन गए। प्रोडक्ट वही था, प्लान वही था लेकिन जो काम लोग 12 साल में नहीं कर पाए, वो आपने 3 साल में कैसे कर दिया?

जवाबः सबसे बड़ी बात नेटवर्क मार्केटिंग बिज़नेस के ऊपर मेरा विश्वास था, इस सिस्टम पर विश्वास था। मुझे एक सही कंपनी की तलाश थी, मैं सही कंपनी के साथ जुड़ना चाहता था। जब मैंने इस कंपनी के साथ काम शुरू किया, तो मैंने इसे बहुत जांचा परखा और उसके बाद मैं इससे जुड़ा। यहाँ पर जो सफलता मुझे मिली इसके पीछे सबसे बड़ा कारण सिर्फ एक ही था, मेरा विश्वास। मैं जिससे भी बात करता था विश्वास से करता था, मैं ये कहता था यहाँ पर सफलता ज़रूर मिलेगी, 101% मिलेगी। ऐसी कोई ताकत नहीं है जो हमें यहाँ असफल कर दे, हम यहाँ सफल होंगे ही होंगे। मैं किसी को भी जोड़ने से पहले कहता था कि "मैं आपको विश्वास दिलाता हूँ, मैं आपका साथ कभी नहीं छोड़ूंगा, मैं आपका साथ तब तक दूंगा, जब तक आप कामयाब नहीं हो जाते" और लोग मेरे पर विश्वास करते थे क्योंकि मैं विश्वास के साथ, सच्चाई के साथ बोलता था।

सवालः इसको हम यूँ समझें कि अगर एक व्यक्ति को अपनी कंपनी पर, सिस्टम पर विश्वास है और उसने सही पैरामीटर्स के साथ कंपनी को चुना है, तो वो धैर्य रखें, उसे सक्सेस मिलेगी?

जवाबः विश्वास के साथ टिका रहे आज नहीं तो कल उसकी टीम बनेगी। ये बिज़नेस इतना खूबसूरत बिज़नेस है की इससे अच्छा बिज़नेस कोई है ही नहीं। जब मैं कोलकाता आया था तो मैं अकेला था, आज मैं अकेला नहीं

हूँ, हजारों लोग मेरे साथ हैं, आज वो हजारों लोग काम कर रहे हैं और उसका बैनिफीट मुझे भी मिल रहा है।

सवाल: आपने चकाचौंध की फिल्मी दुनिया को बड़े नजदीक से देखा, राईटर बनें, ट्रेनिंग्स दी और आज आप एक सफल नेटवर्क मार्केटिंग के लीडर के रूप में काम कर रहे हैं। अगर हम इन सब चीज़ों की एक तुलना करें तो आप डायरेक्ट सेलिंग को कहाँ पर देखते हैं? और आप डायरेक्ट सेलिंग का हिन्दुस्तान में क्या भविष्य देखते हैं?

जवाब: देखिए अगर कोई कहे कि पहले मैं लेखक था, मानव प्रशिक्षक था, उससे पहले मैं फिल्म इंडस्ट्री में था, उससे अगर इसकी तुलना की जाये, तो मैं इस नेटवर्क मार्केटिंग बिज़नेस को उन सबसे बहुत ऊपर पाता हूँ, इसकी कोई तुलना ही नहीं। फिल्म इंडस्ट्री बिल्कुल सिक्योर नहीं है, रातों-रात इंसान राजा से रंक बन सकता है और रंक से राजा बन सकता है।

सवाल: और यहाँ पर शायद उसका उल्टा है?

जवाब: हाँ, बिल्कुल उल्टा है। मैंने मुंबई में ऐसे लोगों को देखा है जो बहुत टैलन्टिड हैं लेकिन उनके पास 2 वक़्त के खाने के लिए रोटी नहीं है और ऐसे भी लोग देखे हैं जो प्रतिभा के नाम पर ज़ीरो हैं लेकिन बाप दादा के नाम पर काम कर रहे हैं। ऐसे लोग सिर्फ किस्मत का खा रहे हैं।

सवाल: आपके हिसाब से डायरेक्ट सेलिंग में, नेटवर्क मार्केटिंग में किस्मत का कितना रोल है?

जवाब: यहाँ पर मैं प्रतिभा को मानता हूँ। यदि व्यक्ति नेक, चरित्रवान, और प्रतिभावान है, तो उसे नेटवर्क मार्केटिंग बिज़नेस में आना चाहिए, वो अपनी प्रतिभा को यहाँ दिखाए। मैं कहना चाहता हूँ अपने सभी पाठकों से, कि अगर आप परेशान हैं अपने जीवन में, तो परेशान ना हों, अच्छी नेटवर्क मार्केटिंग कंपनी ज्वाइन करें, आपके सपने ज़रूर साकार होंगे, आपका भविष्य उज्जवल बनेगा। अपनी प्रतिभा को इधर-उधर व्यर्थ ना करें, आप नेटवर्क मार्केटिंग कंपनी में आयें।

सवाल: हम लोग सुनते आए हैं कि जो भी व्यक्ति आज कामयाब है, वो कामयाब इसीलिए हुआ क्योंकि उसने संघर्ष किया है जीवन में। आपकी जिन्दगी में भी टफ टाइम रहा होगा, आपने उसे कैसे फेस किया?

जवाब: जिस व्यक्ति के जीवन में टफ टाइम नहीं आया, वो कामयाब बन ही नहीं सकता, सफलता का मजा उसे आ ही नहीं सकता। जिस व्यक्ति ने दुख नहीं देखे, वो सुख का आनन्द कभी नहीं ले ही सकता, कभी नहीं। मैंने भी अपने जीवन में बहुत संघर्ष किया है। आज लोग देखते हैं कि सूर्य सिन्हा, सफल है, करोड़ों रूपये कमाता है मगर ये सूर्य सिन्हा वास्तव में, फुटपाथ पर भी सोया है। मूंगफली बेचा करता था दिल्ली के रामलीला ग्राउंड में। धूप में, नंगे पांव, सड़कों पर घूमता था सामान बेचने के लिए, फुटपाथ पर दुकान लगाता था तो पुलिस वाले आकर डंडा मारकर हटा देते थे कभी-कभी पुलिस वाले पैसे भी छीन के ले जाते थे। मैं उनके सामने रोता था कि ये पैसे तो मत लेकर जाओ। कितनी बार पुलिस वाले के मैंने डंडे खाए, सिर्फ इसलिए क्योंकि मैं परिश्रम करना चाहता था, भीख नहीं मांगना चाहता था।

सवाल: तो उस समय आपकी ज़िंदगी में क्या होप थी?

जवाब: उस समय मैंने यह सबक सीख लिया था कि अगर जिन्दगी सुधारनी है, तो नौकर नहीं मालिक बनना होगा। मैं हमेशा अपनी ट्रेनिंग में भी लोगों से कहता हूँ नौकर नहीं मालिक बनो, मालिक बनने का प्रयास करो मगर मालिक बनने के लिए योग्य भी होना होगा, नौकर तो अयोग्य इंसान भी बन सकता है। मैं अपने स्टाफ को भी बोलता हूँ, मैं टैक्नीशियन्स को भी बोलता हूँ, जो काम करते हैं, उन्हें कहता हूँ अगर आप मालिक बनना चाहते हो ना, दिल से काम करो, ये मत देखो कितना पैसा मिल रहा है, ये देखो कि मैं कितना सीख रहा हूँ, कितना परफैक्ट बन रहा हूँ।

सवाल: सर आप बहुत ज़्यादा समाज सेवा में हैं, हर तरह की समाज सेवा कर रहे हैं, आप गरीबों में जाकर उनकी हैल्प कर रहे हैं, उन्हें आवश्यकता है तो उनमें वस्त्र दे रहे हैं, ब्लड डोनेशन कैम्प चला रहे हैं, नारियों को

अलग से आप सम्मानित कर रहे हैं, असहारों की आप सहायता कर रहे हैं, तो क्या चुनाव लड़ने का इरादा है?

जवाब: जी बिल्कुल नहीं। मैं राजनीति में कभी नहीं आऊंगा, मैं चुनाव कभी नहीं लड़ूगा। ऐसा नहीं है कि मेरे पास प्रपोजल्स नहीं आए, मेरे पास कई प्रपोजल्स आए कि आप चुनाव में लड़िए, मगर मैं बता दूँ कि मैं कभी राजनीति में नहीं आऊंगा।

पूरा एपिसोड देखने के लिए हमारे यू-ट्यूब चैनल 'चैट विद सुरेन्द्र वत्स' के एपिसोड नंबर 27 "आप तीन साल में कम्पनी के टॉप अचीवर कैसे बनें?" सूर्या सिन्हा देखिए।

TS Madann

- *Motivational Speaker*
- *Life Coach*
- *YouTuber*
- *Sales Expert*

सुरेन्द्र वत्स विद टी एस मदान - एपिसोड 28

सुरेन्द्र वत्स के सवाल, टी एस मदान के जवाब:

सवाल: सर सबसे पहले तो हमारे पाठक आपके बैकग्राउंड के बारे में जानना चाहेंगे।

जवाब: मैं अमृतसर के एक मिडिल क्लास फ़ैमिली में पैदा हुआ था। मेरे घर वालों ने प्राइमरी क्लासेज के लिए मुझे कॉन्वेंट स्कूल में भेज दिया। हमारी फ़ैमिली यह अफोर्ड नहीं कर सकती थी लेकिन फिर भी मुझे भेज दिया। मेरे क्लास फेलो जो थे उनके टिफ़िन घर से आते थे, उनको छोड़ने के लिए ड्राइवर आते थे और मैं रिक्शा में जाता था और एक डिब्बे में रोटी बाँध के लेकर जाता था। उन लोगों को देख कर मेरे दिमाग में ये आता था कि ऐसी फ़ैमिली में हम क्यों नहीं गए? तो वहाँ से मेरे अंदर एम्बिशन जागनी शुरू हुई। बाद में घर वालों ने उस स्कूल से उठा के एक ऑडीनरी स्कूल में भेज दिया ये सोच के कि बच्चा बिगड़ रहा है। लेकिन बच्चा बिगड़ने की जगह बच्चा अम्बिशयस हो गया।

मेरा मानना है कि हम अकेले कामयाब नहीं हो सकते, हम क़ामयाब तभी हो सकते हैं जब हमारे आस पास के लोग भी क़ामयाब हों। मुझे ऐसा कोई सब्जेक्ट चाहिए था जहाँ मैं लोगों की लाइफ़ में भी वैल्यू एड कर सकूँ। मेरे फ़ादर की इंडस्ट्री थी और मेरा बिज़नेस में बिल्कुल भी इंटरेस्ट नहीं था। मुझे इंटरेस्ट था समाज सेवा में, लोगों की लाइफ़ में वैल्यू एड करने में। मैंने अपने फ़ादर से कह दिया कि मैं आपका बिज़नेस को ज्वाइन नहीं करूँगा। एक अच्छा फ़ील्ड ढूंढते-ढूंढते मैं मोटिवेशनल स्पीकिंग में आ गया। 1980 में जब मैं तक़रीबन 22 साल का था तब मैं इस प्रोफ़ेशन में आया। जब मैं इस प्रोफ़ेशन में आया तब मुझे मोटिवेशन की स्पेलिंग भी नहीं आती थी। मैं स्कूल, कॉलेज में जाता था, अपना विज़िटिंग कार्ड भेजता था और मेरा विज़िटिंग कार्ड वापस आ जाता था कि बच्चों के पास इन एक्टिविटीज़ के लिए टाइम नहीं है। मैं सोचता था कि मैं एक सेल्समैन हूँ, मैं कुछ भी

बेच सकता हूँ, मैं फ़र्नीचर बेच सकता हूँ, किताबें बेच सकता हूँ लेकिन मैं ये पर्सनैलिटी डेवलपमेंट ट्रेनिंग प्रोग्राम नहीं बेच सकता क्योंकि कोई अवेयरनेस ही नहीं है।

मैं जब स्कूल और कॉलेजों में प्रोग्राम करने जाता था तो अपना ही सेशन देने के लिए मैं उनको पैसे देता था। कुछ साल तक यही सब करना पड़ा लेकिन जब जुनून होता है तो उस समय कुछ नहीं दिखाई देता।

सवाल: कितने सालों तक आपने संघर्ष किया?

जवाब: तक़रीबन 20 साल।

सवाल: इतना लंबा टाइम! ऐसी कौन सी चीज़ थी जिसने आपको रोके रखा?

जवाब: पैशन। ये चीज़ मेरे ग्रैंड फ़ादर से चली आ ही है।

आपको पता होगा कि पूरे इंडिया में अमृतसर इकलौता ऐसा शहर है, जहाँ पर फ़ायर ब्रिगेड एक प्राइवेट NGO रन करता है आज भी । बाक़ी हर जगह कॉर्पोरेशन करती है। अमृतसर में कॉर्पोरेशन भी करती है और NGO भी करता है। NGO के अपने फ़ायर ब्रिगेड है अपने फ़ायर एजेंड्स है और मेरे ग्रैंड फ़ादर ही उन के फ़ाउंडर थे।

सवाल: आपने 10 साल पहले ही यू ट्यूब शुरू किया है। वो क्या विज़न था कि आप ने इस माध्यम को चुना?

जवाब: भगवान की मेरे ऊपर कृपा है, जिसको आप स्ट्रेंथ कह सकते हैं, मुझे आने वाले 10 साल का दिखाई देता है। मुझे दिखाई दिया की टेक्नोलॉजी शुरू हो गयी है, आने वाले टाइम में लोगों के पास सैमीनार अटेंड करने का टाइम नहीं होगा, लोग घर से निकल नहीं पाएंगे और कोई कहीं न कहीं लैपटॉप या मोबाइल पर स्टिक करेगा। अगर 10 साल बाद ये होने वाला है, तो इसमें जो पहले घुस जाएगा वही लीड करेगा, इसलिए हमने शुरू कर दिया।

सवाल: पहले एक दो साल का आपका तजुर्बा कैसा रहा यूट्यूब चैनल का? क्या रीस्पान्स मिला?

जवाब: रिस्पॉन्स तो कम मिला लेकिन मुझे आने वाले चार पाँच साल दिखाई दे रहे हैं। रास्ता कैसा भी हो वो ज़रूरी नहीं है, मुझे मंज़िल दिखाई दे रही है कि पहुँचना कहाँ पर है। मैं उसी मंज़िल के लिए काम कर रहा था।

सवाल: आपने कई सालों तक डायरेक्ट सेलिंग कि ट्रेनिंग दी और तब आपने यह इंडस्ट्री ज्वाइन नहीं की। और जिस उम्र में लोग रिटायर हो जाते हैं, उस उम्र में आपने अपने जीवन कि नई पारी कि शुरुआत की। आपने 60 साल कि उम्र में डायरेक्ट सेलर के रूप में काम शुरू किया तो किस चीज़ ने आपको ये करने के लिए प्रेरित किया?

जवाब: जब मैं ट्रेनिंग देता था तब मुझे ये बिज़नेस अच्छा नहीं लगता था लेकिन मैंने कभी सेल्स की ट्रेनिंग नहीं दी, मैंने बिज़नेस की ट्रेनिंग नहीं दी, मैं ट्रेनिंग देता था लाइफ़ स्किल्स के बारे में, कम्युनिकेशन स्किल्स कैसे इंप्रूव हो सकती है, इस बारे में। उस समय मुझे यह बिज़नेस अच्छा नहीं लग रहा था, क्योंकि उस समय यह बिज़नेस लीगल नहीं था। मैं डरता था कि ऐसा न हो कि मैं ऐसे बिज़नस मैं चला जाऊँ, जहाँ पर मेरा ब्रांड ख़राब हो जाए और जब गवर्नमेंट की मार पड़ी इस बिज़नेस पर तो बाकी लोगों की तरह मुझे भी पड़ी।

सवाल: कैसे सर?

जवाब: लोगों को जेल जाना पड़ा। मैं इस बिज़नेस में नहीं था लेकिन मुझे भी जाना पड़ा 28 दिनों के लिए क्योंकि मैं एक कंपनी में सेमिनार ले रहा था। पुलिस पकड़ने आ गयी कंपनी के मालिकों को, और मैं सेमिनार ले रहा था। तब मुझे महसूस हुआ कि ये जो क़ुर्बानी मैंने दी है उसको कहीं न कहीं लेकर जाना है। मैं इस बिज़नेस मैं नहीं हूँ फिर भी मुझे क़ुर्बानी देनी पड़ गई उस समय मैंने सोच लिया की इस बिज़नेस में अब जाना है।

फिर मैंने उस बिज़नेस को स्टडी किया 20-22 साल पहले जब ये बिज़नेस इंडिया में आया उस टाइम। मेरे पास भी लोग आए मुझे ज्वाइन कराने के लिए लेकिन मैंने कहा मैं ट्रेनिंग दे दूँगा पर मुझे काम नहीं करना है। लेकिन

आज मुझे लग रहा है कि मुझे इसे करना है जिस प्रकार आप इंडस्ट्री कि सेवा कर रहे हैं, मुझे भी इस इंडस्ट्री कि सेवा करनी है।

सवाल: आज बहुत सारे स्टूडेंट्स, जो इस इंडस्ट्री की गहरायी को जानते हैं वो इसमें फुल टाइम आना चाहते हैं, लेकिन उनके पेरेंट्स चाहते हैं कि वो स्टडी पूरी करके किसी कंपनी में जॉब करें, इसलिए स्टूडेंट्स बड़े कन्फ्यूज़ हैं ऐसे स्टूडेंट्स को आप क्या संदेश देना चाहेंगे?

जवाब: सुरेन्द्र जी, संदेश बहुत साफ है, आज मेरी दाढ़ी सफेद हो गई है, 61 साल कि उम्र है, 40 साल में एक ब्रांड बना है टीएस मदान और अगर मुझे थोड़ा सा भी रिस्क लगता इस बिज़नेस में तो किसी भी हालत में मैं इस बिज़नेस में नहीं आता। इस ब्रांड को बनाने के बाद अगर मैं इस बिज़नेस में आया हूँ, तो संदेश तो क्लियर है कि इस बिज़नेस में दम है। अगर कोई स्टूडेंट या पैरेंट इसको नहीं समझ पा रहा है तो कहीं ना कहीं उन में ही फॉल्ट है या समझाने वाले में फ़ॉल्ट है। बिज़नेस अगर बुरा होता तो मैं या आप इस बिज़नेस में क्यों होते? तो पेरेंट्स के लिए और स्टूडेंट्स के लिए बहुत क्लीयर संदेश है कि ये बिज़नेस एकदम सही बिज़नेस है और अब तो सरकार भी इसे प्रोत्साहन दे रही है। अगर इसको ढंग से किया जाए तो इसमें इज़्ज़त भी है, पैसा भी है।

सवाल: सर, आप अपनी वीडियोज़ में एक और सब्जेक्ट को टच करते हैं, वो है इमोशंस आपके हिसाब से इमोशंस की लाइफ़ में क्या इंपॉर्टेंस है?

जवाब: इमोशंस एक्चुली दो तरह के होते हैं; एक पॉज़िटिव और एक नेगेटिव। पॉज़िटिव इमोशंस हमारी लाइफ़ को आगे बढ़ने में सपोर्ट करते हैं और नेगेटिव इमोशंस आब्स्टकल हैं। नेगेटिव इमोशंस में जो सबसे ज़्यादा तंग करते हैं, वो हैं एंगर (ग़ुस्सा), ग्रीफ़ (दुख), फ्रस्ट्रैशन, स्ट्रेस आदि।

ये नेगेटिव इमोशंस इंसान को आगे नहीं निकलने देते लेकिन इन्हें ख़त्म भी नहीं किया जा सकता क्योंकि इसकी रिक्वायरमेंट है। उदाहरण के तौर पर; आपका बच्चा अगर सही काम नहीं कर रहा तो आपके पास क्या तरीक़ा है उसे सुधारने का? एक इमोशन है एंगर, दूसरा इमोशन है जोय, तीसरा

इमोशन है मुस्कान। अगर बच्चा प्यार से नहीं समझ रहा है और आप गुस्सा नहीं करना चाहते तो नुक़सान तो बच्चे का हो रहा है। अगर महात्मा गांधी जी को गुस्सा ना आया होता, जब उन्हें ट्रेन से बाहर फेंका गया था, तो इंडिया आज़ाद नहीं होता। फ़र्क सिर्फ़ इतना है कि इमोशन को यूज़ कहाँ करना है। तो आपके इमोशन्स का रीमोट कंट्रोल आपके हाथ में होना चाहिए।

सवाल: आज का जो युवा है वो बहुत पैशनेट है, वो बहुत कुछ पाना चाहता है और जब उसको वो चीज़ें नहीं मिलती तो वो बहुत इमोशनल हो जाता है। इस वजह से सुसाइड की घटनाएँ अब बढ़ गयी हैं। अगर कोई आदमी ऐसी माइंड स्टेट में है तो उसे कैसे कंट्रोल करें?

जवाब: सुसाइड तो लास्ट स्टेज है। ये एक ही बार में नहीं आती, इसके पीछे बहुत से फैक्टर्स, बहुत ड्यूरेशन है, कुछ फैक्टर्स समाज उसको दे रहा है, कुछ परिवार उसको दे रहा है। मान लीजिए आपका बच्चा रिपोर्ट कार्ड ले कर आया, फिजिक्स में नाइंटी, केमिस्ट्री में नाइंटी, मैथमैटिक्स में फोर्टी। आपने शुरू किया की बेटा फिजिक्स नाइंटी वैरी गुड, केमिस्ट्री नाइंटी वेरी गुड, मैथमैटिक्स फोर्टी, कोई बात नहीं बेटा अगली बार ध्यान रखना। अब इसका उल्टा देख लीजिए आपने नीचे से शुरू किया है मैथमेटिक्स फोर्टी, तू कभी नहीं पढ़ेगा, तू सिर्फ़ बर्तन साफ़ करेगा, तू चाय की दुकान पर काम करेगा। आपने डांटना शुरू कर दिया और उसके बाद फिजिक्स केमिस्ट्री को तो आप भूल ही गए। यहाँ पर समाज भी यही कर रहा है उसके साथ, उसका परिवार भी यही कर रहा है, उसकी फेलियर को देख कर लोग उसको डाँट रहे हैं, डिमोटिवेट कर रहे हैं। उसके पास और बहुत सी क्वालिटीज हैं, उसकी तारीफ़ तो की ही नहीं। अनजाने में हम ही उसका बुरा कर रहे हैं।

सवाल: सर आपके एक फैन का आपसे एक सवाल है- अगर एक व्यक्ति के पास ड्रीम भी है विजन भी है फिर भी काम में उसे जोश नहीं आ रहा है, उसका क्या कारण हो सकता है?

जवाब: अगर आपके पास ड्रीम है और फिर भी आपको जोश नहीं या रहा है इसका मतलब है कि आपके पास सिर्फ ड्रीम ही है, आपके अंदर वो आग नहीं है। केवल सपने होने से कुछ नहीं होने वाला, उन सपनों को पूरा करने के लिए आग चाहिए। आपने अपने अंदर वो चिंगारी ढूंढिए जब चिंगारी मिल जाएगी तो काम करने की इच्छा जाग जाएगी।

सवाल: आपके एक दूसरे फैन, जो स्टूडेंट हैं, उनका आपसे सवाल है - बहुत छोटी उम्र में अगर मैं क़ामयाब होना चाहता हूँ तो मुझे क्या करना पड़ेगा?

जवाब: कामयाबी का कोई शॉर्टकट नहीं होता है। हर चीज़ का एक प्रोसेस है, हर फ़सल को बड़ा होने में टाइम लगता है। मुझे यहाँ तक पहुँचने में 30 साल लग गए। शाहरुख़ ख़ान हों, अमिताभ बच्चन हों, नरेंद्र मोदी हों या मुकेश अम्बानी, सबको टाइम लगा है। मेहनत करनी पड़ेगी, स्ट्रगल करनी पड़ेगी।

पूरा एपिसोड देखने के लिए हमारे यू-ट्यूब चैनल 'चैट विद सुरेन्द्र वत्स' के एपिसोड नंबर 28 "एमएलएम में तो आना पड़ेगा" टीएस मदान देखिए।

Rajat Kumar

- *Young Billionaire*
- *Youth Icon*
- *Crowd Direct Seller*

सुरेन्द्र वत्स विद रजत कुमार - एपिसोड 30

आज हमारे मेहमान हैं यूथ आइकन, सिंपलीसिटी का पर्यायवाची, यंगेस्ट बिलिनेर इन डायरेक्ट सेलिंग इंडस्ट्री रजत कुमार कर उड़ीसा राउरकेला से, रजत जी आपका चैट विद सुरेंद्र वत्स में बहुत-बहुत स्वागत है।

रजत कुमार: बहुत-बहुत धन्यवाद सुरेंद्र जी, सर मैं बहुत एक्साइटेड था यहां पर आने के लिए आपने जो कदम उठाया है डायरेक्ट सेलिंग में मैंने और कहीं नहीं देखा और इस काम के लिए मैं आपको जितना भी धन्यवाद दूं वह कम है थैंक यू सर।

सुरेन्द्र वत्स: सबसे पहले मैं आपका बहुत आभार प्रकट करता हूं कि आप उड़ीसा से स्पेशली इस इंटरव्यू के लिए दिल्ली में आए हैं बहुत आभार, रजत सर आपका बहुत बड़ा नाम है आप अपनी कंपनी के टॉप अचीवर है आप अपनी कंपनी में फोकस रहते हैं और रहना भी चाहिए कोई गलत बात नहीं है लेकिन यह एक ऐसा प्लेटफार्म है जहां पर हम सभी कामयाब लोगों से सुनते हैं सीखते हैं सबसे पहले आप की पृष्ठभूमि के बारे में जानना चाहेंगे ?

जवाब: थैंक्यू सुरेंद्र जी मेरे बैकग्राउंड के बारे में ज्यादा लोग जानते नहीं हैं स्वाभाविक प्रश्न है और मैंने बताया भी नहीं है ज्यादा आज मैं बता रहा हूं मैं उड़ीसा के एक छोटे से गांव से हूँ। जब मैं छोटा था उस समय मैं सोचता था कि मुझे कुछ बड़ा करना चाहिए क्योंकि मैंने अपने दादाजी को देखा था, मेरे दादाजी के पास पावर भी था और पैसा भी लेकिन एक समय ऐसा आया जब उनके पास पावर भी नहीं रहा और पैसा भी नहीं। मेरे पिताजी, एक बड़े बाप के बेटे जिसके पास पैसा नहीं है लेकिन नाम है। उस समय जब वो स्ट्रगल कर रहे थे तब मेरा जन्म हुआ। मेरा मानना है जिनका नाम होता है लेकिन पैसा नहीं होता है उनको ज़्यादा प्रॉब्लम फेस करनी पड़ती

है क्योंकि वो घर पर रोते हैं लेकिन बाहर दिखा भी नहीं पाते, तो वह परिस्थिति मैंने देखी उसी वजह से मेरा एक माइंड मेकअप हुआ कि मैं जीवन में बहुत बड़ा आदमी बनूँगा और यह चीज़ मैंने बार-बार घर में बोली है कि मैं बड़ा होकर करोड़पति बनूँगा। जब मैंने क्लास 10 पास किया तो उस समय यह जुनून बहुत बढ़ चुका था, मुझे लग रहा था कि गाँव से बाहर जाना पड़ेगा तभी यह काम हो पाएगा। मैंने अपने घर में जिद किया कि मुझे बाहर भेजो लेकिन घर वाले तैयार नहीं थे क्योंकि मैं अकेला था, माँ बिल्कुल भी नहीं चाहती थीं कि बेटा बाहर जाए लेकिन मैंने जिद पकड़ ली। उस समय मैंने देखा कि मेरे जो सीनियर्स थे, वो सब राउरकेला जाकर आईटीआई करके नौकरी करते थे तो मुझे लगता था कि मैं भी बाहर जाऊँ बाहर फिर देखेंगे क्या करना है, क्या नहीं। उस समय मेरे घर से राउरकेला की 130 रुपए की टिकट हुआ करती थी, लगभग 400 किलोमीटर है। कोई सपोर्ट करने वाला नहीं था और बस का किराया महंगा था उसी समय एक व्यक्ति बजाज चेतक का स्कूटर लेकर गाँव पहुँचा और वह 2 लोग आए थे, एक को लौटना था और मैं उनके पीछे बैठ गया 90 रुपए देकर, उतना ही मेरे पास था।

बाहर जाकर मैंने पढ़ाई जारी रखी कुछ समय के लिए लेकिन दिमाग में हर वक़्त रहता था कि मैं कुछ करूँ, कुछ करूँ। एक घटना मुझे याद आती है, जब मैं गाँव से निकल रहा था तो मैं स्कूटर पर बैठा था पीछे, तभी मेरी माँ दौड़ते हुए मेरे पास आईं और रोने लगइन ज़ोर ज़ोर से। उस वक़्त मेरे दिमाग में आया कि मैं जाऊँ या नहीं। तभी स्कूटर स्टार्ट हुई और मैं आगे बढ़ गया, लेकिन माँ का रोना मुझे सुनाई दे रहा था और वो सुनकर मैं भी रोने लगा। फिर उसी वक़्त मेरे दिमाग में ये बात आई कि मम्मी आज मैं आपको दुख से रुला रहा हूँ, लेकिन एक समय आएगा जब आप खुशी से रोयेंगी।

मैंने बहुत स्ट्रगल किया, मैंने ट्यूशन पढ़ाया, कोचिंग सेंटर की डेस्क के ऊपर सोया, कभी खाना मिला कभी नहीं मिला।

सवाल: डायरेक्ट सेलिंग पहली बार जब आपने सुना तो उस समय आप क्या कर रहे थे और आपने कैसे चुना कि यह क्षेत्र आपके लिए अच्छा रहेगा?

जवाब: डायरेक्ट सेलिंग के बारे में जब मैंने पहली बार सुना था, तभी से मेरे अंदर इसमें आने की चाहत थी। मेरे एक चाचा थे, जिनकी आयु लगभग 26 साल थी, उनकी नई-नई शादी हुई थी। उनकी तबीयत खराब हुई और वह कुछ ही दिन के अंदर चल बसे। वो अकेले बेटे थे अपने माँ बाप और पाँच बहनों में अकेले भाई, तो उनका कोई और भाई या बेटा नहीं था इसलिए मैंने ही उन्हें मुखाग्नि दी, उस समय मैं मात्र 7-8 साल का था। वो अपने घर के अकेले कमाने वाले थे और उनके जाने के बाद उनका परिवार पूरी तरह से टूट गया।

उसी समय मेरे दिमाग में ये आया कि ऐसा कुछ काम होना चाहिए जिसमें अगर कुछ दिन भी काम करें तो फिर पैसों कि कमी ना हो। तो यह खोज मेरे अंदर थी, जब मैं कॉलेज जाता था तभी मेरे एक फ्रेंड ने बताया कि एक ऐसी चीज़ है जिसमें चार-पाँच साल काम करोगे तो उसके बाद आपको काम नहीं करना पड़ेगा लेकिन पैसे आएंगे। उसी वक़्त डायरेक्ट सेलिंग का यह बीज मेरे दिमाग में आ गया, मैंने इसके बारे में और खोज की और डायरेक्ट सेलिंग में आ गया। मेरे ग्रेट गुरुजी ने मेरा साथ दिया और आज जो भी है वह आपके सामने है।

मैंने बहुत स्ट्रगल किया। मैं अपने घर से मात्र 90 रुपए लेकर आया था लेकिन मैंने एक प्रण लिया था कि घर से पैसे नहीं मांगने है घर से। जब मेरे जीवन में ज़्यादा स्ट्रगल आता था उस समय मैं क्या करता था कि मैं एक कार के शोरूम में जाता था, जाकर कार देखता था, उसके स्टेरिंग को चेक करता था, उसके हॉर्न बजाता था, जब पेपर में ऐड आता था कि यह घर बिकेगा तो मैं फोन करके पूछता था कि उसका रेट क्या है यानी जब

जब मुझे ज़्यादा स्ट्रगल हुआ है तब मैंने अपने ड्रीम के ऊपर ज़्यादा फोकस किया।

सेलिंग में मैंने बहुत स्ट्रगल किया लेकिन उस स्ट्रगल को मैं स्ट्रगल नहीं मानता, मैं उसे अपनी जर्नी मानता हूँ, यह एक जर्नी का पार्ट है एक रास्ता है मंजिल तक पहुँचने का।

सुरेन्द्रः और हमारे पाठक यह समझें कि आप अगर इस इंडस्ट्री में हैं तो आप प्रिपेयर रहें, यह सारी चीज़ें पार्ट हैं, आप परेशान मत हों, आप अपने ड्रीम को देखें और जब आपको ज़्यादा स्ट्रगल मिले तो अपने ड्रीम को नजदीक से जाकर देखें।

सवाल: इस इंडस्ट्री की सबसे बड़ी प्रॉब्लम यह है कि सही कंपनी और मनी सर्कुलेशन कंपनी दोनों आपस में इस प्रकार से मिली हुई हैं कि एक आम आदमी कंफ्यूज हो जाता है कि क्या करें क्या ना करें। हालांकि सरकार गंभीर है, धीरे-धीरे चीज़ें बेहतर होती जा रही हैं। सही कंपनी चुनने के लिए क्या पैरामीटर्स हैं?

जवाब: मेरे पॉइंट ऑफ व्यू में एक डायरेक्ट सेलर जो डायरेक्ट सेलिंग करना चाह रहा है उसको चार चीज़ों पर फोकस करना चाहिए, स्पेशली ज्वाइन करते समय। पहली चीज़ कंपनी का बैकग्राउंड क्योंकि हमें उस कंपनी में काम करना है, कंपनी के बैकग्राउंड को एकदम सीरियसली देखना चाहिए और अगर कंपनी पुरानी है, 15-20 साल की है तो ज़्यादा अच्छा है, एक पुरानी कंपनी को चुनने में रिस्क फैक्टर नहीं रहता।

सवाल: जर्नली लोग ऐसा सोचते हैं कि पुरानी कंपनी है तो लोगों ने बहुत कमा लिया, अब हमें तो कुछ मिलने वाला नहीं है और अगर किसी नई कंपनी के साथ मैं काम करूँगा तो जल्दी कमा लूँगा तो उनको क्या कहना चाहेंगे आप?

जवाब: यह एक मानसिकता है। मैं अपनी कंपनी का टॉप अचीवर हूँ और मैंने उस कंपनी को उसके स्टार्ट होने के 10 साल के बाद ज्वाइन किया था तो मैं अगर एक कंपनी के स्टार्ट होने के 10 साल के बाद ज्वाइन करके

टॉप अचीवर बन सकता हूँ, तो कोई भी बन सकता है। यह सिर्फ एक मानसिकता है लोगों के अंदर।

कंपनी का बैकग्राउंड देखने के बाद, दूसरी चीज़ उसके पास प्रोडक्ट होना चाहिए और प्रोडक्ट ऐसा होना चाहिए जो एक व्यक्ति आसानी से ले पाए और वह खत्म हो तो फिर खरीदें।

सवाल: मतलब फास्ट मूविंग कंज्यूमर गुड्स होने चाहिए।

जवाब: इंडिया में फास्ट मूविंग तो चलता ही है, उसके साथ हेल्थ और ब्यूटी का बहुत क्रेज है लोग अभी जवान भी रहना चाहते हैं और सुंदर भी यानी उनके पास प्रोडक्ट होना चाहिए और रेंज भी। 1, 2, 3 नहीं थोड़ा लंबा रेंज का प्रोडक्ट रहे क्योंकि हमारे पास डिफरेंट डिफरेंट लोग आते हैं, जब हमारे पास 100 या 200 प्रोडक्ट होते हैं तो लोगों के पास ऑप्शन रहते हैं।

तीसरा यह देख लेना चाहिए कि उस कंपनी का इनकम प्लान क्या है। कभी-कभी क्या होता है कि जब प्लान डिजाइन करते हैं तो नीचे पैसा है, ऊपर नहीं है, ऊपर है तो नीचे नहीं है। फिर बड़े लेवल पर जब एक व्यक्ति जाता है उसे ज़्यादा पैसे की आवश्यकता होती है, तो इनकम प्रेजेंटेशन बेहतर होनी चाहिए, उसके ऊपर फोकस करने की आवश्यकता है और चौथा पॉइंट है एजुकेशन सिस्टम, अगर एजुकेशन सिस्टम सही है तो वह बेहतरीन कर सकता है, अगर एजुकेशन सिस्टम सही नहीं है तो लोग छोड़ते जाएंगे इसीलिए एक परफेक्ट एजुकेशन सिस्टम उनके पास होनी चाहिए जिसमें वह लोगों को बांध के रख पाए।

सवाल: चलिए आपके इन सारे पैरामीटर्स को ध्यान में रख कर किसी व्यक्ति ने कोई कंपनी ज्वाइन कर ली तो अब उसे क्या करना चाहिए कि उसे अच्छे परिणाम आए? हम दोनों ऑप्शन लेकर चलें, ज्वाइन नया हुआ है या जॉइनिंग तो पुरानी है लेकिन उसके पास परिणाम नहीं हैं, तो ऐसे व्यक्ति को भी हम यही मानेंगे वह स्टार्ट ही कर रहा है अभी, तो ऐसी स्थिति में क्या करना चाहिए?

जवाबः अगर वह एकदम नया है, बिल्कुल स्टार्ट नहीं किया है, उसमें उनकी अपलाइन की रिस्पांसिबिलिटी ज़्यादा बढ़ जाती है। स्टार्टिंग में लोगों को ज़्यादा जानकारी नहीं होती, उनको अलग प्लान दिखाया जाए, उनको इनकम प्लान थोड़ा सा अंदर घुस कर दिखाया जाए और उसके साथ जब जब इनकम आए, उस समय उनकी गोल सेटिंग की जाए, क्वेश्चन आंसर किया जाए कि अगर आपको 50000 रुपए इनकम आएगा तो आपको कैसा लगेगा। धीरे-धीरे उनके अंदर एक ड्रीम की शैडो क्रिएट की जाए, हो सकता है उसे वह पूरा देख पाएं, हो सकता है ना देख पाएं। उसके बाद उनको कम से कम दो मीटिंग के लिए प्रयास कराया जाए, उनके घर में होम मीटिंग हो वह प्रयास होनी चाहिए। होम मीटिंग के माध्यम से कुछ लोगों को लाना चाहिए, माना जाता है एक व्यक्ति का जब जॉइनिंग होता है तो वह पैसे से ज़्यादा तब मोटिवेट होता है जब उनके नीचे कोई व्यक्ति ज्वाइन करता है। तो एक अपलाइन की रिस्पांसिबिलिटी होती है कि उसके नीचे 2-4 जॉइनिंग करके दिखा दे तो उनका माइंड स्टार्ट हो जाता है।

मैं इसको कनक्लूड करूँ तो सबसे पहले एक डायरेक्ट सेलर अगर जुड़ा है तो ड्यूटी सबसे ज़्यादा अपलाइन की है जो उसके स्पॉन्सर में आते हैं, सबसे पहले प्लान दिखाएं और प्लान दिखाते समय ही उसके गोल सेट करें और उसके बाद उसकी लिस्ट बनाकर होम मीटिंग की जाए, लोगों को उसके नीचे ज्वाइन करवाया जाए ताकि उसको एक मोटिवेशन मिले और तीसरा उसको एजुकेशन सिस्टम के साथ जोड़ दिया जाए ताकि वह एजुकेशन सिस्टम के साथ आगे बढ़े।

सवालः सर एक डायरेक्ट सेलर जब काम करना शुरू करता है तो बहुत बार ऐसी परिस्थितियाँ होती हैं कि जिस व्यक्ति ने उसको स्पॉन्सर किया था, वह बिजनेस छोड़कर चला गया, अपलाइन में जो सीनियर लोग हैं शायद वह उनकी प्राइवेट प्रायोरिटी में नहीं आता तो, वह उसको उतना ध्यान नहीं दे पाते हैं, तो कभी-कभी डायरेक्ट सेलर को ऐसा लगता है कि मेरी किस्मत खराब है, मुझे सही जगह प्लेसमेंट नहीं मिली, मुझे सही कंपनी नहीं मिली,

मुझे सही प्रोडक्ट नहीं मिल रहे तो जब ऐसे प्रश्न दिमाग में आते हैं तो क्या कुछ ऐसे पैरामीटर्स हैं क्या कोई ऐसी चेक लिस्ट है जिससे एक डायरेक्ट सेलर चेक करे अपने आप को कि मैं सही जा रहा हूँ या नहीं?

जवाब: डायरेक्ट सेलिंग में जो एजुकेशन है, उसमें कुछ लाइन खींची हुई है उसी को बढ़ाने के लिए हम सब कुछ करते हैं, जैसे; डायरेक्ट सेलिंग में एजुकेट होने के लिए उसको गोल सेटिंग चाहिए, दूसरी उनको प्रिपरेशन चाहिए कि वह टूल बार प्रिपेयर करे, तीसरा वह कार्डिनल को ब्रेक ना करें। यह चीज़ चेक करें, उसमें प्रिपरेशन भी है, गोल भी है, कार्डिनल भी है, 3 पावर है, तो उसके आगे पीछे डायरेक्ट सेलिंग की कोई एजुकेशन नहीं है। अगर उनको लगता है कि मैं फॉलो कर रहा हूँ तब भी नहीं हो रहा है, तो एक्शन कम हो रहा है, एक्शन को बढ़ाएं यानी अगर वह 10 प्लान दिखा रहा है उसको 20 कर दे 30 कर दे अगर यह सारे फॉलो कर रहा है तो ना होने का सवाल ही नहीं है।

सवाल: सर हम अक्सर सुनते हैं 3 पावर के बारे में, तो पर्टिकुलर अगर हम उस पॉइंट पर बातचीत करें वह कौन सी तीन पावर हैं जो डायरेक्ट सेलिंग में बहुत इंपॉर्टेंट हैं?

जवाब: डायरेक्ट सेलिंग में 3 पावर को माना जाता है, एक है पावर ऑफ यूनिटी, बहुत समय तक एक व्यक्ति को लगता है कि मैं जानता हूँ, मैं कर लूँगा, वह ध्यान नहीं देता कि यूनिटी में रहने की आवश्यकता है। मैं केला का एग्ज़ांपल देता हूँ। एक केले का गुच्छा पड़ा हुआ है, एक व्यक्ति आया और उसने एक दर्जन केला मांगा। गलती से 12 की जगह 13 निकल गया और उसने एक को नीचे रख दिया। दूसरा आदमी आया उसने कहा 5 दर्जन केले दे दो भाई, उसने 5 दर्जन निकाल कर दिया, तो सामने वाला बोला कि 5 दर्जन ले रहा हूँ, कुछ एक्स्ट्रा नहीं दोगे तो उसने एक पहले का पड़ा हुआ केला उठा कर उसे दे दिया। अभी क्वेश्चन यह है की उस एक केले की वैल्यू क्या रही? उसे फ्री में देना पड़ा तो इसका मतलब यह हुआ कि जब हम गुच्छे से बाहर निकलते हैं तो हमारी वैल्यू ज़ीरो हो जाती है। आज नहीं

तो कल, कल नहीं तो परसों, हमें ज़ीरो होना ही है इसलिए हमेशा यूनिटी में बने रहें, जो ऑर्गेनाइजेशन की यूनिटी है जो सिस्टम है उसमें बंधे रहें, अपलाइन के साथ मिलकर रहें।

उसके बाद आता है पावर ऑफ सबमिशन; जिस कंपनी में आप हैं उनके प्रति आप का समर्पण क्या है, जैसे हस्बैंड वाइफ का रिलेशन है, तो हस्बैंड और वाइफ का एक दूसरे के प्रति समर्पण बहुत अच्छा है, ट्रस्ट लेवल बहुत अच्छा है, वह शक नहीं कर रहा है, अगर वह शक कर रहा है तो रिलेशन ब्रेक हो जाएगा। सेम है आपके अपलाइन के प्रति, आपकी कंपनी के प्रति, पूर्ण विश्वास। डाउट नहीं होना चाहिए, थोड़ा सा भी अगर डाउट आ जाए तो वह रिलेशन ब्रेक हो जाएगा। मैं बोलता हूँ, समर्पण 100%, 90% समर्पण मतलब ज़ीरो समर्पण।

तीसरा पावर होता है पावर ऑफ स्पोकन वर्ल्ड, जो मेरी लाइफ का टर्निंग प्वाइंट भी है। आप जो बोलेंगे वह है बीज, वही आपका पेड़ होने वाला है। जो हम बोल रहे हैं पावर ऑफ स्पोकन वर्ल्ड जैसे मैं बचपन से बोलता था कि मैं बड़ा होकर करोड़पति बनूँगा, मैं यह बोलता था तो मेरी मदर गुस्सा करती थीं, लेकिन आज मुझे समझ में आ रहा है कि मैं बोला तभी मैं आज यहाँ पर हूँ। तो आप जो बोलेंगे वही घटना के रूप में होगा। आपको हमेशा पॉजिटिव बोलना है, जो चाहिए वही बोलना है।

सवाल: सर आपके मेंटर कौन हैं?

जवाब: मेरे मेंटर हैं रिस्पेक्टेड मिस्टर अभिषेक गुप्ता जी, वह ग्रेट पर्सन हैं, उन्हीं के मार्गदर्शन से मैं आगे बढ़ता हूँ।

सवाल: आप ही के एक फैन का आपसे सवाल है- क्या एक गरीब व्यक्ति नेटवर्क मार्केटिंग कर सकता है?

जवाब: बिल्कुल कर सकता है, मैं खुद एक एग्ज़ांपल हूँ और मैं तो यह बोलूंगा कि गरीब व्यक्ति को करना ही चाहिए क्योंकि उनके पास ऑप्शन नहीं हैं, एक गरीब व्यक्ति को बहुत पैसा कमाने के लिए अमीर बनने के लिए यही एकमात्र ऑप्शन है।

सवाल: आपके एक दूसरे फैन का प्रश्न है - अगर लंबे समय से बड़ा अचीवमेंट नहीं आ रहा हो तो क्या करें, करते रहें या साइड हो जाएं?
जवाब: यह तो सोच ही गलत है बिल्कुल। इस तरह ना सोचें, मैंने जो चेक लिस्ट दिया है वह चेक करें कि कौन सा पॉइंट है जो वह मिस कर रहे हैं, अगर मिस नहीं कर रहे, तो फिर एक्शन को बढ़ाएं, ज़्यादा काम करें। छोड़ने का तो सोचें ही ना।

पूरा एपिसोड देखने के लिए हमारे यू-ट्यूब चैनल 'चैट विद सुरेन्द्र वत्स' के एपिसोड नंबर 30 "क्या आप सही कम्पनी में हैं ?" रजत कुमार देखिए।

एक नई शुरुआत

आग आप पूरी पुस्तक पढ़े बिना यहाँ पहुँच गए हैं, तो मेरा सुझाव है कि आप इसे अवश्य पढ़ें व 25 सफल लोगों से सीख के, अपने जीवन को अलग स्तर पर लेकर जाएं। ये बात मैं बड़े विश्वास के साथ लिख रहा हूँ, क्योंकि मैंने इन 25 सफल लोगों से इंटरव्यू लेते समय व बाद में, उन्हें पुस्तक में पढ़ कर बहुत कुछ सीखा है।

अगर आप इस पुस्तक को पढ़ते द सीखते हुए यहाँ तक पहुँचे हैं, तो इस सीख को अपने जीवन में अपना कर अपने लक्ष्यों तक जल्दी पहुँच सकते हैं।

हमारे यू-ट्यूब चैनल "चैट विद सुरेन्द्र वत्स" पर लिए गए इंटर्व्यूज़ में से 25 इंटर्व्यूज़ के मुख्य अंश इस पुस्तक में लिए गए हैं, पूरा इंटरव्यू देखने के लिए आप हमारे यू-ट्यूब चैनल पर विज़िट कर सकते हैं। लेखन के क्षेत्र में यह मेरा पहला कदम है, मैं उम्मीद करता हूँ कि इसी साल 2020 में मैं पुस्तक के माध्यम से आपसे दोबारा मिलूँगा। इस नए रिश्ते को लेकर मैं बहुत उत्साहित व रोमांचित हूँ। आपने मुझ पर विश्वास करके जो पैसा, समय व ऊर्जा खर्च की है, उसके लिए मैं ह्रदय से आपका आभारी हूँ। आपसे व्यक्तिगत संवाद करके मुझे खुशी होगी।

आपके लक्ष्य प्राप्ति में आपका सहयोगी

सुरेन्द्र वत्स

ऑफिस नंबर - 8383938822

ईमेल - info@chatwithsurendervats.com

वेबसाईट - www.chatwithsurendravats.com